Bookkeeping

反|復|式

簿記問題集

全商 **3** 級

JN060397

実教出版

■ 本書の特色と内容

特 色

① 各種の簿記教科書を分析し，どの教科書とも併用できるよう配列を工夫しました。

② 全商簿記実務検定試験の出題範囲・傾向を分析し，各項目の中に，的確なまとめと問題を収録しました。

③ 各項目に収録した問題は，教科書の例題レベルの反復問題により無理なく検定レベルの問題に進めるようにしました。また，既習事項を復習するための総合問題を，適宜設けました。

内 容

● 学習の要点…………各項目の学習事項を要約し，内容が的確につかめるようにしました。また，適宜，例題を用いることによって，取引の流れの中でスムーズに理解できるようにしました。とくに仕訳の例題では，基本的な仕訳パターンを示し，覚えるべきポイントが明確になるよう工夫しました。

● 問　　　題…………学習の要点で学習した内容から，検定出題レベルの問題につなげるための問題を反復して出題しました。

● 検 定 問 題…………全商簿記実務検定試験の過去の出題問題を，各項目ごとに分類し，出題しました。

● 総 合 問 題…………ある程度の項目の学習が終わった後，既習事項を総合して学習できるようにしてあります。

● 全商検定試験…………全商簿記実務検定試験の出題傾向を分析して，全範囲から作問した，程度・内容が同じ問題を多数出題しました。
　出題形式別問題

● 進んだ学習…………本書より上級に属する項目のうち，教科書および授業で扱う内容について取り上げました。

◇ 解答編………………別冊。解答にいたる過程の説明や注意事項を詳しく示しました。

も く じ

1　資産・負債・純資産

◀1▶　資　産

企業が経営活動を行うために必要な現金・商品・建物・備品などの財貨や将来一定金額を受け取る権利である売掛金・貸付金などの債権を**資産**❶という。

◀2▶　負　債

買掛金・借入金など，企業が将来，一定金額を支払わなければならないなどの義務である債務を**負債**❷という。

◀3▶　純資産

資産の総額から負債の総額を差し引いた金額を**純資産**❸といい，簿記では，この純資産の額を**資本**❹という。このことは，次の資本等式によって示すことができる。

$$資　産　-　負　債　=　資　本　………資本等式$$

◀4▶　貸借対照表

企業では，一定時点の財政状態を明らかにするために，資産・負債・資本（純資産）の内容を示した報告書を作成する。この報告書を**貸借対照表**❺という。

企業名を記入する ┄┄▶

作成年月日を記入する

貸　借　対　照　表

北海道商店　　令和○年/月/日 ◀┄┄┄┄ （単位：円）

資　　　産	金　　額	負債および純資産	金　　額
現　　　　金	200,000	買　　掛　　金	50,000
売　　掛　　金	100,000	借　　入　　金	350,000
商　　　　品	300,000	資　　本　　金	600,000
備　　　　品	400,000		
	1,000,000		1,000,000

個人企業の資本は「資本金」として表示する

左側には資産を記入する　右側には負債を記入し，次に資本（純資産）を記入する

貸借対照表を式の形であらわしたのが，**貸借対照表等式**である。

$$資　産　=　負　債　+　資　本　………貸借対照表等式$$

上記の北海道商店の資産・負債・資本を貸借対照表等式にあてはめると，次のとおりである。

¥1,000,000（資産）＝ ¥400,000（負債）＋ ¥600,000（資本）

◀5▶　純損益の計算

(1) 財産法による純損益の計算

会計期間の初めを**期首**，終わりを**期末**という。純損益（純利益または純損失）は，期末資本から期首資本を差し引いて求める。この計算方法を**財産法**という。

期末資本 － 期首資本 ＝ 当期純利益（マイナスの場合は当期純損失）

(2) 期末の貸借対照表

期末に作成する貸借対照表の資本は，期首の資本金と当期純利益に分けて表示する。

貸　借　対　照　表

北海道商店　　令和○年/2月3/日　　　　（単位：円）

資　　　産	金　　額	負債および純資産	金　　額
現　　　　金	450,000	買　　掛　　金	150,000
売　　掛　　金	250,000	借　　入　　金	350,000
商　　　　品	100,000	資　　本　　金	600,000
備　　　　品	400,000	当　期　純　利　益	100,000
	1,200,000		1,200,000

期末資本は，期首の資本金と当期純利益に分けて表示する

❶assets　❷liabilities　❸net assets　❹capital　❺balance sheet：B/S

1-1 次の各項目を資産・負債・資本に分け，それぞれの欄に記入しなさい。

現　金　　借入金　　商　品　　土　地　　買掛金
備　品　　資本金　　売掛金　　貸付金　　建　物

資　　産	
負　　債	
資　　本	

1-2 次に示す資産や負債を簿記では何というか，解答欄に記入しなさい。

(1) 商品を掛け売りしたとき，その代金を受け取る権利
(2) 販売する目的でもっている物品
(3) パーソナルコンピュータ・コピー機・商品陳列ケース・営業用の机やいす・金庫などの物品
(4) 商品を掛け仕入れしたとき，その代金を後日，支払う義務
(5) 銀行などから借り入れた金銭を，後日，返済しなければならない義務
(6) 紙幣や硬貨などの金銭

(1)		(2)		(3)	
(4)		(5)		(6)	

1-3 次の各項目は，1. 資産，2. 負債，3. 資本のいずれに属するか，番号を記入しなさい。

現　金(　　)　　買掛金(　　)　　土　地(　　)　　建　物(　　)　　商　品(　　)
売掛金(　　)　　貸付金(　　)　　借入金(　　)　　資本金(　　)　　備　品(　　)

1-4 札幌商店の令和○年/月/日現在の資産と負債は，次のとおりであった。よって，

(1) 資本等式（資産－負債＝資本）を用いて，資本の金額を求めなさい。
(2) 貸借対照表を完成しなさい。

現　　　金 ¥300,000　　売掛金 ¥500,000　　商　　　品 ¥700,000
買　掛　金 400,000　　借入金 100,000

(1)

資本等式 　（　　　　　　　　）－（　　　　　　　　）＝（　　　　　　　　）

資本の金額　¥

(2)

貸　借　対　照　表

（　　　　）商店　　　　　令和○年（　　）月（　　）日　　　　　　　　（単位：円）

資　　　　　産	金　　　　　額	負債および純資産	金　　　　　額
現　　　　　金	300,000	買　　掛　　金	400,000
（　　　　　　）	（　　　　　　）	（　　　　　　）	（　　　　　　）
（　　　　　　）	（　　　　　　）	（　　　　　　）	（　　　　　　）
	（　　　　　　）		（　　　　　　）

1▷5 青森商店の期末（令和○年/2月3/日）における資産と負債は，次のとおりであった。よって，貸借対照表を完成しなさい。ただし，期末の資本は¥1,700,000　期首の資本は¥1,600,000である。

現　　金	¥400,000	売 掛 金	¥700,000	商　　品	¥600,000
備　　品	500,000	買 掛 金	300,000	借 入 金	200,000

貸 借 対 照 表

（　　　　）商店　　　　　令和○年（　　）月（　　）日　　　　　　　（単位：円）

資　　　　　産	金　　　額	負債および純資産	金　　　額

1▷6 岩手商店の期末（令和○年/2月3/日）における資産と負債は，次のとおりであった。

現　　金	¥900,000	売 掛 金	¥500,000	商　　品	¥200,000
備　　品	800,000	買 掛 金	300,000	借 入 金	700,000

また，期首の資産は¥2,000,000　期首の負債は¥800,000であった。

(1) 期首の資本の金額を求めなさい。

(2) 期末の資本の金額を求めなさい。

(3) 当期純利益の金額を求めなさい。

(4) 貸借対照表を完成しなさい。

(1)	¥	(2)	¥	(3)	¥

(4)

貸 借 対 照 表

（　　　　）商店　　　　　令和○年（　　）月（　　）日　　　　　　　（単位：円）

資　　　　　産	金　　　額	負債および純資産	金　　　額

1▷7 次の空欄にあてはまる金額を計算しなさい。

	期首資産	期首負債	期首資本	期末資産	期末負債	期末資本	純 利 益	純 損 失
(1)	350,000	150,000		450,000	180,000			
(2)		160,000		560,000		300,000		50,000

2 収益・費用

1　収　益……………………………………………………………………………………………

　経営活動によって，資本の増加の原因となることがらを**収益**❶という。収益には，商品売買益・受取手数料・受取利息などがある。

2　費　用……………………………………………………………………………………………

　経営活動によって，資本の減少の原因となることがらを**費用**❷という。費用には，給料・広告料・交通費・通信費・支払家賃・水道光熱費・雑費・支払利息などがある。

3　損益法による純損益の計算……………………………………………………………………

　純損益（純利益または純損失）は，収益の総額から費用の総額を差し引いて計算することができる。この計算方法を**損益法**という。

　　　　収　益 － 費　用 ＝ 当期純利益（マイナスの場合は当期純損失）

4　損益計算書………………………………………………………………………………………

　企業では，一会計期間の**経営成績**を明らかにするために，期間中に生じた収益と費用の内容を示した報告書を作成する。この報告書を**損益計算書**❸という。

会計期間を記入する

企業名を記入する

損 益 計 算 書

北海道商店　　　令和○年/月/日から令和○年/2月3/日まで　　（単位：円）

費　　　用	金　　額	収　　益	金　　額
給　　　　料	40,000	商 品 売 買 益	150,000
広　　告　　料	10,000		
当 期 純 利 益	100,000		
	150,000		150,000

左側には費用を記入する　　　　　　右側には収益を記入する

　損益計算書を式の形であらわしたものが，**損益計算書等式**である。

　　　　費　用 ＋ 当期純利益 ＝ 収　益　………損益計算書等式

　上記の北海道商店の収益と費用を損益計算書等式にあてはめると，次のとおりである。

　¥50,000（費用）＋ ¥100,000（当期純利益）＝ ¥150,000（収益）

5　貸借対照表と損益計算書の当期純利益………………………………………………………

　貸借対照表と損益計算書の当期純利益（または当期純損失）の金額は一致する。

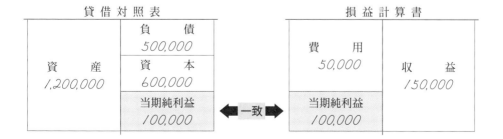

❶revenues　　❷expenses　　❸profit and loss statement ; P/L　または　income statement ; I/S

2-1 次の各項目を収益と費用に分け，それぞれの欄に記入しなさい。

広　告　料　　受取手数料　　交　通　費　　支払家賃　　通　信　費
給　　　料　　商品売買益　　支払利息　　受取利息　　雑　　費

収　　益	
費　　用	

2-2 次に示す収益や費用を簿記では何というか，解答欄に記入しなさい。
(1) 電車賃・バス代・タクシー代など
(2) 新聞・ちらしなどに広告を出すためにかかった費用
(3) 貸付金や預金などによって受け取った利息
(4) 借り入れた店舗や事務所などの家賃
(5) 売り渡した商品の売価と仕入価額との差額
(6) 借入金に対して支払った利息
(7) 商品売買の仲介などによって受け取った手数料
(8) 従業員に支払った給料
(9) はがき・切手などの郵便料金や電話料金など

(1)		(2)		(3)	
(4)		(5)		(6)	
(7)		(8)		(9)	

2-3 次の資料により，(1)収益総額および(2)費用総額を求めなさい。また，損益法（収益総額から費用総額を差し引く方法）により，(3)当期純損益を計算しなさい。

商品売買益 ¥900,000　受取手数料 ¥130,000　給　料 ¥600,000
広　告　料 200,000　雑　費 50,000　支払利息 20,000

(1)	収益総額 ¥	(2)	費用総額 ¥	(3)	当期純(　) ¥

2-4 宮城商店の令和○年1月1日から令和○年12月31日までの収益と費用は，次のとおりであった。よって，損益計算書を完成しなさい。

商品売買益 ¥820,000　受取手数料 ¥180,000　給　料 ¥500,000
広　告　料 140,000　雑　費 40,000　支払利息 20,000

損　益　計　算　書

（　　　）商店　令和○年（　）月（　）日から令和○年（　）月（　）日まで　　（単位：円）

費　　用	金　　額	収　　益	金　　額
給　　料	(　　　)	(　　　)	(　　　)
(　　　)	(　　　)	(　　　)	(　　　)
(　　　)	(　　　)		
(　　　)	20,000		
当 期 純 利 益	(　　　)		
	(　　　)		(　　　)

2 5 秋田商店の令和○年/月/日から令和○年/2月3/日までの収益と費用は，次のとおりであった。よって，損益計算書を完成しなさい。

商品売買益	¥600,000	受取手数料	¥ 30,000	受 取 利 息	¥ 10,000
給　　　料	250,000	広 告 料	180,000	支 払 家 賃	60,000
通 信 費	30,000	雑　　　費	20,000		

損 益 計 算 書

（　　　　　）商店　　令和○年（　　）月（　　）日から令和○年（　　）月（　　）日まで　　　　　（単位：円）

費　　　用	金　　　額	収　　　益	金　　　額

2 6 山形商店（決算年/回　/2月3/日）の次の資料から，貸借対照表と損益計算書を完成しなさい。なお，期首の資本金は¥/,000,000であった。

期末の資産と負債

現　　　金	¥450,000	売 掛 金	¥630,000	商　　　品	¥580,000
備　　　品	250,000	買 掛 金	570,000	借 入 金	200,000

期間中の収益と費用

商品売買益	¥980,000	受取手数料	¥ 40,000	給　　　料	¥540,000
広 告 料	150,000	支 払 家 賃	130,000	雑　　　費	40,000
支 払 利 息	20,000				

貸 借 対 照 表

（　　　　　）商店　　　　　　令和○年（　　）月（　　）日　　　　　（単位：円）

資　　　産	金　　　額	負債および純資産	金　　　額

損 益 計 算 書

（　　　　　）商店　　令和○年（　　）月（　　）日から令和○年（　　）月（　　）日まで　　　　　（単位：円）

費　　　用	金　　　額	収　　　益	金　　　額

3　取引と勘定

1　取引の意味

簿記では資産・負債・資本の増減や収益・費用を発生させることがらを**取引**という。

2　勘定の意味

資産・負債・資本の増減や収益・費用の発生について，その内容を明らかにするために，具体的な項目に分けた記録・計算の単位を**勘定**❶という。また，勘定につけた名称を**勘定科目**❷という。

おもな勘定科目		
貸借対照表に表示される勘定	資産の勘定	現金・売掛金・商品・貸付金・建物・備品・土地など
	負債の勘定	買掛金・借入金など
	資本の勘定	資本金など
損益計算書に表示される勘定	収益の勘定	商品売買益・受取手数料・受取利息など
	費用の勘定	給料・広告料・支払家賃・雑費・支払利息など

3　勘定口座

勘定ごとに，それぞれ増加額（または発生額）や減少額を記録・計算するために設けられた帳簿上の場所を**勘定口座**という。

勘定口座の形式には，標準式と残高式があるが，学習上は，右に示すような略式のT字形（Tフォーム）といわれる形式を用いることが多い。なお，簿記では，左側を**借方**❸，右側を**貸方**❹という。

```
                          勘定科目
           現      金 ◄---
         （借　方）    （貸　方）
```

4　勘定記入の方法

(1) 資産・負債・資本の勘定の記入方法

貸借対照表の記入にしたがい，資産の増加は借方に，負債・資本の増加は貸方にそれぞれ記入する。減少は，その反対側に記入する。

（借方）　資産の勘定　（貸方）	（借方）　負債の勘定　（貸方）	（借方）　資本の勘定　（貸方）
増　加 ／ 減　少	減　少 ／ 増　加	減　少 ／ 増　加

(2) 収益・費用の勘定の記入方法

損益計算書の記入にしたがい，費用の発生は借方に，収益の発生は貸方にそれぞれ記入する。

（借方）　費用の勘定　（貸方）	（借方）　収益の勘定　（貸方）
発　生	発　生

5　取引要素の結合関係

取引は左右の二つ以上の取引要素の結合から成り立つ（取引の二面性）。

〔借方要素〕　　　　　〔貸方要素〕
資産の増加　　　　　　資産の減少
負債の減少　　　　　　負債の増加
資本の減少　　　　　　資本の増加
費用の発生　　　　　　収益の発生

取引例 商品￥1,000を仕入れ，代金は掛けとした。

（借　方）	（貸　方）
商品(資産)の増加￥1,000	買掛金(負債)の増加￥1,000

取引要素の結合関係

(注) 点線の結合関係の取引は，あまり発生しない。

❶account ; a/c　❷title of account　❸debit, debtor ; Dr.　❹credit, creditor ; Cr.

3-1 次の各勘定を，資産・負債・資本・収益・費用に分類しなさい。

現　金　　広告料　　商　品　　備　品　　受取手数料
売掛金　　買掛金　　給　料　　貸付金　　建　物
借入金　　支払利息　資本金　　通信費　　商品売買益
支払家賃　雑　費　　土　地　　受取利息　交通費

資　産	
負　債	
資　本	
収　益	
費　用	

3-2 取引とは，資産・負債・資本の増減や収益・費用を発生させることがらである。次の取引では，何が増加（発生）または減少しているか，例⑴にならって解答欄の（　）に記入しなさい。

例　⑴　商品￥100,000を仕入れ，代金は現金で支払った。
　　⑵　商品￥200,000を仕入れ，代金は後日支払うこと（買掛金）とした。
　　⑶　現金￥300,000を銀行から借り入れた。
　　⑷　備品￥400,000を現金で買い入れた。
　　⑸　従業員に給料￥500,000を現金で支払った。
　　⑹　支払利息￥6,000を現金で支払った。
　　⑺　買掛金￥200,000を現金で支払った。
　　⑻　借入金￥300,000を現金で返済した。
　　⑼　￥100,000で仕入れた商品を，￥130,000で売り渡し，代金は現金で受け取った。
　　⑽　￥200,000で仕入れた商品を，￥250,000で売り渡し，代金は後日受け取ること（売掛金）とした。

例	⑴	商品という資産の増加	現金という資産の減少
	⑵	商品という資産の増加	買掛金という（　　　　）の増加
	⑶	（　　　　）という資産の増加	借入金という負債の増加
	⑷	備品という（　　　　）の増加	（　　　　）という資産の減少
	⑸	給料という（　　　　）の発生	現金という資産の減少
	⑹	（　　　　）という費用の発生	現金という資産の減少
	⑺	（　　　　）という負債の減少	現金という資産の減少
	⑻	借入金という（　　　　）の減少	現金という資産の減少
	⑼	現金という資産の増加	商品という資産の減少 商品売買益という（　　　　）の発生
	⑽	売掛金という（　　　　）の増加	商品という資産の減少 （　　　　）という収益の発生

3-3 次の福島商店の取引について，資産・負債・資本の増減や収益・費用の発生が，どのようにむすびついているか分解し，例にならって記入しなさい。

例　5月 /日　福島商店（店主　福島一郎）は，現金¥700,000を元入れ（自分で用意）して，営業をはじめた。

2日　商品陳列ケースなどの備品¥200,000を現金で買い入れた。

8日　弘前商店から商品¥400,000を仕入れ，代金は掛けとした。

/3日　全商銀行から，現金¥180,000を借り入れた。

/7日　仙台商店に商品¥150,000（仕入価額¥130,000）を売り渡し，代金は現金で受け取った。

20日　旭川商店に商品¥200,000（仕入価額¥160,000）を売り渡し，代金のうち¥150,000は現金で受け取り，残額は掛けとした。

22日　弘前商店に買掛金¥90,000を現金で支払った。

25日　本月分の従業員に対する給料¥70,000を現金で支払った。

30日　旭川商店から，売掛金¥50,000を現金で受け取った。

3/日　全商銀行に借入金¥80,000と利息¥2,000を現金で支払った。

例	5月 /日	現　金（資産）　¥700,000の増加 ⟷ 資本金（資本）　¥700,000の増加
	2日	⟷
	8日	⟷
	/3日	⟷
	/7日	⟷
	20日	⟷
	22日	⟷
	25日	⟷
	30日	⟷
	3/日	⟷

3・4 前問 **3・3** の福島商店の取引の分解にもとづいて, 例にならって勘定口座に記入しなさい。

現　　金				売　掛　金		
例	5/1	700,000				

商　　品	

備　　品				買　掛　金	

借　入　金				資　本　金		
				例	5/1	700,000

商　品　売　買　益				給　　料	

支　払　利　息	

3・5 次の取引を例にならって, 勘定口座に記入しなさい。

例　4月 /日　現金¥800,000を元入れして, 文房具店を開業した。

　　　5日　宮城商店から, 商品¥/00,000を仕入れ, 代金は掛けとした。

　　/0日　岩手商店に, 商品¥/20,000 (仕入価額¥70,000) を売り渡し, 代金は現金で受け取った。

　　/5日　山形商店に, 商品¥50,000 (仕入価額¥30,000) を売り渡し, 代金は掛けとした。

　　20日　秋田商店から, 商品¥200,000を仕入れ, 代金は現金で支払った。

　　25日　宮城商店に, 買掛金のうち¥60,000を現金で支払った。

　　〃日　山形商店から, 売掛金¥50,000を現金で回収した。

　　30日　本月分の家賃¥20,000を現金で支払った。

現　　金				売　掛　金		
例	4/1	800,000				

商　　品	

買　掛　金				資　本　金		
				例	4/1	800,000

商　品　売　買　益				支　払　家　賃	

4 仕訳と転記

学習の要点

1 仕訳

取引を分解し，勘定科目と金額を確定し，これを借方に記入するか，貸方に記入するかを決めることを**仕訳**❶という。

取　引	4月26日，現金¥100,000を借り入れた。
取引の分解	現金（資産）¥100,000の増加←→借入金（負債）¥100,000の増加
借方要素の記入	勘定科目は現金で金額は¥100,000
貸方要素の記入	勘定科目は借入金で金額は¥100,000
仕　訳	（借）現　　　金 100,000　（貸）借　入　金 100,000

2 転記

仕訳を勘定口座に記入することを**転記**❷という。

（借）現　　　金 100,000　（貸）借　入　金 100,000

仕訳の借方に登場した勘定科目はその勘定口座の借方に記入する

仕訳の貸方に登場した勘定科目はその勘定口座の貸方に記入する

現　　　金	
4/26 100,000	

借　入　金	
	4/26 100,000

4-1 次の取引の仕訳を示し，各勘定口座に転記しなさい。（勘定口座には，日付と金額を記入すること。）

5月1日　福島商店（店主　福島一郎）は，現金¥700,000を元入れ（自分で用意）して，営業をはじめた。

（借）	（貸）
現　　　金	資　本　金

2日　商品陳列ケースなどの備品¥200,000を現金で買い入れた。

（借）	（貸）
備　　　品	現　　　金

8日　弘前商店から商品¥400,000を仕入れ，代金は掛けとした。

（借）	（貸）
商　　　品	買　掛　金

13日　全商銀行から，現金¥180,000を借り入れた。

（借）	（貸）
現　　　金	借　入　金

❶journalizing　❷posting

5月17日　仙台商店に商品¥150,000（仕入価額¥130,000）を売り渡し，代金は現金で受け取った。

(借)	(貸)

現　　金	商　　品

	商 品 売 買 益

20日　旭川商店に商品¥200,000（仕入価額¥160,000）を売り渡し，代金のうち¥150,000は現金で受け取り，残額は掛けとした。

(借)	(貸)

現　　金	商　　品

売　掛　金	商 品 売 買 益

22日　弘前商店に買掛金¥90,000を現金で支払った。

(借)	(貸)

買　掛　金	現　　金

25日　本月分の従業員に対する給料¥70,000を現金で支払った。

(借)	(貸)

給　　料	現　　金

30日　旭川商店から，売掛金¥50,000を現金で受け取った。

(借)	(貸)

現　　金	売　掛　金

31日　全商銀行に借入金¥80,000と利息¥2,000を現金で支払った。

(借)	(貸)

借　入　金	現　　金

支 払 利 息	

4-2 次の取引の仕訳を示し，各勘定口座に転記しなさい。（勘定口座には，日付と金額を記入すること。）

4月/日　現金¥900,000を元入れして営業を開始した。

4日　備品¥300,000を現金で買い入れた。

8日　商品¥250,000を仕入れ，代金のうち¥150,000は現金で支払い，残額は掛けとした。

/5日　商品¥200,000（仕入価額¥160,000）を売り渡し，代金は掛けとした。

20日　売掛金の一部¥80,000を現金で受け取った。

25日　4月分の家賃¥30,000を現金で支払った。

	借　　　　方	貸　　　　方
4/1		
4		
8		
15		
20		
25		

現　　　　金	売　　掛　　金

商　　　　品	備　　　　品

買　　掛　　金	資　　本　　金

商 品 売 買 益	支　払　家　賃

4-3 次の取引の仕訳を示し，各勘定口座に転記しなさい。（勘定口座には，日付と金額を記入すること。）

5月/日　元入れした現金¥700,000と借り入れた現金¥300,000で営業をはじめた。

2日　商品¥500,000を仕入れ，代金は現金で支払った。

6日　備品を¥200,000で買い入れ，代金は現金で支払った。

8日　商品¥420,000（仕入価額¥350,000）を売り渡し，代金のうち¥300,000を現金で受け取り，残額は掛けとした。

//日　商品¥270,000を仕入れ，代金のうち¥140,000は現金で支払い，残額は掛けとした。

/5日　商品売買の仲介を行い，手数料¥35,000を現金で受け取った。

/9日　雑費¥25,000を現金で支払った。

5月20日　商品¥170,000（仕入価額¥130,000）を売り渡し，代金は掛けとした。
　　24日　売掛金¥290,000を現金で受け取った。
　　30日　買掛金¥100,000を現金で支払った。
　　31日　給料¥80,000を現金で支払った。

	借　　　　方	貸　　　　方
5/1		
2		
6		
8		
11		
15		
19		
20		
24		
30		
31		

現　　　金	売　掛　金
	商　　　品
備　　　品	買　掛　金
借　入　金	資　本　金
商品売買益	受取手数料
給　　　料	雑　　　費

5 仕訳帳と総勘定元帳

1 仕訳帳と総勘定元帳

すべての取引の仕訳を発生順に記入する帳簿を**仕訳帳**❶という。また，すべての勘定口座を集めた帳簿を**総勘定元帳**❷といい，取引の記録は，仕訳帳から総勘定元帳に転記される。

$$取　引 \Longrightarrow 仕　訳 \Longrightarrow 仕　訳　帳 \Longrightarrow 転　記 \Longrightarrow 総勘定元帳$$

なお，仕訳帳と総勘定元帳は，すべての取引が記入され，簿記のしくみを支える最低限必要な帳簿であるので，この二つの帳簿を主要簿という。

2 仕訳帳の記入方法

仕訳帳は下記の例のように記入する。

取引の発生した年月日を記入する

仕訳の勘定科目と小書きを記入する。借方の勘定科目は左側に，貸方は右側に記入する

転記したあとに勘定口座番号を記入する

仕訳帳のページ

次の取引を記入するときに摘要欄に区切り線を引く

仕訳した勘定科目と同じ行に，それぞれの金額を記入する

締め切り線は日付欄にも引く

仕訳帳の締め切り

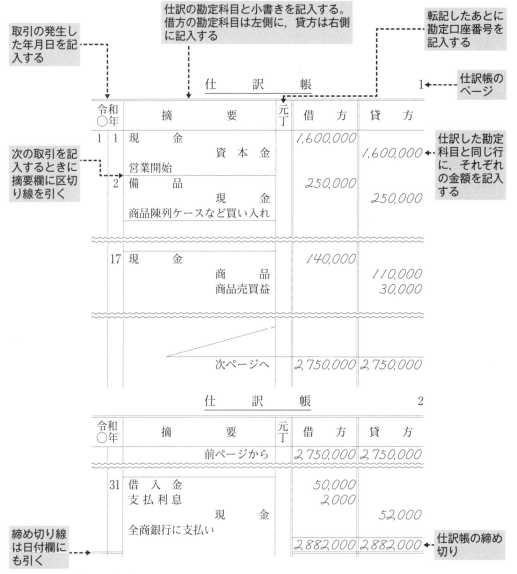

❶journal　❷general ledger

3 総勘定元帳の記入方法

総勘定元帳は，下記の例のように記入する。

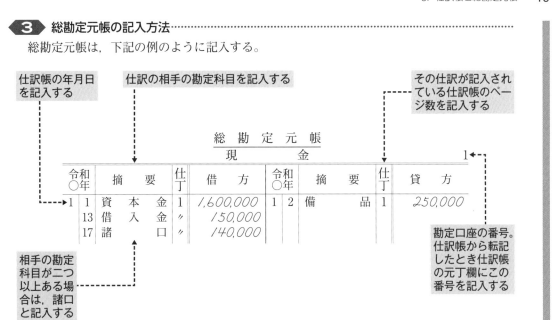

---

5 1 次の取引を仕訳帳に記入し，総勘定元帳に転記しなさい。

4月26日 小樽商店から商品￥300,000を仕入れ，代金は掛けとした。

30日 小樽商店に買掛金￥300,000を現金で支払った。

仕 訳 帳　　5

令和○年		摘　要	元丁	借　方	貸　方
		前ページから		2,800,000	2,800,000
4	26	（　　　　）			
		（　　　　）			
		小樽商店から仕入れ			
		（　　　　）			
		（　　　　）			
		小樽商店に買掛金支払い			

総 勘 定 元 帳
現　金　　1

令和○年		摘　要	仕丁	借　方	令和○年		摘　要	仕丁	貸　方

商　品　　3

買　掛　金　　7

5-2 次の取引を仕訳帳に記入し，総勘定元帳に転記しなさい。（小書きは省略する。）

5月/日　現金￥800,000を元入れして営業をはじめた。

　6日　青森商店から商品￥400,000を仕入れ，代金は掛けとした。

　/0日　青森商店に買掛金￥/50,000を現金で支払った。

　/8日　秋田商店に商品￥250,000（仕入価額￥200,000）を売り渡し，代金は現金で受け取った。

仕　　訳　　帳　　　　　　　　　1

令○	和年	摘　　　　要	元丁	借　　方	貸　　方
5	1	現　　　　金			
		（　　　　　　）			
		（　　　　　）			
		（　　　　　　）			
		（　　　　　）			
		（　　　　　　）			
		（　　　　　）			
		（　　　　　　）			
		（　　　　　　）			

総　勘　定　元　帳
現　　　　金　　　　　　　　　1

令○	和年	摘　　要	仕丁	借　　　方	令○	和年	摘　　要	仕丁	貸　　　方

商　　　品　　　　　　　　　3

買　　掛　　金　　　　　　　　7

資　　本　　金　　　　　　　　9

商　品　売　買　益　　　　　　10

5·3 次の取引を仕訳帳に記入し，総勘定元帳に転記しなさい。（小書きは省略する。）

5月1日 現金¥900,000を元入れして営業をはじめた。

7日 仙台商店から商品¥400,000を仕入れ，代金のうち¥300,000は現金で支払い，残額は掛けとした。

13日 松島商店に商品¥200,000（仕入価額¥160,000）を売り渡し，代金は掛けとした。

20日 松島商店から売掛金¥200,000を現金で受け取った。

25日 仙台商店に買掛金¥100,000を現金で支払った。

仕 訳 帳　　　　　　1

令○和年	摘　　　　要	元丁	借　方	貸　方

総 勘 定 元 帳

現　　金　　　　1

令○和年	摘　要	仕丁	借　方	令○和年	摘　要	仕丁	貸　方

売　掛　金　　　　2

令○和年	摘　要	仕丁	借　方	令○和年	摘　要	仕丁	貸　方

商　　品　　　　3

令○和年	摘　要	仕丁	借　方	令○和年	摘　要	仕丁	貸　方

買　掛　金　　　　7

令○和年	摘　要	仕丁	借　方	令○和年	摘　要	仕丁	貸　方

資　本　金　　　　9

令○和年	摘　要	仕丁	借　方	令○和年	摘　要	仕丁	貸　方

商 品 売 買 益　　　　10

令○和年	摘　要	仕丁	借　方	令○和年	摘　要	仕丁	貸　方

5-4 次の取引を仕訳帳に記入し，総勘定元帳に転記しなさい。（小書きは省略する。）

5月/日　現金¥800,000，備品¥200,000を元入れして，営業を開始した。

2日　十勝商店から商品¥500,000を仕入れ，代金は掛けとした。

8日　釧路商店へ商品¥300,000（仕入価額¥240,000）を売り渡し，代金のうち¥/00,000は現金で受け取り，残額は掛けとした。

/5日　根室商店から商品¥200,000を仕入れ，代金のうち半額は現金で支払い，残額は掛けとした。

/7日　函館商店へ商品¥/00,000（仕入価額¥80,000）を売り渡し，代金は掛けとした。

23日　十勝商店に対する買掛金のうち，¥400,000を現金で支払った。

25日　従業員に本月分の給料¥/20,000を現金で支払った。

29日　函館商店から売掛金¥/00,000を現金で回収した。

3/日　雑費¥25,000を現金で支払った。

令和○年		摘　　　　　要	元丁	借　方	貸　方

仕　訳　帳　　1

仕　訳　帳　　　2

令和○年		摘　　　　　要	元丁	借　方	貸　方

総　勘　定　元　帳
現　　金　　　1

令和○年		摘要	仕丁	借　方	令和○年		摘要	仕丁	貸　方

売　掛　金　　　2

商　　品　　　3

備　　品　　　4

買　掛　金　　　5

資　本　金　　　6

商　品　売　買　益　　　7

給　　料　　　8

雑　　費　　　9

5 5 次の取引を仕訳帳に記入し，総勘定元帳の現金勘定と売掛金勘定に転記しなさい。勘定口座は残高式を用いている。（小書きは省略する。）

6月1日　現金¥700,000を元入れして開業した。
　　4日　盛岡商店から商品¥400,000を仕入れ，代金のうち¥100,000は現金で支払い，残額は掛けとした。
　　7日　備品¥200,000を買い入れ，代金は現金で支払った。
　13日　宮古商店に商品¥250,000（仕入価額¥200,000）を売り渡し，代金は掛けとした。
　19日　盛岡商店に買掛金¥300,000を現金で支払った。
　25日　全商銀行から¥500,000を借り入れ，利息¥1,000を差し引かれ，手取金は現金で受け取った。
　30日　宮古商店から売掛金¥200,000を現金で受け取った。

仕　　訳　　帳　　　　　　　　　　1

令 ○	和 年	摘　　　　　要	元 丁	借　　　方	貸　　　方

総　勘　定　元　帳
現　　　金　　　　　　　　　　1

令 ○	和 年	摘　　要	仕 丁	借　　　方	貸　　　方	借また は　貸	残　　　高

売　　掛　　金　　　　　　　　　　2

6 試算表

1 試算表

　総勘定元帳の各勘定口座の合計額や残高を集めて作成する集計表を**試算表**❶という。試算表の借方と貸方の合計は必ず一致する。

2 試算表の種類

(1) 合計試算表………各勘定ごとに計算した借方合計金額と貸方合計金額を集計して作成する。

(2) 残高試算表………各勘定の残高を集めて作成する。

(3) 合計残高試算表………合計試算表と残高試算表を一表にまとめて作成する。

3 貸借平均の原理

　一つの取引を勘定口座に記入する場合，借方に記入した金額と貸方に記入した金額とは，必ず等しい。したがって，すべての勘定の借方合計と貸方合計とは，つねに等しいことになる。これを**貸借平均の原理**❷という。

4 試算表の作成例

　勘定記入は合計額で示してある。

現　金　1		商　品　2		買　掛　金　3	
100,000	70,000	50,000	30,000	30,000	50,000

資　本　金　4		商品売買益　5		給　料　6	
	40,000		10,000	20,000	

---- 各勘定の借方・貸方合計額を記入 ----　　　---- 各勘定の残高を記入 ----

合 計 試 算 表
令和○年3月31日

借　方	勘定科目	貸　方
100,000	現　　金	70,000
50,000	商　　品	30,000
30,000	買　掛　金	50,000
	資　本　金	40,000
	商品売買益	10,000
20,000	給　　料	
200,000	一致	200,000

残 高 試 算 表
令和○年3月31日

借　方	勘定科目	貸　方
30,000	現　　金	
20,000	商　　品	
	買　掛　金	20,000
	資　本　金	40,000
	商品売買益	10,000
20,000	給　　料	
70,000	一致	70,000

合 計 残 高 試 算 表
令和○年3月31日

借　方 残　高	借　方 合　計	勘 定 科 目	貸　方 合　計	貸　方 残　高
30,000	100,000	現　　金	70,000	
20,000	50,000	商　　品	30,000	
	30,000	買　掛　金	50,000	20,000
		資　本　金	40,000	40,000
		商品売買益	10,000	10,000
20,000	20,000	給　　料		
70,000	200,000		200,000	70,000

❶trial balance；T/B　❷principle of equilibrium

6-1 仙台商店の令和○年/2月3/日における次の勘定記録から，合計試算表を完成しなさい。

現　　金 1		売　掛　金 2		商　　品 3	
700,000	300,000	500,000	300,000	600,000	700,000
500,000	500,000			300,000	

買　掛　金 4		資　本　金 5		商　品　売　買　益 6	
600,000	500,000		1,000,000		70,000
	300,000				50,000

給　　料 7		広　告　料 8		支　払　家　賃 9	
400,000		90,000		30,000	

合　計　試　算　表
令和○年/2月3/日

借　　方	勘　定　科　目	貸　　方
	現　　　　　　金	
	売　　掛　　金	
	商　　　　　　品	
	買　　掛　　金	
	資　　本　　金	
	商　品　売　買　益	
	給　　　　　　料	
	広　　告　　料	
	支　払　家　賃	

6-2 盛岡商店の令和○年/2月3/日における次の勘定記録から，残高試算表を完成しなさい。なお，各勘定口座には合計額が記入してある。

現　　金 1		売　掛　金 2		商　　品 3	
730,000	630,000	490,000	2/0,000	580,000	440,000

買　掛　金 4		借　入　金 5		資　本　金 6	
2/0,000	410,000		90,000		250,000

商　品　売　買　益 7		給　　料 8		支　払　利　息 9	
	60,000	70,000		10,000	

残　高　試　算　表
令和○年/2月3/日

借　　方	勘　定　科　目	貸　　方

6-3 青森商店の令和○年/2月3/日における次の勘定記録から，合計試算表・残高試算表・合計残高試算表を完成しなさい。

現　　　金　1	
500,000	420,000
280,000	340,000
200,000	

売　掛　金　2	
200,000	230,000
250,000	

商　　　品　3	
280,000	180,000
360,000	230,000

買　掛　金　4	
210,000	130,000
	260,000

資　本　金　5	
	500,000

商品売買益　6	
	100,000
	80,000

給　　　料　7	
170,000	

雑　　　費　8	
20,000	

合　計　試　算　表
令和○年/2月3/日

借　方	勘　定　科　目	貸　方

残　高　試　算　表
令和○年/2月3/日

借　方	勘　定　科　目	貸　方

合　計　残　高　試　算　表
令和○年/2月3/日

借　方		勘　定　科　目	貸　方	
残　高	合　計		合　計	残　高

7 精算表

1 精算表
　残高試算表から損益計算書と貸借対照表を作成する手続きを一つの表にまとめて示した計算表を**精算表**❶という。

2 作成方法
① 残高試算表欄に，総勘定元帳の各勘定残高を記入する。
② 資産・負債・資本の各勘定の残高を貸借対照表欄に移記する。
③ 収益・費用の各勘定の残高を損益計算書欄に移記する。
④ 損益計算書欄・貸借対照表欄の貸借差額を当期純利益（または当期純損失）として，金額の少ない側に記入し，各欄の貸借合計額を一致させて締め切る。

精 算 表
令和○年 /2月3/ 日

勘定科目	残高試算表 借方	貸方	損益計算書 借方	貸方	貸借対照表 借方	貸方
現　　　金	30,000				30,000	
売　掛　金	70,000				70,000	
商　　　品	80,000				80,000	
買　掛　金		60,000				60,000
資　本　金		100,000				100,000
商品売買益		90,000		90,000		
給　　料	40,000		40,000			
広　告　料	30,000		30,000			
当期純利益			20,000			20,000
	250,000	250,000	90,000	90,000	180,000	180,000

7-1 次の精算表を完成しなさい。

精 算 表
令和○年/2月3/日

勘定科目	残高試算表 借方	貸方	損益計算書 借方	貸方	貸借対照表 借方	貸方
現　　　金	110,000				110,000	
売　掛　金	230,000				(　　)	
商　　　品	240,000				(　　)	
買　掛　金		220,000				(　　)
資　本　金		300,000				(　　)
商品売買益		150,000		(　　)		
給　　料	70,000		(　　)			
雑　　費	20,000		(　　)			
当期純利益			(　　)			(　　)
	670,000	670,000	(　　)	(　　)	(　　)	(　　)

❶work sheet；W/S

7 2 次の精算表を完成しなさい。

精　算　表

令和○年/2月3/日

勘定科目	残高試算表		損益計算書		貸借対照表	
	借　方	貸　方	借　方	貸　方	借　方	貸　方
現　　　金	230,000					
売　掛　金	480,000					
商　　　品	390,000					
備　　　品	250,000					
買　掛　金		390,000				
資　本　金		800,000				
商品売買益		600,000				
給　　　料	320,000					
支　払　家　賃	70,000					
雑　　　費	50,000					
(　　　　　　)						

7 3 山形商店の令和○年/2月3/日の各勘定の残高は，次のとおりであった。よって，精算表を完成しなさい。

現　　　金	¥290,000	売　掛　金	¥470,000	商　　　品	¥250,000
備　　　品	300,000	買　掛　金	380,000	借　入　金	200,000
資　本　金	700,000	商品売買益	680,000	給　　　料	440,000
広　告　料	60,000	雑　　　費	140,000	支　払　利　息	10,000

精　算　表

令和○年/2月3/日

勘定科目	残高試算表		損益計算書		貸借対照表	
	借　方	貸　方	借　方	貸　方	借　方	貸　方
現　　　金						
売　掛　金						
商　　　品						
備　　　品						
買　掛　金						
借　入　金						
資　本　金						
商品売買益						
給　　　料						
広　告　料						
雑　　　費						
支　払　利　息						
(　　　　　　)						

8 決　算

1 決算の意味‥‥‥‥‥‥‥‥‥‥‥‥‥‥‥‥‥‥‥‥‥‥‥‥‥‥‥‥‥‥‥‥‥‥

　会計期末に，総勘定元帳などの記録を整理して，帳簿を締め切り，損益計算書や貸借対照表を作成する一連の手続きを**決算❶**という。

2 決算の手続き‥‥‥‥‥‥‥‥‥‥‥‥‥‥‥‥‥‥‥‥‥‥‥‥‥‥‥‥‥‥‥‥‥‥

　決算の手続きは，次の(1)〜(8)の順に行う。

(1) 収益の各勘定の残高を損益勘定に振り替える。

(2) 費用の各勘定の残高を損益勘定に振り替える。

(3) 当期純損益（損益勘定の差額）を資本金勘定に振り替える。

(4) 収益・費用の各勘定と損益勘定を締め切る。

〈振替仕訳〉

	借　　　　　方		貸　　　　　方	
(1)	商 品 売 買 益	60,000	損　　　　益	80,000
	受 取 手 数 料	20,000		
(2)	損　　　　益	70,000	給　　　　料	40,000
			雑　　　　費	30,000
(3)	損　　　　益	10,000	資　本　金	10,000

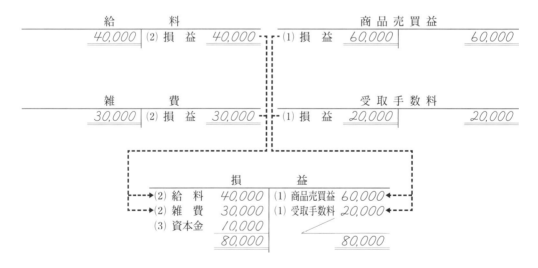

(5) 資産・負債・資本の各勘定を締め切る。

　　資産・負債・資本の各勘定について，それぞれの残高を「次期繰越××」と記入して，締め切る。また，同額を次期繰越と反対の側に「前期繰越××」と記入する。

(6) 繰越試算表を作成する。

　　上記(5)の繰越記入が正しく行われたかどうかを確かめるために**繰越試算表**を作成する。繰越試算表の借方には，資産の各勘定の次期繰越高を記入し，貸方には，負債・資本の各勘定の次期繰越高を記入する。

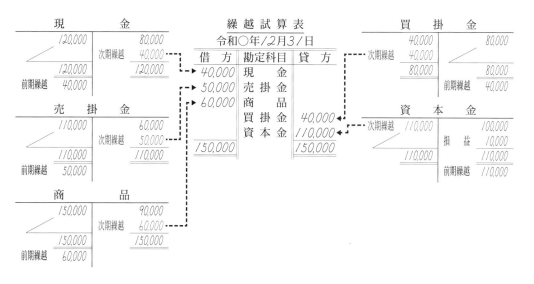

(7) 仕訳帳を締め切る。

仕訳帳は，日々の取引の記入が終わったときに，いったん締め切るが，さらに決算仕訳を記入したあと貸借の合計額を計算して締め切る。

(8) 損益計算書と貸借対照表を作成する。

8-1 次の収益の各勘定の残高を損益勘定に振り替える仕訳を示し，これを転記して収益の各勘定を締め切りなさい。

	借　　　　方	貸　　　　方
12/31		

商 品 売 買 益	
	12/8 売掛金 270,000
	23 諸　口 50,000

受 取 手 数 料	
	12/15 現　金 3,000
損 益	

8-2 次の費用の各勘定の残高を損益勘定に振り替える仕訳を示し，これを転記して費用の各勘定を締め切りなさい。

	借　　　　方	貸　　　　方
12/31		

給 料	
12/25 現　金 200,000	

損 益	

雑 費	
12/30 現　金 60,000	

8▶3 次の損益勘定から当期純利益を資本金勘定に振り替える仕訳を示し，これを転記して損益勘定と資本金勘定を締め切りなさい。

	借　　　　　方	貸　　　　　方
12/31		

```
           損            益
12/31 給 料   200,000 │ 12/31 商品売買益  320,000
   〃  雑 費    60,000 │   〃  受取手数料    3,000
```

```
           資  本  金
                      │ 12/1 前期繰越  500,000
```

8▶4 次の資産・負債・資本に属する各勘定を締め切りなさい。（決算日　12月31日）
（注）　現金・買掛金の勘定記入は合計額で示してある。

```
        現        金
   960,000 │     720,000
```

```
        買    掛    金
   310,000 │     480,000
```

```
        資    本    金
         │ 12/1 前期繰越  620,000
         │   31 損  益    40,000
```

8▶5 次の総勘定元帳の記録から繰越試算表を完成しなさい。（決算日　12月31日）

```
         現      金      1
   970,000 │         690,000
          │ 12/31 次期繰越 280,000
   970,000 │         970,000
```

```
         売  掛  金      2
 1,420,000 │       1,110,000
          │ 12/31 次期繰越 310,000
 1,420,000 │       1,420,000
```

```
         商      品      3
 1,960,000 │       1,510,000
          │ 12/31 次期繰越 450,000
 1,960,000 │       1,960,000
```

```
         買  掛  金      4
 1,030,000 │       1,370,000
 12/31 次期繰越 340,000 │
 1,370,000 │       1,370,000
```

```
         借  入  金      5
   100,000 │         300,000
 12/31 次期繰越 200,000 │
   300,000 │         300,000
```

```
         資  本  金      6
 12/31 次期繰越 500,000 │   420,000
          │ 12/31 損 益 80,000
   500,000 │         500,000
```

繰 越 試 算 表
令和○年（　）月（　）日

借　　方	勘 定 科 目	貸　　方
	現　　　　　金	
	売　掛　金	
	（　　　　　）	
	（　　　　　）	
	（　　　　　）	
	資　本　金	

8-6 次の札幌商店の損益勘定・資本金勘定および繰越試算表によって，損益計算書と貸借対照表を完成しなさい。ただし，会計期間は令和○年1月1日から令和○年12月31日までとする。

損　　益

12/31	給　料	130,000	12/31 商品売買益	240,000
〃	支払家賃	40,000	〃 受取手数料	20,000
〃	雑　費	38,000		
〃	支払利息	2,000		
〃	資本金	50,000		
		260,000		260,000

資　本　金

12/31	次期繰越	550,000	1/1 前期繰越	500,000
			12/31 損　益	50,000
		550,000		550,000

繰　越　試　算　表
令和○年12月31日

借　　方	勘定科目	貸　　方
80,000	現　　金	
430,000	売　掛　金	
250,000	商　　品	
200,000	備　　品	
	買　掛　金	310,000
	借　入　金	100,000
	資　本　金	550,000
960,000		960,000

損　益　計　算　書

(　　　　　)商店　　令和○年(　　)月(　　)日から令和○年(　　)月(　　)日まで　　(単位：円)

費　　用	金　　額	収　　益	金　　額

貸　借　対　照　表

(　　　　　)商店　　　　　令和○年(　　)月(　　)日　　　　　(単位：円)

資　　産	金　　額	負債および純資産	金　　額

8-7　福島商店の令和○年/2月3/日における総勘定元帳の記録は，次のとおりであった。よって，

(1)　収益の各勘定の残高を損益勘定に振り替える仕訳を示しなさい。

(2)　費用の各勘定の残高を損益勘定に振り替える仕訳を示しなさい。

(3)　当期純損益を資本金勘定に振り替える仕訳を示しなさい。

(4)　以上の振替仕訳を転記して，各勘定口座を締め切りなさい。(資産・負債・資本の勘定については，開始記入も示すこと。また，勘定口座には，日付・相手科目・金額を記入すること。)

	借　　　　　方	貸　　　　　方
(1)		
(2)		
(3)		

(4)

総　勘　定　元　帳

現　　金　　　　1
680,000 ｜ 460,000

売　掛　金　　　2
530,000 ｜ 340,000

商　　品　　　　3
4/0,000 ｜ 350,000

買　掛　金　　　4
320,000 ｜ 490,000

資　本　金　　　5
｜ 1/1　前期繰越　240,000

商　品　売　買　益　　6
｜ /70,000

受　取　手　数　料　　7
｜ 30,000

給　　料　　　　8
90,000 ｜

広　告　料　　　9
30,000 ｜

雑　　費　　　10
20,000 ｜

損　　益　　　11
｜

8-8 前問 **8-7** の福島商店の総勘定元帳の記録により，

(1) 繰越試算表を完成しなさい。

(2) 損益計算書・貸借対照表を完成しなさい。

ただし，会計期間は令和○年/月/日から令和○年/2月3/日までの/年とする。

(1)

繰 越 試 算 表
令和○年(　　)月(　　)日

借　　　方	勘 定 科 目	貸　　　方

(2)

損 益 計 算 書
(　　　　)商店　令和○年(　　)月(　　)日から令和○年(　　)月(　　)日まで　　(単位：円)

費　　用	金　　額	収　　益	金　　額

貸 借 対 照 表
(　　　　)商店　　　　令和○年(　　)月(　　)日　　　　(単位：円)

資　　産	金　　額	負債および純資産	金　　額

総合問題 1

1▶1 東京商店の令和○年/2月3/日における総勘定元帳の記録は次のとおりであった。よって，
(1) 収益の各勘定の残高を損益勘定に振り替える仕訳を示しなさい。
(2) 費用の各勘定の残高を損益勘定に振り替える仕訳を示しなさい。
(3) 当期純利益を資本金勘定に振り替える仕訳を示しなさい。
(4) 以上の振替仕訳を転記して，各勘定口座を締め切りなさい。(資産・負債・資本の勘定については，開始記入も示すこと。また，勘定口座には，日付・相手科目・金額を記入すること。)
(5) 繰越試算表を完成しなさい。
(6) 貸借対照表・損益計算書を完成しなさい。
　　ただし，会計期間は令和○年/月/日から令和○年/2月3/日までの/年とする。

	借　　　方	貸　　　方
(1)		
(2)		
(3)		

(4)

現　　金	1
588,000	321,000

売　掛　金	2
624,000	230,000

商　　品	3
750,000	390,000

備　　品	4
270,000	

買　掛　金	5
280,000	620,000

借　入　金	6
	170,000

資　本　金	7
	1/1 前期繰越 700,000

商 品 売 買 益	8
	260,000

受 取 手 数 料	9
	19,000

給　　　料　　　10		損　　　益　　　12	
150,000			

雑　　　費　　　11	
48,000	

(5)

繰 越 試 算 表
令和○年/2月3/日

借　　　　方	勘 定 科 目	貸　　　　方

(6)

貸 借 対 照 表
(　　　　)商店　　　　令和○年(　　)月(　　)日　　　　(単位：円)

資　　　　産	金　　　　額	負債および純資産	金　　　　額

損 益 計 算 書
(　　　　)商店　　　令和○年(　　)月(　　)日から令和○年(　　)月(　　)日まで　　　　(単位：円)

費　　　　用	金　　　　額	収　　　　益	金　　　　額

1・2 群馬商店の次の取引を仕訳帳に記入し，総勘定元帳に転記して，合計試算表を完成しなさい。また，決算仕訳を示し，総勘定元帳に転記して締め切り，繰越試算表を完成しなさい。

ただし，ⅰ　仕訳帳の3ページまでの元帳記入は，4ページの最初に合計額で示してある。

ⅱ　勘定口座には，日付・相手科目・金額を記入すること。

ⅲ　仕訳帳の小書きと元帳の開始記入は省略すること。

ⅳ　仕訳帳は，日常の取引記入終了時と，決算仕訳記入終了時に締め切ること。

取　　　　引

12月25日　太田商店に商品¥300,000（仕入価額¥240,000）を売り渡し，代金は掛けとした。

28日　太田商店に対する売掛金の一部¥200,000を現金で受け取った。

29日　前橋商店から商品¥150,000を掛けで仕入れた。

30日　家賃¥18,000を現金で支払った。

仕　　訳　　帳　　　　　　4

令和○年		摘　　　　要	元丁	借　　方	貸　　方
		前ページから	√	2,326,000	2,326,000

総　勘　定　元　帳

現　　　　金　　　　1	
534,000	476,000

売　　掛　　金　　　　2	
380,000	130,000

	商　　品　　3		備　　品　　4

商　　品　　3
借	貸
470,000	60,000

備　　品　　4
借	貸
300,000	

借　入　金　6
借	貸
	160,000

買　掛　金　5
借	貸
400,000	490,000

資　本　金　7
借	貸
	800,000

商品売買益　8
借	貸
	130,000

受取手数料　9
借	貸
	80,000

給　　料　10
借	貸
130,000	

広　告　料　11
借	貸
50,000	

支　払　家　賃　12
借	貸
42,000	

雑　　費　13
借	貸
20,000	

損　　益　14
借	貸

合 計 試 算 表
令和○年12月31日

借　方	勘 定 科 目	貸　方

繰 越 試 算 表
令和○年12月31日

借　方	勘 定 科 目	貸　方

⑨ 現　金

1 ▸ **簿記で現金として扱われるもの**

簿記で現金❶として扱われるものには，通貨（紙幣・硬貨）のほかに，他人振り出しの小切手・送金小切手などがある。

2 ▸ **現金に関する基本仕訳**

現金に関する取引については，**現金勘定**（資産）を用いて仕訳する。

例1 **現金を受け取ったとき** 1/10　水戸商店に対する売掛金￥50,000を現金で受け取った。

（借）現　金　50,000　（貸）売掛金　50,000

例2 **現金を支払ったとき**　1/14　鹿嶋商店に対する買掛金￥40,000を現金で支払った。

（借）買掛金　40,000　（貸）現　金　40,000

現　　　金

1/1　前期繰越　10,000	
	1/14　買掛金　40,000
1/10　売掛金　50,000	
	残高　￥20,000

3 ▸ **現金出納帳**

現金に関する取引の明細を記入する帳簿を**現金出納帳**❷という。

取引先名・取引内容などの取引の
明細を記入する

現　金　出　納　帳　　　　　　　1

令○	和年	摘　　　　　　　　要	収　　入	支　　出	残　　高
1	1	前月繰越	10,000		10,000
	10	水戸商店から売掛金回収　現金受け取り	50,000		60,000
	14	鹿嶋商店に買掛金支払い		40,000	20,000
	31	次月繰越		20,000	
			60,000	60,000	
2	1	前月繰越	20,000		20,000

繰越記入は
最終残高を
記入する

両者の残高は一致

4 ▸ **主要簿と補助簿**

(1)　主要簿……すべての取引を記入する総勘定元帳と仕訳帳を**主要簿**❸という。

(2)　補助簿……総勘定元帳の記録を補う役割をもつ帳簿を**補助簿**❹という。

　　（例）　現金出納帳・当座預金出納帳・仕入帳・売上帳など

❶cash　❷cash book　❸main book　❹subsidiary book

9 ▶ 1　次の取引の仕訳を示しなさい。
(1)　取手商店に対する買掛金¥70,000を現金で支払った。
(2)　土浦商店から売掛金¥80,000を同店振り出しの小切手で受け取った。
(3)　日立商店から貸付金¥100,000の回収として，送金小切手¥100,000を受け取った。

	借　　　　　方	貸　　　　　方
(1)		
(2)		
(3)		

9 ▶ 2　宇都宮商店の下記の取引について，
(1)　仕訳帳に記入して，総勘定元帳の現金勘定に転記しなさい。（仕訳帳の小書きは省略する。）
(2)　現金出納帳に記入して，締め切りなさい。なお，開始記入も示すこと。
1月16日　足利商店から商品¥30,000を仕入れ，代金は現金で支払った。
　　29日　日光商店に対する売掛金の一部¥200,000を同店振り出しの小切手で受け取った。

(1)　　　　　　　　　　　　仕　訳　帳　　　　　　　　　　1

令○	和年	摘　　　　要	元丁	借　方	貸　方
1	1	前期繰越高	✓	4,190,000	4,190,000

総　勘　定　元　帳
現　　　金　　　　1

1/1	前期繰越	560,000			

(2)　　　　　　　　　　　　現　金　出　納　帳　　　　　　　　1

令○	和年	摘　　　　要	収　入	支　出	残　高
1	1	前月繰越	560,000		560,000

10 現金過不足

◀ **1** ▶ **現金過不足の意味**……………………………………………………………… 2級の範囲

　現金の実際有高が**帳簿残高**よりも少なかったり，逆に多かったりする場合がある。このように，実際有高と帳簿残高とのくいちがいが生じた場合，これを**現金過不足❶**という。

◀ **2** ▶ **現金過不足に関する基本仕訳**…………………………………………… 2級の範囲

　現金過不足に関する取引については，**現金過不足勘定**を用いて仕訳する。

⑴　実際有高＜帳簿残高の場合（現金不足のとき）

例1 **現金不足が発生し** ①　現金の実際有高を調べたところ，帳簿残高より¥1,000不足して
　たとき 　　　　　　　いた。

　　　　　　　　　　（借）　現金過不足　1,000　　（貸）　現　　金　1,000

例2 **現金不足の原因が** ②　不足額のうち¥700は，交通費の記入もれであることがわかった。
　判明したとき 　　（借）　交　通　費　　700　　（貸）　現金過不足　　　700

⑵　実際有高＞帳簿残高の場合（現金過剰のとき）

例3 **現金過剰が発生し** ③　現金の実際有高を調べたところ，帳簿残高より¥800多かった。
　たとき 　　　　　　　　（借）　現　　金　　800　　（貸）　現金過不足　　800

例4 **現金過剰の原因が** ④　過剰額のうち¥600は，受取利息の記入もれであることが判明し
　判明したとき 　　　　た。

　　　　　　　　　　（借）　現金過不足　　600　　（貸）　受取利息　　600

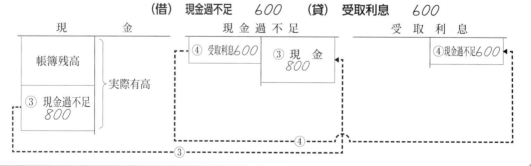

❶cash over and short

10-1 次の一連の取引を仕訳しなさい。 2級の範囲

6月 7日 現金の実際有高と帳簿残高を照合したところ，実際有高は¥60,000で，帳簿残高¥62,000より¥2,000不足していた。

9日 調査の結果，不足額のうち¥1,700は，交通費の記入もれであることがわかった。

10日 調査の結果，不足額のうち¥300は支払利息の記入もれであることがわかった。

	借 方	貸 方
6/7		
9		
10		

10-2 次の一連の取引を仕訳しなさい。 2級の範囲

8月 9日 現金の実際有高と帳簿残高を照合したところ，実際有高は¥80,000で，帳簿残高¥79,000より¥1,000多かった。

10日 調査の結果，過剰額のうち¥1,000は，受取利息の記入もれであることがわかった。

	借 方	貸 方
8/9		
10		

10-3 次の取引の仕訳を示しなさい。 2級の範囲

現金の実際有高を調べたところ¥125,000であり，帳簿残高¥129,000と不一致であった。よって，帳簿残高を修正してその原因を調査することにした。

借 方	貸 方

10-4 次の取引の仕訳を示しなさい。 2級の範囲

(1) 現金の実際有高を調べたところ，実際有高は¥30,000で帳簿残高¥26,000より¥4,000多かった。よって，帳簿残高を修正して，その原因を調査することにした。

(2) 現金の実際有高を調べたところ，帳簿残高より¥2,000少なかった。よって，帳簿残高を修正してその原因を調査することにした。

	借 方	貸 方
(1)		
(2)		

11 当座預金・当座借越・その他の預貯金

学習の要点

1 当座預金と小切手

小切手の振り出しなどによって，いつでも引き出しができる銀行預金を**当座預金**❶という。

| 振 出 人 | → | 小 切 手 ￥50,000 | → | 受 取 人 |

この人の当座預金から￥50,000が支払われる

銀行に小切手をもっていけば，￥50,000を受け取ることができる

2 当座預金に関する基本仕訳

当座預金に関する取引(当座取引という)については**当座預金勘定**(資産)を用いて仕訳する。

例1 当座預金に現金を預け入れたとき
5/1　関東銀行前橋支店と当座取引を開始し，現金￥100,000を預け入れた。

(借) 当座預金 100,000 (貸) 現　金 100,000

例2 小切手を振り出したとき
5/4　桐生商店から商品￥80,000を仕入れ，代金は小切手#1を振り出して支払った。

(借) 商　品 80,000 (貸) 当座預金 80,000

例3 小切手を受け取り，ただちに当座預金に預け入れたとき
5/10　高崎商店に対する売掛金￥50,000を同店振り出しの小切手で受け取り，ただちに，当座預金に預け入れた。

(借) 当座預金 50,000 (貸) 売掛金 50,000

```
               当 座 預 金
5/1 現 金 100,000  │ 5/4 商品    80,000
5/10売掛金  50,000 │ }残高￥70,000
```

3 当座借越の意味 ……………………… 2級の範囲

小切手の振り出しは原則として，当座預金残高をこえることはできない。しかし，銀行とあらかじめ当座借越契約をむすんでおけば，借越限度額まで預金残高をこえて小切手を振り出すことができる。預金残高をこえた金額は銀行からの借り入れであり，このような借り入れの方法を**当座借越**❷という。

4 当座借越に関する基本仕訳 ……………… 2級の範囲

例4 当座預金残高をこえて小切手を振り出したとき
6/10　上尾商店に対する買掛金の支払いとして，小切手#5￥150,000を振り出した。なお，当店の当座預金残高は￥100,000であり，銀行とは￥200,000を借越限度額とする当座借越契約をむすんでいる。

(借) 買掛金 150,000 (貸) 当座預金 150,000

```
               当 座 預 金
当座預金残高 100,000 │ 6/10買掛金 150,000
  ￥50,000{         │
当座借越高
```

❶checking account　❷bank overdraft

例5 当座借越のある当座預金に入金したとき　　6/14　川口商店に対する売掛金¥*120,000*を同店振り出しの小切手で受け取り，ただちに，当座預金に預け入れた。ただし，当座借越残高は¥*50,000*である。

（借）　当座預金　*120,000*　（貸）　売　掛　金　*120,000*

5 当座預金出納帳……

当座預金の預け入れと引き出しの明細を記録する補助簿を**当座預金出納帳❸**という。

当 座 預 金 出 納 帳 　　　　　　　　　　　　　　1

令和○年		摘　　　　　要	預　　入	引　　出	借または貸	残　　高
6	1	前月繰越	*200,000*		借	*200,000*
	10	上尾商店に買掛金支払い　小切手#5		*150,000*	〃	*50,000*
	14	川口商店の売掛金回収	*120,000*		〃	*170,000*

預金残高があれば「借」，当座借越があれば「貸」と記入する

6 その他の預貯金……

当座預金以外の普通預金・定期預金・通知預金などはそれぞれの勘定口座を用いて仕訳する。

11▶1　　次の一連の取引を仕訳しなさい。

　　6月 *1*日　関東銀行熊谷支店と当座取引を開始し，現金¥*300,000*を預け入れた。

　　　 *4*日　草加商店から商品¥*180,000*を仕入れ，代金は小切手#*1*　¥*180,000*を振り出して支払った。

　　 *11*日　秩父商店に対する売掛金¥*60,000*を同店振り出しの小切手で受け取り，ただちに，当座預金に預け入れた。

	借　　　　　　方	貸　　　　　　方
6/1		
4		
11		

11▶2　　次の一連の取引を仕訳しなさい。　　　　　　　　　　　　　**2級の範囲**

　　6月*18*日　浦安商店に対する買掛金の支払いとして，小切手#5　¥*230,000*を振り出した。なお，当店の当座預金残高は¥*150,000*であり，銀行とは¥*500,000*を借越限度額とする当座借越契約をむすんでいる。

　　 *20*日　成田商店に対する売掛金¥*100,000*を同店振り出しの小切手で受け取り，ただちに，当座預金に預け入れた。

	借　　　　　　方	貸　　　　　　方
6/18		
20		

11-3 次の一連の取引を当座預金出納帳に記入しなさい。ただし，締め切らなくてよい。

6月 7日　立川商店に対する売掛金¥80,000を同店振り出しの小切手で受け取り，ただちに，当座預金に預け入れた。

12日　青梅商店から商品¥270,000を仕入れ，代金は小切手#11 ¥270,000を振り出して支払った。

15日　多摩商店へ商品¥300,000（仕入価額¥200,000）を売り渡し，代金のうち¥200,000は同店振り出しの小切手で受け取り，ただちに，当座預金に預け入れ，残額は掛けとした。

当 座 預 金 出 納 帳　　　　　1

令和○年		摘　　　　要	預　　入	引　　出	借または貸	残　　高
6	1	前月繰越	330,000		借	330,000
	7	立川商店の売掛金回収				
	12	青梅商店から商品仕入れ　小切手#11				
	15	多摩商店への商品売上代金の一部				

11-4 次の取引の仕訳を示しなさい。

(1) 東南銀行に現金¥80,000を普通預金として預け入れた。

(2) 定期預金¥200,000が満期となり，利息¥3,000とともに現金で受け取った。

	借　　　　方	貸　　　　方
(1)		
(2)		

11-5 次の一連の取引を仕訳し，当座預金勘定に転記しなさい。また，当座預金出納帳にも記入しなさい。ただし，勘定には日付・相手科目・金額を記入し，当座預金出納帳のみ月末に締め切り，開始記入も示すこと。

6月 5日　小田原商店から商品売買の仲介手数料として¥50,000を同店振り出しの小切手で受け取り，ただちに，当座預金に預け入れた。

13日　横浜商店に対する買掛金の支払いとして小切手#8 ¥240,000を振り出した。なお，銀行とは¥200,000を借越限度額とする当座借越契約をむすんでいる。

18日　鎌倉商店に対する売掛金¥280,000を同店振り出しの小切手で受け取り，ただちに，当座預金に預け入れた。

26日　川崎商店に対する買掛金の支払いとして，小切手#9 ¥120,000を振り出した。

	借　　　　方	貸　　　　方
6/5		
13		
18		
26		

<table>
<tr><th colspan="2">当 座 預 金</th></tr>
<tr><td>前期繰越　280,000</td><td></td></tr>
<tr><td></td><td></td></tr>
<tr><td></td><td></td></tr>
</table>

当 座 預 金 出 納 帳　　　　　　　　　　　　1

令和○年		摘　　　　要	預　入	引　出	借または貸	残　高
6	1	前月繰越	280,000		借	280,000

検定問題 ◆◆◆◆

11-6 次の取引の仕訳を示しなさい。

(1) 福岡商店に対する買掛金の一部について，次の小切手#9を振り出して支払った。 第87回

```
DT0009                 小　切　手            熊 本 4301
                                            0914－043
支払地　熊本県熊本市中央区水前寺6-18-1
株式
会社  全商銀行熊本支店

金 額    ¥190,000※

(熊  上記の金額をこの小切手と引き替えに
 本) 持参人へお支払いください       熊本県熊本市中央区神水1-1-2
                                    熊 本 商 店
   令 和 ○ 年 1 月 21 日
   振出地　熊本県熊本市      振出人  熊 本 太 郎   (熊本)
```

(2) 鹿児島商店から売掛金¥700,000を同店振り出しの小切手で受け取り，ただちに当座預金に預け入れた。 第82回改題

(3) 全商銀行に現金¥300,000を普通預金として預け入れた。 第91回

(4) 全商銀行に定期預金として小切手#8　¥450,000を振り出して預け入れた。 第88回改題

	借　　　　　方	貸　　　　　方
(1)		
(2)		
(3)		
(4)		

12 小口現金

◀**1**▶ **小口現金の意味**………………………………………………………

日常の少額の支払いについて，会計係があらかじめ庶務係に必要な現金を前渡ししておき，そこから支払いにあてさせる方法がとられる。この前渡しした現金を**小口現金❶**という。

◀**2**▶ **定額資金前渡法（インプレスト・システム）**………………………

定額資金前渡法❷とは，月の初めなどに会計係から庶務係に小口現金を前渡ししておき，月末に庶務係から1か月分の支払いの報告と同時に支払高と同額の補給をする方法である。この方法によると，月の初めに庶務係が保管する小口現金は，つねに一定額になる。

◀**3**▶ **小口現金に関する基本仕訳**………………………………………………

小口現金に関する取引は，**小口現金勘定**（資産）を用いて仕訳する。

|例**1** 小口現金として小切手を前渡ししたとき | 6/1　定額資金前渡法により，庶務係に小切手¥50,000を振り出して前渡しした。|

（借）小口現金　50,000　（貸）当座預金　50,000

|例**2** 小口現金の支払高の報告を受けたとき | 6/30　庶務係から6月中の小口現金の支払いについて，次のとおり報告があった。|

交通費¥12,600　通信費¥25,800　消耗品費¥8,400

（借）交 通 費　12,600　（貸）小口現金　46,800
　　　通 信 費　25,800
　　　消耗品費　 8,400

|例**3** 小口現金の補給をしたとき | 6/30　上記の報告と同額の小切手を振り出して，小口現金を補給した。|

（借）小口現金　46,800　（貸）当座預金　46,800

小　口　現　金

| 6/1　当座預金　50,000
　　　（前渡高） | 6/30　諸　　口 46,800
　　　　（支払高） |
| 6/30　当座預金　46,800
　　　（補給高） | ←-----同　　額 |

◀**4**▶ **小口現金出納帳**……………………………………………………………

小口現金の収支の明細を記録する補助簿を**小口現金出納帳❸**という。この帳簿の記帳は小口現金を管理する庶務係が行う。

取引の明細を記入 -------→　　　　小口現金出納帳　　←------- 支出した内容について，どの費用に該当するかを分類して記入する

受　入	令和 ○年		摘　　要	支　払	内　　　　訳			残　高
					交通費	通信費	消耗品費	
50,000	6	1	小切手					50,000
		3	タクシー代	2,500	2,500			47,500
			合　計	46,800	12,600	25,800	8,400	
46,800		30	小切手					50,000
		〃	次月繰越	50,000				
96,800				96,800				
50,000	7	1	前月繰越					50,000

これらの金額を会計係に報告する

補給後は月初の金額と一致する

支払いの報告と補給の仕訳を一つにまとめて，次のように仕訳してもよい。

（借）交 通 費　12,600　（貸）当座預金　46,800
　　　通 信 費　25,800
　　　消耗品費　 8,400

❶petty cash　❷imprest system　❸petty cash book

12-1 次の一連の取引を仕訳しなさい。

6月 1日 定額資金前渡法により，庶務係に小切手¥60,000を振り出して前渡しした。

30日 庶務係から6月中の小口現金の支払いについて，次のとおり報告があった。

交通費 ¥24,400　　通信費 ¥13,500　　消耗品費 ¥13,000

〃日 上記の報告と同額の小切手を振り出して，小口現金を補給した。

	借　　　　　方		貸　　　　　方	
6/1				
30				
〃				

12-2 6月中に庶務係が小口現金から支払った内容は下記のとおりである。よって，小口現金出納帳に記入して締め切りなさい。ただし，6月30日に支払額と同額を会計係から小切手#8を振り出して補給されている。なお，開始記入も示すこと。

5日 タクシー代 ¥3,320　　12日 郵便切手代 ¥4,000

20日 帳 簿 代 ¥2,000　　25日 電話料金 ¥3,860

小 口 現 金 出 納 帳　　　　　　　　　1

受　　入	令和○年		摘　　要	支　　払	内　　　　　訳			残　　高
					交 通 費	通 信 費	消耗品費	
20,000	6	1	前月繰越					20,000

検定問題

12-3 次の取引の仕訳を示しなさい。

定額資金前渡法を採用している滋賀商店の会計係は，月末に庶務係から次の小口現金出納帳にもとづいて，当月分の支払高の報告を受けたので，ただちに小切手を振り出して補給した。 第81回

小 口 現 金 出 納 帳

収　　入	令和○年		摘　　要	支　　出	内　　　　　訳			残　　高
					通 信 費	交 通 費	雑　　費	
30,000	1	1	前月繰越					30,000
			合　　　計	28,000	9,000	17,000	2,000	

借　　　　　方		貸　　　　　方	

13 仕入れ・売り上げ

1 3分法

これまで学んできた商品売買の記帳方法を**分記法**という。この方法によると，商品の売り上げのつど仕入原価と商品売買益とに分けて記帳するので手数がかかる。そこで商品売買の記帳を仕入勘定❶・売上勘定❷・繰越商品勘定❸の三つの勘定に分けて記帳する方法が広く用いられている。この方法を**3分法**という。

2 仕入れに関する基本仕訳

商品の仕入れに関する取引は**仕入勘定**（費用）を用いて仕訳する。なお，引取運賃などの仕入諸掛がある場合には，その金額を仕入勘定に含めて仕訳する。

例1 商品を仕入れたとき　7/13　水戸商店から商品¥50,000を仕入れ，代金は掛けとした。

（借）仕　　入　50,000　（貸）買掛金　50,000

例2 仕入れた商品について　7/15　水戸商店から仕入れた商品のうち¥1,000を返品した。
返品があったとき

（借）買掛金　1,000　（貸）仕　　入　1,000

3 売り上げに関する基本仕訳

商品の売り上げに関する取引は**売上勘定**（収益）を用いて仕訳する。

例3 商品を売り上げたとき　7/20　甲府商店へ商品¥110,000を売り渡し，代金は掛けとした。

（借）売掛金　110,000　（貸）売　　上　110,000

例4 売り上げた商品について　7/21　甲府商店へ売り渡した商品のうち¥3,000が品違いのため
返品があったとき　　　　　　　返品された。

（借）売　　上　3,000　（貸）売掛金　3,000

```
              仕       入                              売          上
総仕 ┌ 7/13  買掛金   │ 7/15買掛金  1,000      │ 7/21売掛金  3,000 │                   ┐ 総売
入高 │          50,000 │ 純仕入高              │ 純売上高         │ 7/20  売掛金      │ 上高
     └                 │ ¥49,000              │ ¥107,000        │        110,000    ┘
```

13-1　次の取引の仕訳を示しなさい。ただし，商品に関する勘定は3分法によること。

(1)　上田商店から次の商品を仕入れ，代金は掛けとした。
　　　　A　品　　100個　　@¥1,600　　¥160,000
(2)　上田商店から仕入れた上記商品のうち1個を返品した。
(3)　上越商店に次の商品を売り渡し，代金は掛けとした。
　　　　A　品　　80個　　@¥2,500　　¥200,000
(4)　上越商店に売り渡した上記商品のうち，2個が返品された。

	借　　　　　方	貸　　　　　方
(1)		
(2)		
(3)		
(4)		

❶purchases account　　❷sales account　　❸merchandise inventory account

13-2 次の神戸商店の取引を仕訳帳に記入し，総勘定元帳へ転記しなさい。なお，総勘定元帳の記入は，日付と金額を示せばよい。また，仕訳帳の小書きは省略する。

取　引

1月 5日　奈良商店から次の商品を仕入れ，代金は掛けとした。

| A 品 | 50枚 | @¥280 | ¥14,000 |
| B 品 | 80〃 | 〃〃170 | ¥13,600 |

6日　鳥取商店に次の商品を売り渡し，代金は掛けとした。

| A 品 | 30枚 | @¥400 | ¥12,000 |
| B 品 | 40〃 | 〃〃260 | ¥10,400 |

7日　高知商店から次の商品を仕入れ，代金は掛けとした。なお，引取運賃¥500は現金で支払った。

| A 品 | 50枚 | @¥270 | ¥13,500 |

8日　熊本商店に次の商品を売り渡し，代金は同店振り出しの小切手で受け取った。なお，発送費¥300は現金で支払った。

| A 品 | 20枚 | @¥400 | ¥ 8,000 |
| B 品 | 30〃 | 〃〃260 | ¥ 7,800 |

仕　訳　帳　　　　1

令和○年		摘　　　　要	元丁	借　方	貸　方
1	1	前 期 繰 越 高	✓	505,000	505,000

総 勘 定 元 帳

現　　金　　1	
1/1　90,300	

売　掛　金　　3	
1/1　150,400	

買　掛　金　　6	
	1/1　168,100

売　　上　　10	

仕　　入　　11	

発　送　費　　13	

検定問題

13-3 次の取引の仕訳を示しなさい。ただし，商品に関する勘定は3分法によること。

(1)　島根商店から次の商品を仕入れ，代金は掛けとした。　　　　　　　　　　　［第92回］

A	品	500個	@¥350	¥175,000
B	品	700〃	〃〃340	¥238,000

(2)　福岡商店から次の商品を仕入れ，代金のうち¥45,000は現金で支払い，残額は掛けとした。

B	品	700個	@¥350	¥245,000 |［第87回］
C	品	100〃	〃〃500	¥ 50,000

(3)　長崎商店に次の商品を売り渡し，代金は掛けとした。　　　　　　　　　　　［第90回］

A	品	200個	@¥390	¥ 78,000
B	品	600〃	〃〃580	¥348,000

(4)　福井商店に次の商品を売り渡し，代金のうち¥100,000は現金で受け取り，残額は掛けとした。　　　　　　　　　　　　　　　　　　　　　　　　　　　　　　　　　　　　　　　［第88回］

A	品	590個	@¥400	¥236,000

(5)　京都商店に売り渡した商品の一部について，次のとおり返品された。なお，この代金は売掛金から差し引くことにした。　　　　　　　　　　　　　　　　　　　　　　　　　　　　　　［第91回改題］

A	品	50個	@¥380	¥ 19,000

(6)　北海道商店から商品¥420,000を仕入れ，代金は掛けとした。なお，引取運賃¥6,000は現金で支払った。　　　　　　　　　　　　　　　　　　　　　　　　　　　　　　　　　　　　　［第91回］

(7)　香川商店に商品¥895,000を売り渡し，代金は掛けとした。なお，発送費¥10,000は現金で支払った。　　　　　　　　　　　　　　　　　　　　　　　　　　　　　　　　　　　　　　［第89回］

	借　　　　　　　　方	貸　　　　　　　　方
(1)		
(2)		
(3)		
(4)		
(5)		
(6)		
(7)		

14 仕入帳・売上帳

学習の要点

1 仕入帳

仕入取引を発生順に，その明細を記録する補助簿を**仕入帳❶**という。

仕入帳には借方欄・貸方欄の区別がないため，仕入返品高は赤で記入することにより，減少をあらわすことにしている。

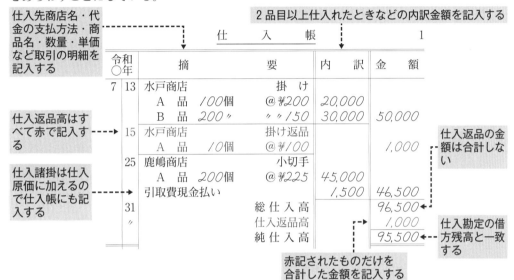

仕入先商店名・代金の支払方法・商品名・数量・単価など取引の明細を記入する
仕入返品高はすべて赤で記入する
仕入諸掛は仕入原価に加えるので仕入帳にも記入する

2品目以上仕入れたときなどの内訳金額を記入する

仕入帳 1

令和○年		摘 要		内 訳	金 額
7	13	水戸商店	掛 け		
		A 品 *100*個	@¥*200*	20,000	
		B 品 *200* 〃	〃 〃*150*	30,000	50,000
	15	水戸商店	掛け返品		
		A 品 *10*個	@¥*100*		1,000
	25	鹿嶋商店	小切手		
		A 品 *200*個	@¥*225*	45,000	
		引取費現金払い		1,500	46,500
	31	総 仕 入 高			96,500
	〃	仕入返品高			1,000
		純 仕 入 高			95,500

仕入返品の金額は合計しない

仕入勘定の借方残高と一致する

赤記されたものだけを合計した金額を記入する

2 売上帳

売上取引を発生順に，その明細を記録する補助簿を**売上帳❷**といい，記入方法は仕入帳に準ずる。

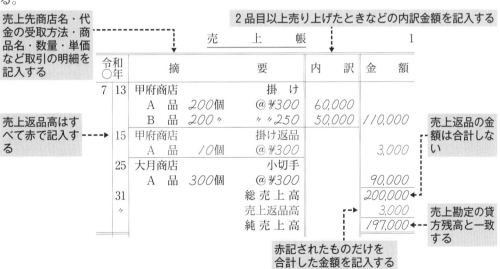

売上先商店名・代金の受取方法・商品名・数量・単価など取引の明細を記入する
売上返品高はすべて赤で記入する

2品目以上売り上げたときなどの内訳金額を記入する

売上帳 1

令和○年		摘 要		内 訳	金 額
7	13	甲府商店	掛 け		
		A 品 *200*個	@¥*300*	60,000	
		B 品 *200* 〃	〃 〃*250*	50,000	110,000
	15	甲府商店	掛け返品		
		A 品 *10*個	@¥*300*		3,000
	25	大月商店	小切手		
		A 品 *300*個	@¥*300*		90,000
	31	総 売 上 高			200,000
	〃	売上返品高			3,000
		純 売 上 高			197,000

売上返品の金額は合計しない

売上勘定の貸方残高と一致する

赤記されたものだけを合計した金額を記入する

❶purchases book ❷sales book

14-1 次の取引の仕訳を示し，仕入勘定と売上勘定に転記しなさい。また，仕入帳と売上帳に記入し，締め切りなさい。ただし，商品に関する勘定は3分法とし，勘定には日付・相手科目・金額を記入すること。

7月 2日　水戸商店から次の商品を仕入れ，代金のうち¥200,000は現金で支払い，残額は掛けとした。

　　　　　A 品　　300個　　@¥1,200　　¥360,000

10日　高崎商店から次の商品を仕入れ，代金は掛けとした。

　　　　　A 品　　200個　　@¥1,200　　¥240,000
　　　　　B 品　　150〃　　〃〃2,000　　¥300,000

12日　高崎商店から仕入れた上記商品の一部に破損があったので，次のとおり返品した。なお，この代金は買掛金から差し引くことにした。

　　　　　A 品　　15個　　@¥1,200　　¥ 18,000

15日　上尾商店へ次の商品を売り渡し，代金は掛けとした。

　　　　　A 品　　200個　　@¥1,800　　¥360,000
　　　　　B 品　　50〃　　〃〃3,000　　¥150,000

16日　上尾商店へ売り渡した上記商品について，次のとおり返品され，代金は売掛金から差し引くことにした。

　　　　　B 品　　2個　　@¥3,000　　¥ 6,000

24日　川口商店から次の商品を仕入れ，代金は小切手を振り出して支払った。なお，引取運賃¥8,000は現金で支払った。

　　　　　B 品　　100個　　@¥2,000　　¥200,000

28日　熊谷商店へ次の商品を売り渡し，代金のうち¥300,000は同店振り出しの小切手で受け取り，ただちに当座預金に預け入れ，残額は掛けとした。なお，発送費¥7,200は現金で支払った。

　　　　　A 品　　250個　　@¥1,800　　¥450,000

	借　　　　　方	貸　　　　　方
7/2		
10		
12		
15		
16		
24		
28		

仕　　　　入		売　　　　上	

仕　　入　　帳　　　　　　　　1

令和○年	摘　　　　　　要	内　　訳	金　　額

売　　上　　帳　　　　　　　　1

令和○年	摘　　　　　　要	内　　訳	金　　額

15 商品有高帳

学習の要点

1 商品有高帳

商品の種類ごとに口座を設けて，受け入れ，払い出し，残高の明細をそれぞれ記入する補助簿を**商品有高帳**という。

商店名などの取引の明細を記入する
商品を仕入れたとき仕入原価で記入する
商品を売り渡したとき仕入原価で記入する
商品の現在高を記入する

商 品 有 高 帳
品名　A 品　　　　　単位：個

令和○年	摘要	受入 数量	単価	金額	払出 数量	単価	金額	残高 数量	単価	金額
7 1	前月繰越	50	100	5,000				50	100	5,000
4	草加商店	150	100	15,000				200	100	20,000
8	秩父商店				100	100	10,000	100	100	10,000

売価ではなく仕入単価を記入する
売り上げた商品の原価（売上原価）をあらわす

2 払出単価の決定方法

同一の商品でも，仕入先や仕入時期などの違いによって，仕入単価が異なる場合がある。このような場合，どの仕入単価をもって払出単価とするかを決めなければならない。その決め方には，**先入先出法**，**移動平均法**など，いくつかの方法がある。

(1) 先入先出法とその記入方法
先に受け入れた商品から，先に払い出すものと考えて払出単価を決める方法である。

商 品 有 高 帳
（先入先出法）　　　品名　A 品　　　　　単位：個

令和○年	摘要	受入 数量	単価	金額	払出 数量	単価	金額	残高 数量	単価	金額
7 1	前月繰越	50	100	5,000				50	100	5,000
4	浦安商店	150	120	18,000				50	100	5,000
								150	120	18,000
8	成田商店				50	100	5,000			
					50	120	6,000	100	120	12,000

仕入単価が¥100と¥120の2つがあるので{をつけて並記する
単価¥100のものが先に仕入れてあるので，まずこれを先に出し，残りの50個についてはあとから仕入れた¥120のものを払い出す

(2) 移動平均法とその記入方法
仕入れのつど，数量および金額を前の残高に加え，新しい平均単価を順次算出して払出単価を決める方法である。

商 品 有 高 帳
（移動平均法）　　　品名　A 品　　　　　単位：個

令和○年	摘要	受入 数量	単価	金額	払出 数量	単価	金額	残高 数量	単価	金額
7 1	前月繰越	50	100	5,000				50	100	5,000
4	浦安商店	150	120	18,000				200	115	23,000
8	成田商店				100	115	11,500	100	115	11,500

直前の残高欄に記入されている平均単価を払出単価とする

平均単価の計算
$$\frac{7/1の残高の金額＋仕入の金額}{7/1の残高の数量＋仕入の数量}＝\frac{¥5,000＋¥18,000}{50個＋150個}＝¥115$$

❶stock ledger　　❷first-in first-out method；FIFO　　❸moving average method

15-1 次のA品の取引を先入先出法によって商品有高帳に記入して，締め切りなさい。なお，開始記入も示すこと。ただし，10日までの取引については，すでに記入済みである。

7月 4日　船橋商店から仕入れ　　A品　200個　@¥550
　　10日　青梅商店へ売り上げ　　A品　150〃　〃〃750
　　15日　八王子商店から仕入れ　A品　100〃　〃〃550
　　22日　多摩商店から仕入れ　　A品　300〃　〃〃580
　　28日　横浜商店へ売り上げ　　A品　450〃　〃〃780

商 品 有 高 帳

（先入先出法）　　　　品名　A 品　　　　　　　単位：個

令和○年		摘 要	受 入			払 出			残 高		
			数量	単価	金 額	数量	単価	金 額	数量	単価	金 額
7	1	前 月 繰 越	50	500	25,000				50	500	25,000
	4	船 橋 商 店	200	550	110,000				50	500	25,000
									200	550	110,000
	10	青 梅 商 店				50	500	25,000			
						100	550	55,000	100	550	55,000

15-2 次のB品の取引を移動平均法によって商品有高帳に記入して，締め切りなさい。なお，開始記入も示すこと。

7月 3日　鎌倉商店から仕入れ　　B品　200個　@¥ 830
　　12日　川崎商店へ売り上げ　　B品　150〃　〃〃1,200
　　20日　三浦商店から仕入れ　　B品　300〃　〃〃 850
　　25日　甲府商店へ売り上げ　　B品　250〃　〃〃1,250

商 品 有 高 帳

（移動平均法）　　　　品名　B 品　　　　　　　単位：個

令和○年		摘 要	受 入			払 出			残 高		
			数量	単価	金 額	数量	単価	金 額	数量	単価	金 額
7	1	前 月 繰 越	100	800	80,000				100	800	80,000

15-3　次のA品の取引を先入先出法によって商品有高帳に記入して，締め切りなさい。なお，開始記入も示すこと。また，A品の7月中の売上原価を計算しなさい。

7月 2日　水戸商店から次の商品を仕入れ，代金は小切手を振り出して支払った。
　　　　　A 品　500個　@¥470　¥235,000

　　 5日　鹿嶋商店へ次の商品を売り渡し，代金は掛けとした。
　　　　　A 品　250個　@¥600　¥150,000

　　15日　土浦商店から次の商品を仕入れ，代金は掛けとした。
　　　　　A 品　300個　@¥480　¥144,000

　　18日　取手商店へ次の商品を売り渡し，代金は現金で受け取った。
　　　　　A 品　400個　@¥620　¥248,000

　　29日　日立商店から次の商品を仕入れ，代金のうち¥15,000は現金で支払い，残額は掛けとした。
　　　　　A 品　200個　@¥495　¥ 99,000

商 品 有 高 帳

品名　A 品　　　　　　　　　　　　　　　　　　単位：個

（　　　　　）

令○和年		摘　　要	受　　入			払　　出			残　　高		
			数量	単価	金　額	数量	単価	金　額	数量	単価	金　額
7	1	前 月 繰 越	80	450	36,000				80	450	36,000

A品の7月中の売上原価	¥

15-4　次のC品の取引を先入先出法によって商品有高帳に記入して，締め切りなさい。

7月 6日　草加商店から次の商品を仕入れ，代金は掛けとした。
　　　　　C 品　120個　@¥1,450　¥174,000

　　 8日　草加商店から仕入れた上記商品の一部に品質不良のものがあったので，次のとおり返品した。なお，代金は買掛金から差し引くことにした。
　　　　　C 品　10個　@¥1,450　¥ 14,500

　　14日　秩父商店へ次の商品を売り渡し，代金は現金で受け取った。
　　　　　C 品　100個　@¥2,000　¥200,000

7月25日　川口商店から次の商品を仕入れ，代金は小切手を振り出して支払った。なお，引取運
賃¥4,000は現金で支払った。
　　　　　　C　品　　200個　　@¥1,470　　¥294,000
　28日　熊谷商店へ次の商品を売り渡し，代金は掛けとした。
　　　　　　C　品　　180個　　@¥2,050　　¥369,000

商 品 有 高 帳
品名　C　品　　　　　　　　単位：個
（　　　　　）

令和○年		摘　要	受　入			払　出			残　高		
			数量	単価	金　額	数量	単価	金　額	数量	単価	金　額
7	1	前 月 繰 越	60	1,400	84,000				60	1,400	84,000

15-5　福岡商店は，下記のとおり移動平均法によって商品有高帳を記帳している。よって，
　a. 商品有高帳の（　ア　）に入る金額を求めなさい。
　b. 6月中のA品の売上原価を求めなさい。ただし，6月中に仕入返品・売上返品はない。

商 品 有 高 帳
品名　A　品　　　　　　　　単位：個
（移動平均法）

令和○年		摘　要	受　入			払　出			残　高		
			数量	単価	金　額	数量	単価	金　額	数量	単価	金　額
6	1	前 月 繰 越	250	380	95,000				250	380	95,000
	9	小倉商店				150	(　)	(　)	100	380	38,000
	25	博多商店	300	420	126,000				(　)	(ア)	(　)
	30	次月繰越				(　)	(　)	(　)			
			550		221,000	550		221,000			

a	¥		b	¥

16 売掛金・買掛金

1 掛け取引の意味

　商品売買取引のさいに，代金の受け払いを後日にまわすことがある。このとき売り主には，その代金を受け取る債権（売掛金）が生じ，買い主には代金を支払う債務（買掛金）が生じる。そして，これらの債権・債務は，代金の受け払いが行われると消滅する。このような売掛金と買掛金に関する取引を**掛け取引**という。

2 売掛金に関する基本仕訳

　売掛金に関する取引は**売掛金勘定**[1]（資産）を用いて仕訳する。

例1 商品を掛けで売り渡したとき　1/7　浦安商店に商品¥*120,000*　成田商店に商品¥*80,000*を売り渡し，代金はそれぞれ掛けとした。

　　　　　　　　　　　　　　　（借）売 掛 金 *200,000*　（貸）売　　上 *200,000*

例2 返品があったとき　　　1/9　浦安商店から品違いのため¥*10,000*が返品された。

　　　　　　　　　　　　　　　（借）売　　上 *10,000*　（貸）売 掛 金 *10,000*

例3 売掛金を回収したとき　1/17　売掛金の回収として，浦安商店から¥*100,000*　成田商店から¥*50,000*をそれぞれ現金で受け取った。

　　　　　　　　　　　　　　　（借）現　　金 *150,000*　（貸）売 掛 金 *150,000*

3 売掛金勘定と売掛金元帳（得意先元帳）

　売掛金に関する取引については，総勘定元帳の売掛金勘定と補助簿である**売掛金元帳**[2]の両方に記帳する。売掛金元帳には，得意先の氏名や商店名などを勘定科目とする**人名勘定**が設けられ，そこに得意先別の売掛金の増減が記帳される。

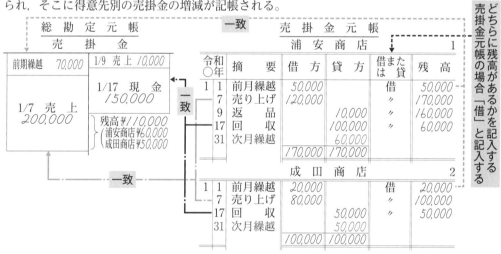

4 買掛金に関する基本仕訳

　買掛金に関する取引は**買掛金勘定**[3]（負債）を用いて仕訳する。

例4 商品を掛けで仕入れたとき　1/5　船橋商店から商品¥*60,000*　千葉商店から商品¥*90,000*を仕入れ，代金はそれぞれ掛けとした。

　　　　　　　　　　　　　　　（借）仕　　入 *150,000*　（貸）買 掛 金 *150,000*

例5 返品したとき　　　　1/7　千葉商店から仕入れた商品のうち¥*5,000*を返品した。

　　　　　　　　　　　　　　　（借）買 掛 金 *5,000*　（貸）仕　　入 *5,000*

[1] accounts receivable account　　[2] accounts receivable ledger　　[3] accounts payable account

例6 買掛金を支払ったとき 1/25　買掛金の支払いのため，船橋商店に¥50,000　千葉商店に¥80,000をそれぞれ小切手を振り出して支払った。

（借）買 掛 金　130,000　（貸）当座預金　130,000

5 買掛金勘定と買掛金元帳（仕入先元帳）

買掛金に関する取引については，総勘定元帳の買掛金勘定と補助簿である**買掛金元帳❹**の両方に記帳する。買掛金元帳には，仕入先別の買掛金の増減が記帳される。

6 補助元帳と統制勘定

売掛金元帳や買掛金元帳のように，総勘定元帳の特定の勘定の明細を，口座別に記入する補助簿を**補助元帳❺**といい，売掛金勘定のように，補助元帳の記入内容をまとめてあらわしている勘定を**統制勘定**という。

16▶1　次の取引の仕訳を示しなさい。ただし，商品に関する勘定は3分法によること。

(1) 横浜商店へ商品¥450,000を売り渡し，代金は掛けとした。
(2) 鎌倉商店に対する売掛金のうち，¥330,000を現金で回収した。
(3) 多摩商店から商品¥240,000を仕入れ，代金は掛けとした。
(4) 多摩商店から掛けで仕入れた商品の一部¥12,000を返品した。
(5) 八王子商店に対する買掛金のうち，¥150,000を小切手を振り出して支払った。

	借　　　方	貸　　　方
(1)		
(2)		
(3)		
(4)		
(5)		

❹accounts payable ledger　❺subsidiary ledger

16-2 山梨商店の下記の取引について,

(1) 仕訳帳に記入して, 総勘定元帳に転記しなさい。

(2) 売掛金元帳および買掛金元帳を完成させなさい。

(3) /月末における残高試算表を作成しなさい。

　　ただし, ⅰ 商品に関する勘定は3分法によること。

　　　　　　ⅱ 仕訳帳における小書きは省略する。

　　　　　　ⅲ 総勘定元帳と売掛金元帳および買掛金元帳には, 日付と金額を記入すればよい。

　　　取　　　引

　/月 5日　得意先 島根商店に商品¥208,600を売り渡し, 代金は掛けとした。

　　　 9日　仕入先 岡山商店に対する買掛金の一部¥197,800を, 小切手を振り出して支払った。

　　　//日　仕入先 秋田商店から商品¥54,300を仕入れ, 代金は掛けとした。

　　　/6日　得意先 福井商店に商品¥184,500を売り渡し, 代金は掛けとした。

　　　/8日　仕入先 秋田商店に対する買掛金の一部¥103,000を, 小切手を振り出して支払った。

　　　2/日　仕入先 岡山商店から商品¥62,900を仕入れ, 代金は掛けとした。

　　　23日　得意先 福井商店に対する売掛金の一部¥351,700を, 現金で受け取った。

　　　29日　得意先 島根商店に対する売掛金の一部¥176,400を, 現金で受け取り, ただちに当座預金に預け入れた。

(1)　　　　　　　　　　　　　　　　仕　　訳　　帳　　　　　　　　　　　　　　　1

令○	和年	摘　　　　　　要	元丁	借　　方	貸　　方
1	1	前 期 繰 越 高	√	1,459,800	1,459,800

総 勘 定 元 帳

現　　　金　　　1	当 座 預 金　　　2	売 掛 金　　　3
1/ 1　79,600	1/ 1　354,200	1/ 1　581,700

繰 越 商 品　　　4	備　　　品　　　5	買 掛 金　　　6
1/ 1　294,300	1/ 1　150,000	1/ 1　462,400

資 本 金　　　7	売　　　上　　　8	仕　　　入　　　9
1/ 1　997,400		

(2) （注意）売掛金元帳と買掛金元帳は締め切ること。

売 掛 金 元 帳

島 根 商 店　　　1	福 井 商 店　　　2
1/ 1　219,300	1/ 1　362,400

買 掛 金 元 帳

岡 山 商 店　　　1	秋 田 商 店　　　2
1/ 1　271,900	1/ 1　190,500

(3)

残 高 試 算 表
令和○年1月31日

借　　方	勘 定 科 目	貸　　方
	現　　　　　金	
	当 座 預 金	
	売　　掛　　金	
	繰 越 商 品	
	備　　　　　品	
	買　　掛　　金	
	資　　本　　金	
	売　　　　　上	
	仕　　　　　入	

17 受取手形・支払手形

学習の要点

1 手形の種類 ………………………………………………………………… 2級の範囲

商品代金の受け払いの方法としては，これまで学習してきた現金・小切手のほかに手形を用いる方法がある。手形には法律上，**約束手形❶**と**為替手形❷**の2種類がある。

2 手形に関する取引 ………………………………………………………… 2級の範囲

商品代金の受け払いの方法として手形を用いた場合，手形代金を受け取る権利（**手形債権**）と手形代金を支払う義務（**手形債務**）が発生する。手形債権については**受取手形勘定❸**（資産）を，手形債務については**支払手形勘定❹**（負債）を，それぞれ用いて仕訳する。

<table>
<tr><td colspan="2" align="center">受 取 手 形</td><td colspan="2" align="center">支 払 手 形</td></tr>
<tr><td>**手形債権の発生**</td><td>**手形債権の消滅**</td><td>**手形債務の消滅**</td><td>**手形債務の発生**</td></tr>
<tr><td>①約束手形の
　受け取り
②為替手形の
　受け取り</td><td>①手形金額の入金
②手形の裏書譲渡
③手形の割引</td><td>①手形金額の
　支払い</td><td>①約束手形の
　振り出し
②為替手形の
　引き受け</td></tr>
</table>

3 約束手形に関する取引 …………………………………………………… 2級の範囲

約束手形は，振出人が名あて人（受取人）に対して，一定の期日に手形金額を支払うことを約束した証券である。

<table>
<tr><td align="center">名 あ て 人（受取人）</td><td align="center">商　　品</td><td align="center">振 出 人（支払人）</td></tr>
<tr><td>手形金額を受け取る
権利が発生する</td><td>約束手形</td><td>手形金額を支払う
義務が発生する</td></tr>
</table>

(1)　約束手形の受取人の基本仕訳

約束手形の受取人は，手形の受け取りにより手形債権が発生し，手形金額の入金により手形債権が消滅する。

例1 商品を売り渡し，代金として約束手形を受け取ったとき
5/23　福岡商店へ商品¥*150,000*を売り渡し，代金は同店振り出しの約束手形#5で受け取った。

(借) 受取手形 *150,000*　(貸) 売　上 *150,000*

例2 手形金額が入金されたとき
7/11　福岡商店振り出し，当店あての約束手形#5¥*150,000*が，期日に当座預金に入金されたむねの通知を受けた。

(借) 当座預金 *150,000*　(貸) 受取手形 *150,000*

(2)　約束手形の振出人の基本仕訳

約束手形の振出人は，手形の振り出しにより手形債務が発生し，手形金額の支払いにより手形債務が消滅する。

例3 商品を仕入れ，代金として約束手形を振り出したとき
5/23　札幌商店から商品¥*150,000*を仕入れ，代金は約束手形#5を振り出して支払った。

(借) 仕　入 *150,000*　(貸) 支払手形 *150,000*

例4 手形金額を支払ったとき
7/11　さきに札幌商店へ振り出していた約束手形#5¥*150,000*が本日満期となり，当座預金から支払った。

(借) 支払手形 *150,000*　(貸) 当座預金 *150,000*

❶promissory note　❷bill of exchange　❸notes receivable account　❹notes payable account

17-1 次の取引の仕訳を示しなさい。ただし，商品に関する勘定は3分法によること。

2級の範囲

(1) 水戸商店へ商品 ¥250,000 を売り渡し，代金は同店振り出しの約束手形で受け取った。
(2) 取引銀行へ取り立てを依頼していた水戸商店振り出しの約束手形 ¥250,000 が，期日に当座預金に入金されたむねの通知を受けた。
(3) 鹿嶋商店から商品 ¥170,000 を仕入れ，代金は約束手形を振り出して支払った。
(4) 鹿嶋商店に振り出していた約束手形 ¥170,000 が，本日満期となり，当座預金から支払われた。

	借　　　　　方	貸　　　　　方
(1)		
(2)		
(3)		
(4)		

17-2 次の取引の仕訳を示しなさい。

2級の範囲

(1) 土浦商店から売掛金 ¥150,000 の回収として，同店振り出しの約束手形を受け取った。
(2) 取手商店に対する買掛金 ¥120,000 の支払いのため，約束手形を振り出して同店に渡した。
(3) かねて，商品の売上代金として受け取っていた日立商店振り出しの約束手形 ¥280,000 が，本日満期となり，当座預金に入金されたむねの通知を受けた。

	借　　　　　方	貸　　　　　方
(1)		
(2)		
(3)		

17-3 次の取引の仕訳を示しなさい。ただし，商品に関する勘定は3分法によること。

2級の範囲

(1) 岡山商店に次の商品を売り渡し，代金のうち ¥100,000 は同店振り出しの約束手形#3で受け取り，残額は掛けとした。
　　　A 品　　500個　　@¥540　　¥270,000
(2) 山形商店から次の商品を仕入れ，代金のうち ¥130,000 は同店あての約束手形#4を振り出して支払い，残額は掛けとした。
　　　C 品　　800個　　@¥500　　¥400,000

	借　　　　　方	貸　　　　　方
(1)		
(2)		

18 その他の債権・債務⑴

学習の要点

1 ▶ 貸付金・借入金に関する基本仕訳……………………………………………………………

借用証書によって金銭を貸し付けた場合に生じる債権は，**貸付金勘定**（資産）を用いて仕訳し，借用証書によって金銭を借り入れた場合に生じる債務は，**借入金勘定**（負債）を用いて仕訳する。

例1 借用証書によって金銭の貸し付けや借り入れを行ったとき

5/1　大阪商店は，東京商店に借用証書によって現金 ¥80,000 を貸し付けた。

〔大阪商店〕（借）貸 付 金　80,000　（貸）現　　金　80,000
〔東京商店〕（借）現　　金　80,000　（貸）借 入 金　80,000

例2 返済を受けると同時に利息の受け払いを行ったとき

7/31　大阪商店は，東京商店から貸付金 ¥80,000 の返済を受け，利息 ¥2,000 とともに現金で受け取った。

〔大阪商店〕（借）現　　金　82,000　（貸）貸 付 金　80,000
　　　　　　　　　　　　　　　　　　　　　受取利息　2,000
〔東京商店〕（借）借 入 金　80,000　（貸）現　　金　82,000
　　　　　　　　　支払利息　2,000

2 ▶ 手形貸付金・手形借入金に関する基本仕訳…………………………………… 2級の範囲

借用証書のかわりに約束手形を使って金銭の貸借を行うことがある。この場合の債権は**手形貸付金勘定**（資産）を用いて仕訳し，債務は**手形借入金勘定**（負債）を用いて仕訳する。

例3 約束手形によって金銭の貸し付けや借り入れを行ったとき

6/5　京都商店は，鎌倉商店に現金 ¥120,000 を貸し付け，同店振り出しの約束手形 ¥120,000 を受け取った。

〔京都商店〕（借）手形貸付金　120,000　（貸）現　　金　120,000
〔鎌倉商店〕（借）現　　金　120,000　（貸）手形借入金　120,000

例4 返済を受けたとき

7/15　京都商店は，鎌倉商店から手形貸付金 ¥120,000 の返済を受け，利息 ¥3,000 とともに現金で受け取った。

〔京都商店〕（借）現　　金　123,000　（貸）手形貸付金　120,000
　　　　　　　　　　　　　　　　　　　　　受取利息　3,000
〔鎌倉商店〕（借）手形借入金　120,000　（貸）現　　金　123,000
　　　　　　　　　支払利息　3,000

3 ▶ 前払金・前受金に関する基本仕訳……………………………………………………………

商品の売買取引のさい，商品を受け渡す前に，商品代金の一部を**内金**として受け払いすることがある。買い手が内金を前払いしたときに生じる債権は，**前払金勘定**（資産）を用いて仕訳し，売り手が内金を前受けしたときに生じる債務は，**前受金勘定**（負債）を用いて仕訳する。

例5 商品代金の一部を内金として現金で受け払いしたとき

6/20　石川商店は，沖縄商店へ商品 ¥200,000 を注文し，その内金として ¥40,000 を現金で支払った。

〔石川商店〕（借）前 払 金　40,000　（貸）現　　金　40,000
〔沖縄商店〕（借）現　　金　40,000　（貸）前 受 金　40,000

例6 代金の一部を内金として支払ってある商品の受け渡しが行われたとき

6/28　石川商店は，沖縄商店から商品 ¥200,000 を仕入れ，内金 ¥40,000 を差し引き，残額は現金で支払った。

〔石川商店〕（借）仕　　入　200,000　（貸）前 払 金　40,000
　　　　　　　　　　　　　　　　　　　　　現　　金　160,000
〔沖縄商店〕（借）前 受 金　40,000　（貸）売　　上　200,000
　　　　　　　　　現　　金　160,000

18-1 次の取引の仕訳を示しなさい。ただし，商品に関する勘定は3分法によること。
(1) 徳島商店は，高松商店に借用証書によって，現金¥300,000を貸し付けた。
(2) 佐賀商店は，借用証書によって広島商店に貸し付けていた¥460,000の返済を受け，その利息¥7,000とともに現金で受け取った。
(3) 鳥取商店は，広島商店に現金¥460,000を貸し付け，同店振り出しの約束手形¥460,000を受け取った。　　　　　　　　　　　　　　　　　　　　　　　　　**2級の範囲**
(4) 桐生商店は，高崎商店から商品¥170,000の注文を受け，内金として¥50,000を現金で受け取った。
(5) 和歌山商店は，三重商店から商品¥390,000を仕入れ，代金は注文時に支払ってある内金¥90,000を差し引き，残額は現金で支払った。

	借　　　　方	貸　　　　方
(1)		
(2)		
(3)		
(4)		
(5)		

検定問題

18-2 次の取引の仕訳を示しなさい。ただし，商品に関する勘定は3分法によること。
(1) 青森商店から現金¥500,000を借用証書によって借り入れた。　　　　　第73回
(2) 京都商店に借用証書によって貸し付けていた¥600,000の返済を受け，その利息¥18,000とともに現金¥618,000を受け取った。　　　　　第88回
(3) 宮城商店から商品の注文を受け，内金として現金¥90,000を受け取った。　第92回
(4) 岩手商店から商品¥300,000を仕入れ，代金はさきに支払ってある内金¥60,000を差し引き，残額は掛けとした。　　　　　第86回

	借　　　　方	貸　　　　方
(1)		
(2)		
(3)		
(4)		

19 その他の債権・債務(2)

学習の要点

1 ▶ **未収入金・未払金に関する基本仕訳**……………………………………………

商品売買以外の取引から生じた一時的な債権は**未収入金勘定**（資産）を用いて仕訳する。また，商品売買以外の取引から生じた一時的な債務は**未払金勘定**（負債）を用いて仕訳する。なお，商品売買取引は，すでに学習した売掛金勘定・買掛金勘定を用いる。

例1 不用品を売却し，代金の未収があったとき
不用品を売却し，代金¥3,000は月末に受け取ることにした。
(借) 未収入金　3,000　(貸) 雑　益　3,000

例2 備品を買い入れ，代金が未払いであったとき
備品¥200,000を買い入れ，代金は月末に支払うことにした。
(借) 備　品　200,000　(貸) 未払金　200,000

2 ▶ **立替金・預り金に関する基本仕訳**………………………………………………

従業員や取引先の債務を立て替え払いしたときは**立替金勘定**（資産）を用いて仕訳する。従業員や取引先から現金などを預かったときは**預り金勘定**（負債）を用いて仕訳する。

とくに従業員に対する立替金や従業員からの預り金は，**従業員立替金勘定**（資産），**従業員預り金勘定**（負債）を用いて仕訳する。また，従業員の給料から差し引いて預かる所得税は，**所得税預り金勘定**（負債）を用いて仕訳する。

例3 給料の支払いにあたり，所得税額を差し引き，残額を現金で支払ったとき
給料¥540,000の支払いにあたり，所得税額¥27,000を差し引き，残額を現金で支払った。
(借) 給　料　540,000　(貸) 所得税預り金　27,000
　　　　　　　　　　　　　　　 現　金　513,000

3 ▶ **仮払金・仮受金に関する基本仕訳**………………………………………………

現金などの支出はあったが，勘定科目または金額が未確定の債権を**仮払金**といい，勘定は**仮払金勘定**（資産）を用いて仕訳する。また，現金などの収入はあったが，勘定科目または金額が未確定の債務を**仮受金**といい，勘定は**仮受金勘定**（負債）を用いて仕訳する。

例4 旅費の概算額を現金で支払ったとき
8/1　従業員の出張にさいし，旅費の概算額として¥40,000を現金で渡した。
(借) 仮払金　40,000　(貸) 現　金　40,000

例5 旅費の金額が確定し，精算したとき
8/5　従業員が帰店し上記の旅費の精算を行い，残額¥5,000を現金で受け取った。
(借) 旅　費　35,000　(貸) 仮払金　40,000
　　　 現　金　5,000

例6 当座預金に振り込まれた金額の内容が不明なとき
10/4　出張中の従業員から¥150,000が当座預金に振り込まれたが，その内容が不明である。
(借) 当座預金　150,000　(貸) 仮受金　150,000

例7 不明だった内容が判明したとき
10/7　上記の金額は売掛金の回収分であることが判明した。
(借) 仮受金　150,000　(貸) 売掛金　150,000

4 ▶ **受取商品券に関する基本仕訳**……………………………… **2級の範囲**

商品券は，デパートなどが現金と引き換えに発行するもので，その商品券を代金として受け取ったときは**受取商品券勘定**（資産）を用いて仕訳する。

例8 他店が発行した商品券を受け取ったとき　12/5　商品¥200,000を売り渡し，代金として東京百貨店が発行した商品券を受け取った。

(借)　受取商品券　200,000　(貸)　売　　上　200,000

例9 商品券を発行元に引き渡し，現金を受け取ったとき　12/20　上記の商品券を東京百貨店へ引き渡し，現金を受け取った。

(借)　現　　金　200,000　(貸)　受取商品券　200,000

19-1　次の取引の仕訳を示しなさい。
(1)　古新聞・古雑誌などの不用品を¥2,500で売却し，代金は月末に受け取ることにした。
(2)　さきに不用品を売却し未収となっていた代金¥3,600を，現金で受け取った。
(3)　商品陳列ケース¥240,000を買い入れ，代金は月末に支払うことにした。

	借　　　　方	貸　　　　方
(1)		
(2)		
(3)		

19-2　次の取引の仕訳を示しなさい。
(1)　本月分の従業員に対する給料¥780,000の支払いにさいし，さきに立て替えていた¥50,000と所得税額¥35,000を差し引き，残額を現金で支払った。
(2)　本月分の従業員に対する給料¥450,000の支払いにさいし，従業員からの預り金¥10,000と所得税額¥26,000を差し引き，残額を現金で支払った。

	借　　　　方	貸　　　　方
(1)		
(2)		

19-3　次の一連の取引を仕訳しなさい。
6月 4日　従業員の出張にさいし，旅費の概算額として¥80,000を現金で前渡しした。
　　 7日　出張中の従業員から当座預金に¥360,000の入金があったが，その内容は不明である。
　　10日　従業員が帰店し，旅費の精算を行い，旅費概算額の残額¥6,400を現金で受け取った。
　　〃日　従業員の帰店により，当座預金への入金¥360,000は，売掛金の回収額¥300,000と商品注文の内金¥60,000と判明した。

	借　　　　方	貸　　　　方
6/4		
7		
10		
〃		

 次の一連の取引を仕訳しなさい。ただし，商品に関する勘定は3分法によること。

2級の範囲

(1)　商品￥/20,000を売り渡し，代金として他店発行の商品券￥/00,000と現金￥20,000を受け取った。

(2)　上記の商品券￥/00,000を発行元へ引き渡し，現金を受け取った。

	借　　　　　方	貸　　　　　方
(1)		
(2)		

検定問題

19-5 次の取引の仕訳を示しなさい。ただし，商品に関する勘定は3分法によること。

(1)　千葉商店から商品陳列ケース￥2/0,000を買い入れ，代金は月末に支払うことにした。

第76回改題

(2)　本月分の給料￥750,000の支払いにあたり，所得税額￥54,000を差し引いて，従業員の手取額を現金で支払った。 第92回

(3)　従業員の出張にあたり，旅費の概算額として￥40,000を現金で渡した。 第89回

(4)　出張中の従業員から当店の当座預金口座に￥/30,000の振り込みがあったが，その内容は不明である。 第88回

(5)　従業員の出張にさいし，旅費の概算額として￥90,000を仮払いしていたが，本日，従業員が帰店して旅費の精算をおこない，残額￥7,000を現金で受け取った。 第91回

	借　　　　　方	貸　　　　　方
(1)		
(2)		
(3)		
(4)		
(5)		

20 固定資産

1 固定資産の意味……………………………………………………………………

企業が営業活動のために使用する目的で，１年をこえる長期にわたって所有する資産を**固定資産❶**という。

2 固定資産の種類……………………………………………………………………

(1) 建　　　　物……店舗・事務所・倉庫などの営業用建物。

(2) 備　　　　品……パーソナルコンピュータ，コピー機，商品陳列ケース，営業用の机・いす，金庫，事務所のルームエアコンなど。

　　　　　　　　　　（注）　一定額未満のもの（税法では¥*100,000*未満）については，**消耗品費勘定**で処理する。

(3) 車両運搬具……営業用のトラック，乗用車，オートバイなど。

(4) 土　　　　地……店舗や事務所の敷地などの土地。

3 固定資産に関する基本仕訳…………………………………………………………

固定資産に関する取引については，固定資産の種類ごとに勘定を設けて仕訳する。

(1) 固定資産の取得

固定資産を取得したときは，買入価額に付随費用（買入手数料，登記料，据え付け費用，引取運賃，整地費用など）を加えた取得原価によって記帳する。

例1 建物を取得した　　　営業用に建物¥*8,000,000*を買い入れ，代金は買入手数料
　　　とき　　　　　　　¥*500,000*とともに，小切手を振り出して支払った。

　　　　　　　　　　（借）建　　物　8,500,000　（貸）当座預金　8,500,000

　　　　　　取得原価¥*8,500,000*＝買入価額¥*8,000,000*＋付随費用¥*500,000*

なお，建物・備品・車両運搬具などの修理のために要した費用は，**修繕費勘定**（費用）を用いて仕訳する。

(2) 固定資産の売却　　　　　　　　　　　　　　　　　　　　**2級の範囲**

固定資産を売却したときは，帳簿価額でそれぞれの固定資産の勘定を減額し，売却価額と帳簿価額との差額は**固定資産売却益勘定**（収益）または**固定資産売却損勘定**（費用）を用いて仕訳する。

例2 帳簿価額より高　　　帳簿価額¥*4,000,000*の建物を¥*4,700,000*で売却し，代金は
　　　い価額で建物を　　　現金で受け取った。
　　　売却したとき　　　　（借）現　　金　4,700,000　（貸）建　　物　4,000,000
　　　　　　　　　　　　　　　　　　　　　　　　　　　　固定資産売却益　　700,000

例3 帳簿価額より低　　　帳簿価額¥*3,000,000*の建物を¥*2,500,000*で売却し，代金は
　　　い価額で建物を　　　現金で受け取った。
　　　売却したとき　　　　（借）現　　金　2,500,000　（貸）建　　物　3,000,000
　　　　　　　　　　　　　　　固定資産売却損　　500,000

4 固定資産台帳……………………………………………………………………

建物・備品などの種類別に明細を記録する補助簿として，**固定資産台帳**を用いる。

❶fixed assets

		建　物　台　帳		
所 在 地	東京都千代田区五番町５番		耐用年数	20年
用　　途	店　舗		償却方法	定額法
登録番号	2931		残存価額	零（0）

年月日		摘　　　要	取得原価	減価償却費	残　　高	備　考
○ 1	10	小 切 手 払 い	30,000,000		30,000,000	
12	31	減 価 償 却 費		1,500,000	28,500,000	

（注）耐用年数・償却方法・残存価額・減価償却費などについては，第3編で学習する。

20-1 　次の取引の仕訳を示しなさい。
(1) 営業用に建物¥7,000,000を買い入れ，代金は買入手数料¥580,000とともに小切手を振り出して支払った。
(2) ルームエアコン¥400,000を買い入れ，代金は据え付け費用¥30,000とともに小切手を振り出して支払った。
(3) 営業用のトラック¥3,800,000を買い入れ，代金は月末に支払うことにした。
(4) 店舗用の土地¥65,000,000を購入し，この代金は登記料や買入手数料の合計額¥750,000とともに小切手を振り出して支払った。
(5) 営業用の金庫¥800,000を買い入れ，据え付け費用¥56,000とともに小切手を振り出して支払った。

	借　　　　　方	貸　　　　　方
(1)		
(2)		
(3)		
(4)		
(5)		

20-2 　次の取引の仕訳を示しなさい。　　　　　　　　　　　**2級の範囲**
(1) 函館商店に帳簿価額¥6,000,000の営業用倉庫を¥4,700,000で売却し，代金は同店振り出しの小切手で受け取り，ただちに当座預金に預け入れた。
(2) 帳簿価額¥3,200,000の土地を¥4,100,000で売却し，代金は現金で受け取った。
(3) 帳簿価額¥450,000の事務用のコピー機を¥280,000で売却し，代金は現金で受け取った。
(4) 帳簿価額¥120,000の営業用のオートバイを¥123,000で売却し，代金は月末に受け取ることにした。

	借　　　　　方	貸　　　　　方
(1)		
(2)		
(3)		
(4)		

20-3 次の取引の仕訳を示しなさい。

(1) 事務用のボールペン・帳簿類など¥16,000を買い入れ，代金は現金で支払った。

(2) 営業用乗用車の修理を行い，その費用¥70,000を小切手を振り出して支払った。

	借 方	貸 方
(1)		
(2)		

検定問題

20-4 次の取引の仕訳を示しなさい。

(1) 事務用のパーソナルコンピュータ¥330,000を買い入れ，代金は付随費用¥8,000とともに現金で支払った。 第84回

(2) 事務用の備品¥800,000を購入し，代金は小切手を振り出して支払った。 第91回

(3) 千葉商店から商品陳列ケース¥370,000を買い入れ，代金は月末に支払うことにした。 第67回改題

(4) 明石商店から事務用のカラーコピー機¥640,000を買い入れ，代金は月末に支払うことにした。 第69回

(5) 店舗を建てるため，土地¥5,300,000を購入し，代金は登記料と買入手数料の合計額¥180,000とともに小切手を振り出して支払った。 第86回

(6) 店舗用に建物¥4,500,000を購入し，代金は小切手を振り出して支払った。なお，登記料と買入手数料の合計額¥290,000は現金で支払った。 第88回

	借 方	貸 方
(1)		
(2)		
(3)		
(4)		
(5)		
(6)		

21 資本の追加元入れ・引出金，所得税と住民税

学習の要点

◀1▶ 資本の追加元入れに関する基本仕訳 ………………………………………………

開業後，事業拡張などのために，現金や建物などの資産を追加して元入れすることを資本の**追加元入れ**という。この場合，**資本金勘定**を用いて仕訳する。

例1 現金を追加元　6/6　事業拡張のため，事業主が現金¥2,000,000を追加元入れした。
入れしたとき　　　（借）現　　金　2,000,000　（貸）資本金　2,000,000

◀2▶ 資本の引き出しに関する基本仕訳 ………………………………………………

事業主が，私用のために店の現金や商品などを使うことを資本の**引き出し**という。資本の引き出しが行われた場合，**資本金勘定**を用いて仕訳する。

例2 店の現金を引　7/10　事業主が私用のため現金¥500,000を引き出した。
き出したとき　　　（借）資本金　　500,000　（貸）現　　金　　500,000

◀3▶ 引出金勘定を用いた仕訳 ……………………………………………… 2級の範囲

資本の引き出しが行われたとき，資本金勘定を用いずに**引出金勘定**を用いて仕訳する方法がある。引出金勘定の残高は，期末に資本金勘定に振り替える。これを引出金の整理という。

（注）引出金勘定のように，ある勘定の残高から差し引いて，その勘定の金額を修正する役割をもった勘定を**評価勘定**という。

例3 店の現金を引　7/10　上記例2の取引を引出金勘定を用いて仕訳した場合
き出したとき　　　（借）引出金　　500,000　（貸）現　　金　　500,000

例4 期末に引出金　12/31　決算にあたり，引出金勘定残高¥500,000を資本金勘定に振り替
勘定の残高を　　　　　　えた。
資本金勘定に　　　　　（借）資本金　　500,000　（貸）引出金　　500,000
振り替えたとき

引　　出　　金		資　　本　　金	
7/10 現　　金　500,000	12/31 資本金　500,000 ➡	12/31 引出金　500,000	
			6/6 現　　金　2,000,000

◀4▶ 所得税と住民税に関する基本仕訳 ……………………………………… 2級の範囲

所得税は，1/1〜12/31までの1年間の経営活動によって生じた純利益をもとに計算した事業主の所得に対して課せられる税金である。また，住民税は都道府県・市町村に住所をもつ個人などに課せられる税金である。これらは，引出金勘定または資本金勘定を用いて仕訳する。

例5 所得税を予定　7/15　本年度の所得税予定納税額の第1期分¥80,000を店の現金で納
納付したとき　　　　　　付した。
　　　　　　　　　　　　　（借）引出金　　　80,000　（貸）現　　金　　80,000
　　　　　　　　　　　　　　　（資本金）

例6 確定申告・納　3/5　確定申告を行い，本年度の所得税額¥250,000のうち，さきに支
付したとき　　　　　　払った予定納税額¥160,000を差し引き，残額¥90,000を店の現
　　　　　　　　　　　　金で納付した。
　　　　　　　　　　　　（借）引出金　　　90,000　（貸）現　　金　　90,000
　　　　　　　　　　　　　　（資本金）

例7 住民税を納付 6/30　住民税の第/期分¥40,000を，店の現金で納付した。
　　したとき　　　　　（借）引 出 金　　40,000　（貸）現　　金　　40,000
　　　　　　　　　　　　　（資 本 金）

21-1　次の取引の仕訳を示しなさい。
(1) 事業主が，事業拡張のため現金¥2,000,000を追加元入れした。
(2) 事業主が私用のため，現金¥100,000を引き出した。ただし，引出金勘定は設けていない。

	借　　　　　　　方	貸　　　　　　　方
(1)		
(2)		

21-2　次の取引の仕訳を示し，引出金勘定および資本金勘定に転記して締め切りなさい。ただし，商品に関する勘定は3分法によること。　　**2級の範囲**

/2月　3日　店主が現金¥400,000を追加元入れした。
　　/5日　店主が私用のため現金¥73,000を引き出した。
　　20日　店主が原価¥50,000の商品を私用のため引き出した。
3/1日　決算にあたり，引出金勘定残高¥253,000を資本金勘定に振り替えた。
　〃日　当期純利益¥180,000を計上した。

	借　　　　　　　方	貸　　　　　　　方
12/3		
15		
20		
31		
〃		

引　出　金		資　本　金	
/30,000			1/1 前期繰越　1,500,000

21-3 次の取引の仕訳を示しなさい。ただし，引出金勘定を設けている。　　2級の範囲

　　7月28日　本年度の所得税の予定納税額（第1期分）¥180,000を店の現金で納付した。
　　11月20日　本年度の所得税の予定納税額（第2期分）¥180,000を店の現金で納付した。
　翌年　3月15日　確定申告を行い，本年度の所得税額¥600,000のうち，さきに支払った予定納
　　　　　税額¥360,000を差し引き，残額¥240,000を店の現金で納付した。

	借　　　　　方	貸　　　　　方
7/28		
11/20		
翌年 3/15		

21-4 次の取引の仕訳を示しなさい。ただし，引出金勘定を設けている。　　2級の範囲

(1)　確定申告を行い，本年度の所得税額¥270,000のうち，さきに支払った予定納税額
　　¥184,000を差し引き，残額¥86,000を店の現金で納付した。
(2)　住民税の第1期分¥65,000を店の現金で納付した。

	借　　　　　方	貸　　　　　方
(1)		
(2)		

検定問題 ◆◆◆◆◆

21-5 次の取引の仕訳を示しなさい。ただし，商品に関する勘定は3分法によること。

(1)　現金¥600,000　建物¥1,000,000を元入れして，営業を開始した。　第24回
(2)　事業拡張のため，事業主が現金¥740,000を追加元入れした。　第81回

	借　　　　　方	貸　　　　　方
(1)		
(2)		

22 販売費及び一般管理費

1 販売費及び一般管理費の意味……………………………………………………………

企業が日常のおもな営業活動を行っていくうえで必要とされる費用を**販売費及び一般管理費**といい，次のようなものがある。

> 給料・広告料・発送費・交通費・通信費・支払家賃・保険料・
> 消耗品費・租税公課・修繕費・水道光熱費・雑費など

2 販売費及び一般管理費と販売費及び一般管理費元帳……………………………

(1) 販売費及び一般管理費に属する費用について，個別に勘定を設けて記帳する方法。

(2) 販売費及び一般管理費勘定（統制勘定）を設けて，販売費及び一般管理費に関する取引はすべてこの勘定に記帳する方法。

この場合，この勘定の内訳や明細を明らかにするため**販売費及び一般管理費元帳**という補助簿が必要となる。

例 伝票や郵便切手を　7/6　下記についての支払いを現金で行った。
　　購入したとき　　　　　　電車回数券 ¥2,000　　郵便切手 ¥1,800

(借) 販売費及び一般管理費 3,800 (貸) 現 金 3,800

総　勘　定　元　帳
販売費及び一般管理費　　35

7/6 現金 3,800

販売費及び一般管理費元帳
交　通　費　　1

令和○年	摘　要	金　額	合　計
7 6	電車回数券	2,000	2,000

通　信　費　　2

	郵便切手	1,800	1,800
7 6			

22-1 次の費用のうち，販売費及び一般管理費に分類されるものに○を，分類されないものに×をつけなさい。

(1) 水道光熱費　(2) 手形売却損　(3) 交 通 費　(4) 広 告 料　(5) 給 料
(6) 支 払 利 息　(7) 修 繕 費　(8) 雑 損　(9) 保 険 料　(10) 発 送 費

(1)	(2)	(3)	(4)	(5)	(6)	(7)	(8)	(9)	(10)

22-2 次の取引の仕訳を示しなさい。ただし，販売費及び一般管理費勘定を用いて記帳している。

(1) 郵便切手 ¥5,000 を購入し，代金は現金で支払った。

(2) 営業用店舗の家賃 ¥80,000 を小切手を振り出して支払った。

	借 　　　方	貸 　　　方
(1)		
(2)		

22-3 前問 **22-2** の取引を販売費及び一般管理費勘定を用いずに，個別の費用の勘定を用いて仕訳しなさい。

	借 　　　方	貸 　　　方
(1)		
(2)		

22-4 次の取引の仕訳を示し，総勘定元帳の販売費及び一般管理費勘定と販売費及び一般管理費元帳に記入しなさい。

8月/3日　水道料¥7,000を，現金で支払った。

/8日　雑誌に広告依頼を行い，その代金¥32,000を現金で支払った。

20日　倉庫として使用している建物の家賃¥/00,000を現金で支払った。

25日　本月分の給料¥/60,000を小切手を振り出して支払った。

	借　　　　　　方	貸　　　　　　方
8/13		
18		
20		
25		

総 勘 定 元 帳

販売費及び一般管理費 　　28

販売費及び一般管理費元帳

	給　　　料			1
令和○年	摘　　　要	金　　額	合　　計	

	広　　告　　料			2

	支　　払　　家　　賃			3

	水　道　光　熱　費			4

検定問題

22-5 次の取引の仕訳を示しなさい。ただし，販売費及び一般管理費勘定は用いないこと。

(1) 1月分のインターネット料金として¥20,000を現金で支払った。　　　第89回

(2) 坂出広告社に広告料¥70,000を小切手#/9を振り出して支払った。　　第78回

(3) 和歌山商店は建物に対する1年分の火災保険料¥78,000を現金で支払った。　第85回

(4) 本月分の給料¥750,000の支払いにあたり，所得税額¥54,000を差し引いて，残額は現金で支払った。　　　第92回

	借　　　　　　方	貸　　　　　　方
(1)		
(2)		
(3)		
(4)		

23 個人企業の税金

学習の要点

1 個人企業の税金…………………………………………… 2級の範囲

個人企業に課せられる税金には，事業税・固定資産税・印紙税などがある。

2 事業税・固定資産税・印紙税に関する基本仕訳………………… 2級の範囲

(1) 事業税は，事業を営んで利益をあげた個人企業に課せられる税金である。

例1 事業税を納付したとき　　　事業税の第/期分￥30,000を現金で納付した。

(借) 租税公課　30,000 (貸) 現　金　30,000
(事 業 税)

(2) 固定資産税は，土地・建物などの固定資産の所有者に課せられる税金である。

例2 固定資産税を納付した　　　固定資産税の第/期分￥/5,000を現金で納付した。
とき　　　(借) 租税公課　/5,000 (貸) 現　金　/5,000
(固定資産税)

(3) 印紙税は，領収証や売買契約書などを発行するときや，手形などを振り出すときなどに課せられる税金である。

例3 収入印紙を購入したと　　　郵便局で，収入印紙￥7,000を現金で購入した。
き　　　(借) 租税公課　7,000 (貸) 現　金　7,000
(印 紙 税)

3 消費税に関する基本仕訳……………………………………… 2級の範囲

消費税は，商品の販売やサービスの提供に対して消費者に課せられる税金である。商品を仕入れたときは**仮払消費税勘定**（資産），売り渡したときは**仮受消費税勘定**（負債），また，期末に企業が納付すべき額があるときは**未払消費税勘定**（負債）を用いて仕訳する。

例4 商品を仕入れて，消費　　① 商品￥88,000（消費税￥8,000を含む）を仕入れ，代
税とともに代金を現金　　　金は現金で支払った。
で支払ったとき　　　(借) 仕　入　80,000 (貸) 現　金　88,000
仮払消費税　8,000

例5 商品を売り渡して，消　　② 商品￥/32,000（消費税￥/2,000を含む）を売り渡し，
費税とともに代金を現　　　代金は現金で受け取った。
金で受け取ったとき　　　(借) 現　金　/32,000 (貸) 売　上　/20,000
仮受消費税　/2,000

例6 期末に，納付すべき消　　③ 期末に納付する消費税額を計上した。
費税額を計上したとき　　　(借) 仮受消費税　/2,000 (貸) 仮払消費税　8,000
未払消費税　4,000

仮 払 消 費 税			
①	8,000	③	8,000

仮 受 消 費 税			
③	/2,000	②	/2,000

未 払 消 費 税			
		③	4,000

23-1 次の取引の仕訳を示しなさい。　　　　　　　　　　　　　**2級の範囲**
(1) 事業税の第1期分￥40,000を現金で納付した。
(2) 固定資産税の第1期分￥35,000を現金で納付した。
(3) 郵便局で，収入印紙￥6,000を現金で購入した。

	借 方	貸 方
(1)		
(2)		
(3)		

23-2 次の消費税に関する一連の取引を仕訳しなさい。ただし，商品に関する勘定は3分法によること。　　　　　　　　　　　　　**2級の範囲**

　　　2月16日　山口商店から商品￥264,000（消費税￥24,000を含む）を仕入れ，代金は掛けとした。
　　　5月23日　広島商店に商品￥616,000（消費税￥56,000を含む）を売り渡し，代金は同店振り出しの小切手で受け取った。
　　　10月18日　石川商店から商品￥440,000（消費税￥40,000を含む）を仕入れ，代金は掛けとした。
　　　11月9日　宮城商店に商品￥550,000（消費税￥50,000を含む）を売り渡し，代金は現金で受け取った。
　　　12月31日　期末に納付する消費税額￥42,000を計上した。
　翌年　3月20日　前期末に計上した消費税額￥42,000を現金で納付した。

	借 方	貸 方
2/16		
5/23		
10/18		
11/ 9		
12/31		
翌年 3/20		

23-3 次の取引の仕訳を示しなさい。ただし，商品に関する勘定は3分法によること。
(1) 事業税の第/期分¥50,000を現金で納付した。 **2級の範囲**
(2) 収入印紙¥2,000を現金で購入した。
(3) 石川商店から商品¥176,000（消費税¥16,000を含む）を仕入れ，代金のうち¥150,000は現金で支払い，残額は掛けとした。
(4) 固定資産税の第/期分¥300,000を現金で納付した。ただし，このうち60%は店の負担分であり，40%は家計の負担分である。
(5) 広島商店に商品¥704,000（消費税¥64,000を含む）を売り渡し，代金のうち¥400,000は同店振り出しの小切手で受け取り，残額は掛けとした。
(6) 大分郵便局で，郵便切手¥19,000と収入印紙¥15,000を買い入れ，代金は現金で支払った。

	借　　　　　方	貸　　　　　方
(1)		
(2)		
(3)		
(4)		
(5)		
(6)		

23-4 次の取引の仕訳を示しなさい。ただし，商品に関する勘定は3分法によること。
2級の範囲
(1) 奈良商店から商品¥200,000を仕入れ，代金はその消費税¥20,000とともに掛けとした。ただし，商品を仕入れたときの消費税は，仮払消費税勘定で処理する。
(2) 営業用の土地と建物に対する固定資産税¥120,000を現金で納付した。

	借　　　　　方	貸　　　　　方
(1)		
(2)		

総合問題 ❷

❷1 次の取引の仕訳を示しなさい。ただし，商品に関する勘定は3分法によること。
(1) 北銀行に現金¥630,000を普通預金として預け入れた。
(2) 定期預金¥700,000が満期となり，利息¥7,000とともに現金で受け取った。
(3) 定額資金前渡法を採用している千葉商店の会計係は，当月分の支払いについて，次のとおり報告を受けたので，ただちに小切手を振り出して補給した。
　　通信費　¥400　　交通費　¥3,100　　雑費　¥800
(4) 岩手商店から商品¥87,000を仕入れ，代金は小切手を振り出して支払った。なお，引取運賃¥1,500は現金で支払った。
(5) 群馬商店に商品¥59,000を売り渡し，代金は同店振り出しの小切手で受け取った。なお，発送費¥500は現金で支払った。
(6) 北海道商店に，掛けで売り渡していた商品の一部¥5,000が返品された。
(7) 東京商店から現金¥900,000を借用証書によって借り入れた。
(8) 借用証書によって埼玉商店から借り入れていた¥250,000の返済にあたり，その利息¥7,000とともに小切手を振り出して支払った。
(9) 沖縄商店から商品¥230,000を仕入れ，代金はさきに支払ってある内金¥50,000を差し引き，残額は掛けとした。

	借　　　　方	貸　　　　方
(1)		
(2)		
(3)		
(4)		
(5)		
(6)		
(7)		
(8)		
(9)		

22 次の取引の仕訳を示しなさい。ただし，商品に関する勘定は3分法によること。

(1) 茨城商店へ商品¥421,500を売り渡し，代金はさきに内金として受け取っていた¥100,000を差し引き，残額は同店振り出しの小切手で受け取った。

(2) 不用品を¥3,000で売却し，代金は月末に受け取ることにした。

(3) 本月分の従業員に対する給料¥840,000の支払いにさいし，従業員からの預り金¥50,000と所得税額¥39,000を差し引き，残額を現金で支払った。

(4) 従業員の出張にさいし，旅費の概算額として¥80,000を仮払いしていたが，本日，従業員が帰店して旅費の精算をおこない，残額¥2,900を現金で受け取った。

(5) 出張中の従業員から当座預金口座に¥97,300の振り込みがあったが，その内容は不明である。

(6) 商品¥690,000を売り上げ，代金は他店が発行している商品券で受け取った。

(7) 店舗用の土地¥10,576,000を購入し，この代金は登記料や買入手数料の合計¥174,000とともに小切手を振り出して支払った。

(8) 事務用のコピー用紙¥8,100を買い入れ，代金は現金で支払った。

(9) 事業拡張のため，事業主が現金¥600,000を追加元入れした。

(10) 今月のインターネット料金として¥22,500を現金で支払った。

(11) 建物に対する1年分の火災保険料¥57,000を現金で支払った。

	借　　　　方	貸　　　　方
(1)		
(2)		
(3)		
(4)		
(5)		
(6)		
(7)		
(8)		
(9)		
(10)		
(11)		

23 宮城商店の下記の取引について，
(1) 仕訳帳に記入して，総勘定元帳に転記しなさい。
(2) 買掛金元帳を完成させなさい。
(3) /月末における残高試算表を作成しなさい。
　　ただし，i　商品に関する勘定は3分法によること。
　　　　　　ii　仕訳帳における小書きは省略する。
　　　　　　iii　総勘定元帳および買掛金元帳には，日付と金額を記入すればよい。

取　　引

/月 6日　事務用のコピー用紙￥/,500を購入し，代金は現金で支払った。
　　//日　仕入先熊本商店から商品￥60,500を仕入れ，代金は掛けとした。
　　/2日　仕入先佐賀商店から商品￥40,000を仕入れ，代金は掛けとした。
　　/6日　得意先新潟商店に商品￥/3/,600を売り渡し，代金は掛けとした。
　　/9日　インターネットの利用料金￥8,200を現金で支払った。
　　23日　仕入先熊本商店に対する買掛金の一部￥73,000について，小切手を振り出して支払った。
　　25日　本月分の給料￥35,000の支払いにあたり，所得税額￥3,000を差し引いて，従業員の手取額を現金で支払った。
　　28日　仕入先佐賀商店に対する買掛金の一部￥36,000を，小切手を振り出して支払った。
　　3/日　岐阜商店から借用証書によって￥90,000を借り入れていたが，利息￥300とともに小切手を振り出して支払った。

(1)
　　　　　　　　　　　　　　　仕　　訳　　帳　　　　　　　　　　　　　1

令和○年		摘　　　　　要	元丁	借　　方	貸　　方
1	1	前 期 繰 越 高	√	901,200	901,200

総 勘 定 元 帳

現　　　金　　1		当 座 預 金　　2		売 掛 金　　3	
1/ 1　109,400		1/ 1　375,800		1/ 1　126,000	

繰 越 商 品　　4		備　　　品　　5		買 掛 金　　6	
1/ 1　90,000		1/ 1　200,000			1/ 1　281,000

借 入 金　　7		所得税預り金　　8		資 本 金　　9	
	1/ 1　200,000				1/ 1　420,200

売　　　上　　10		仕　　　入　　11		給　　　料　　12	

通 信 費　　13		消 耗 品 費　　14		支 払 利 息　　15	

(2)　(注意) 買掛金元帳は締め切ること。

買 掛 金 元 帳

熊 本 商 店　　1		佐 賀 商 店　　2	
	1/ 1　116,500		1/ 1　164,500

(3)

残 高 試 算 表
令和○年1月31日

借　　　方	勘 定 科 目	貸　　　方
	現　　　　　金	
	当 座 預 金	
	売　　掛　　金	
	繰 越 商 品	
	備　　　　　品	
	買　　掛　　金	
	借　　入　　金	
	所 得 税 預 り 金	
	資　　本　　金	
	売　　　　　上	
	仕　　　　　入	
	給　　　　　料	
	通　信　費	
	消 耗 品 費	
	支 払 利 息	

2-4 兵庫商店の下記の取引について，

(1) 仕訳帳に記入して，総勘定元帳に転記しなさい。

(2) 売掛金元帳を完成させなさい。

(3) /月末における残高試算表を作成しなさい。

ただし， i 商品に関する勘定は3分法によること。

ii 仕訳帳における小書きは省略する。

iii 総勘定元帳および売掛金元帳には，日付と金額を記入すればよい。

取　　　引

/月 7日　得意先徳島商店に商品¥92,000を売り渡し，代金は掛けとした。

　　9日　得意先福井商店に対する売掛金の一部¥83,000を，同店振り出しの小切手で受け取り，ただちに当座預金に預け入れた。

　　/0日　郵便切手¥2,400を購入し，代金は現金で支払った。

　　/2日　得意先福井商店に商品¥169,500を売り渡し，代金は掛けとした。

　　/5日　水道料¥1,900が当座預金口座から引き落とされた。

　　22日　仕入先奈良商店から商品¥173,600を仕入れ，代金は掛けとした。

　　25日　本月分の給料¥40,000の支払いにあたり，所得税額¥3,700を差し引いて，従業員の手取額を現金で支払った。

　　28日　得意先徳島商店に対する売掛金の一部¥94,000を，同店振り出しの小切手で受け取った。

　　3/日　貸付金に対する利息¥700を現金で受け取った。

(1)

		仕　　訳　　帳			1
令○和年		摘　　　　　要	元丁	借　　方	貸　　方
1	1	前 期 繰 越 高	√	1,094,800	1,094,800

総 勘 定 元 帳

現　　　金　　1	当 座 預 金　　2	売 掛 金　　3
1/ 1　194,300	1/ 1　326,500	1/ 1　159,000

繰 越 商 品　　4	備　　品　　5	貸 付 金　　6
1/ 1　55,000	1/ 1　150,000	1/ 1　210,000

買 掛 金　　7	所得税預り金　　8	資 本 金　　9
1/ 1　279,000		1/ 1　815,800

売　　上　　10	受 取 利 息　　11	仕　　入　　12

給　　料　　13	通 信 費　　14	水道光熱費　　15

(2)（注意）売掛金元帳は締め切ること。

売 掛 金 元 帳

福 井 商 店　　1	徳 島 商 店　　2
1/ 1　100,900	1/ 1　58,100

(3)

残 高 試 算 表
令和○年1月31日

借　　方	勘 定 科 目	貸　　方
	現　　　　　金	
	当 座 預 金	
	売 掛 金	
	繰 越 商 品	
	備　　　　　品	
	貸 付 金	
	買 掛 金	
	所 得 税 預 り 金	
	資 本 金	
	売　　　　　上	
	受 取 利 息	
	仕　　　　　入	
	給　　　　　料	
	通 信 費	
	水 道 光 熱 費	

24 商品売買に関する勘定の決算整理（売上原価の計算）

1 決算整理

決算日における費用・収益の勘定残高のなかには，その会計期間の発生額を正しくあらわしていないものがある。また，資産・負債・資本の勘定残高のなかにも，その実際有高を正しく示していないものがある。そこで，決算にあたりそれらの勘定の残高を，正しい金額を示すように修正することが必要となる。この修正手続きを**決算整理**という。

2 商品売買損益と売上原価

$$
\underset{\text{（売上勘定残高）}}{純\ 売\ 上\ 高} - \underset{\text{（整理後仕入勘定残高）}}{売\ 上\ 原\ 価^{❶}} = \underset{\text{（マイナスのときは商品売買損）}}{商\ 品\ 売\ 買\ 益}
$$

$$
\underset{\text{（繰越商品勘定残高）}}{期首商品棚卸高} + \underset{\text{（仕入勘定残高）}}{純仕入高} - \underset{\text{（棚卸により確定）}}{期末商品棚卸高} = \underset{\text{（整理後仕入勘定残高）}}{売\ 上\ 原\ 価}
$$

3 商品売買に関する勘定の決算整理

上記の計算式にもとづき，整理後の仕入勘定の残高が売上原価を示すように**決算整理仕訳**を行う。

例

繰 越 商 品	仕 入	売 上
前期繰越 40	（純仕入高）260	（純売上高）350
期末商品棚卸高¥30		

決算整理仕訳

期首商品棚卸高を繰越商品勘定から仕入勘定に振り替え	①	（借）仕　入	40	（貸）繰越商品	40
期末商品棚卸高を仕入勘定から繰越商品勘定に振り替え	②	（借）繰越商品	30	（貸）仕　入	30

（注）　上記①の仕訳は売上原価を求める計算式の 期首商品棚卸高＋純仕入高 の部分にあたる。また，②の仕訳は，同じく売上原価を求める計算式の －期末商品棚卸高 の部分にあたる。

決算振替仕訳

純売上高を損益勘定の貸方へ	③	（借）売　上	350	（貸）損　益	350
売上原価を損益勘定の借方へ	④	（借）損　益	270	（貸）仕　入	270

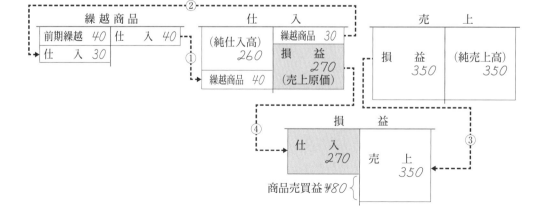

繰 越 商 品	仕 入	売 上
前期繰越 40 ｜ 仕 入 40	（純仕入高）260 ｜ 繰越商品 30	損 益 350 ｜ （純売上高）350
仕 入 30	繰越商品 40 ｜ 損 益 270（売上原価）	

損 益
仕 入 270 ｜ 売 上 350

商品売買益¥80

24-1 次の資料により，商品売買に関する勘定の決算整理仕訳を行い，各勘定に転記しなさい。なお，期末商品棚卸高は¥286,000であり，決算日は/2月3/日とする。

借　　　方		貸　　　方	

繰 越 商 品		仕　　　入	
1/1 前期繰越 237,000		(純仕入高) 1,374,000	

24-2 次の勘定記録にもとづき，決算振替仕訳を行い，各勘定に転記しなさい。なお，仕入勘定と売上勘定は締め切ること。

借　　　方		貸　　　方	

仕　　　入		売　　　上	
(純仕入高) 1,374,000	12/31 繰越商品 286,000		(純売上高) 1,650,000
12/31 繰越商品 237,000			

損　　　益	

24-3 上記 **24-1** の決算整理仕訳と **24-2** の決算振替仕訳により，(1)各勘定に転記して締め切りなさい。ただし，損益勘定は締め切らなくてよい。決算日は/2月3/日とする。また，(2)各勘定の記入面から，①売上原価，②商品売買益の金額を答えなさい。

(1)

繰 越 商 品		仕　　　入	
1/1 前期繰越 237,000		(純仕入高) 1,374,000	

売　　　上		損　　　益	
	(純売上高) 1,650,000		

(2)

① 売 上 原 価 ¥	② 商品売買益 ¥

24-4 次の勘定記録にもとづき，商品売買に関する勘定の決算仕訳を行い，各勘定に転記して締め切りなさい。ただし，損益勘定は締め切らなくてよい。なお，期末商品棚卸高は¥257,000であった。（決算日 12月31日）

	借　　　　方	貸　　　　方
決算 整理 仕訳		
決算 振替 仕訳		

繰　越　商　品

1/1	前期繰越	196,000		

仕　　　入

（総仕入高）	1,672,000	（仕入返品高）	7,000

売　　　上

（売上返品高）	14,000	（総売上高）	2,148,000

損　　　益

24-5 決算整理後の次の各勘定の記入面から，①純仕入高，②売上原価，③商品売買益の金額を答えなさい。

繰　越　商　品

1/1	前期繰越	147,000	12/31	仕　入	147,000
12/31	仕　入	214,000			

仕　　　入

（総仕入高）	1,763,000	（仕入返品高）	16,000
12/31 繰越商品	147,000	12/31 繰越商品	214,000

売　　　上

		（純売上高）	1,970,000

①	純 仕 入 高 ¥	②	売 上 原 価 ¥	③	商品売買益 ¥

24-6 次の各資料から，①売上原価と②商品売買益を計算しなさい。

期首商品棚卸高　¥125,000　　総 仕 入 高　¥938,000　　仕入返品高　¥7,000
期末商品棚卸高　¥92,000　　総 売 上 高　¥1,348,000　　売上返品高　¥12,000

①	売 上 原 価 ¥	②	商品売買益 ¥

24-7 次の空欄の金額を計算しなさい。

	期首商品棚卸高	純 仕 入 高	期末商品棚卸高	売 上 原 価	純 売 上 高	商品売買益
(1)	¥ 49,000	¥ 727,000	¥	¥ 723,000	¥ 1,284,000	¥
(2)	¥	¥ 893,000	¥ 74,000	¥ 882,000	¥	¥ 475,000
(3)	¥ 78,000	¥	¥ 81,000	¥	¥ 1,329,000	¥ 387,000

25 貸し倒れの見積もり

◀1▶ 貸し倒れの見積もり‥‥‥‥‥‥‥‥‥‥‥‥‥‥‥‥‥‥‥‥‥‥‥‥‥‥‥‥‥‥‥

　得意先の倒産やその他の原因で，売掛金が回収できなくなることがある。これを**貸し倒れ**という。決算日における売掛金のなかには，次期に貸し倒れになる可能性のあるものが含まれている。そこで，決算日に貸し倒れを見積もり，当期の費用として**貸倒引当金繰入勘定**の借方に記入し，同時に**貸倒引当金勘定**（売掛金の評価勘定）の貸方に記入する決算整理仕訳が必要となる。

　　　　　〈決算整理仕訳〉　　　（借）貸倒引当金繰入　×××　（貸）貸倒引当金　×××

◀2▶ 貸し倒れの見積もりに関する決算整理仕訳‥‥‥‥‥‥‥‥‥‥‥‥‥‥‥‥‥‥‥‥

　貸し倒れに関する取引には，貸し倒れの見積もりと貸し倒れの発生とがある。

例1 貸し倒れを見積もったとき（貸倒引当金勘定に残高がない場合）

12/31　決算にあたり，売掛金残高¥200,000に対して5％の貸し倒れを見積もった。

　　（借）貸倒引当金繰入　10,000　（貸）貸倒引当金　10,000

貸倒引当金繰入
12/31 貸倒引当金 10,000	

貸 倒 引 当 金
	12/31 貸倒引当金繰入 10,000

例2 貸し倒れが発生したとき

6/15　東西商店に対する売掛金¥6,000が貸し倒れとなった。ただし，貸倒引当金勘定の残高は¥10,000である。

　　（借）貸倒引当金　6,000　（貸）売 掛 金　6,000

貸 倒 引 当 金
6/15 売 掛 金 6,000	1/1 前期繰越 10,000

　（注）　貸倒引当金残高をこえて貸し倒れが発生したときは，その超過額を貸倒損失勘定（費用）の借方に記入する。たとえば，上記6/15の取引で¥15,000の貸し倒れが発生したときは，次のように仕訳する。

　　　　（借）貸倒引当金　10,000　（貸）売 掛 金　15,000
　　　　　　　貸 倒 損 失　5,000

例3 貸し倒れを見積もったとき（貸倒引当金勘定に残高がある場合）

12/31　決算にあたり，売掛金残高¥300,000に対して5％の貸し倒れを見積もった。ただし，貸倒引当金勘定の残高は¥4,000である。

　　（借）貸倒引当金繰入　11,000　（貸）貸倒引当金　11,000

差額補充法 $\left(\begin{array}{l}貸倒見積額＝¥300,000×5％＝¥15,000 \\ 差額計上分＝¥15,000－¥4,000＝¥11,000\end{array}\right)$

貸 倒 引 当 金
例2 6/15 売 掛 金	6,000	1/1 前期繰越	10,000
12/31 次期繰越	15,000	12/31 貸倒引当金繰入	11,000 例3
	21,000		21,000

貸倒見積額　　　　　　　差額計上分

25▶1　決算にあたり，売掛金残高¥680,000に対して5％の貸し倒れを見積もった。ただし，貸
倒引当金勘定に残高はない。

借	方	貸	方

25▶2　決算にあたり，売掛金残高¥680,000に対して5％の貸し倒れを見積もった。ただし，貸
倒引当金勘定の残高は¥8,000である。

借	方	貸	方

25▶3　得意先南北商店が倒産し，前期から繰り越された同店に対する売掛金¥30,000が回収不
能となったため，貸し倒れとして処理した。ただし，貸倒引当金勘定の残高が¥45,000ある。

借	方	貸	方

25▶4　得意先東南商店が倒産し，前期から繰り越された同店に対する売掛金¥30,000が回収不
能となったため，貸し倒れとして処理した。ただし，貸倒引当金勘定の残高が¥24,000ある。

借	方	貸	方

25▶5　次の決算整理事項によって，決算整理仕訳を行い，下記の勘定に転記しなさい。（決算日
/2月3/日）

　決算整理事項

　　貸倒見積高　売掛金残高¥870,000の5％と見積もり，貸倒引当金を設定する。

借	方	貸	方

貸倒引当金繰入　　　　　　　　　　　　　　　　貸　倒　引　当　金

25▶6　次の決算整理事項によって，決算整理仕訳を行い，下記の勘定に転記しなさい。（決算日
/2月3/日）

　決算整理事項

　　貸倒見積高　売掛金残高¥870,000の5％と見積もり，貸倒引当金を設定する。

借	方	貸	方

貸倒引当金繰入　　　　　　　　　　　　　　　　貸　倒　引　当　金

（残高）　9,000

25-7 次の決算整理事項によって，決算整理仕訳・決算振替仕訳を行い，下記の勘定に転記して締め切りなさい。（決算日　12月31日）

決算整理事項

　貸倒見積高　売掛金残高¥960,000の5％と見積もり，貸倒引当金を設定する。

〈決算整理仕訳〉

借　　　　　方	貸　　　　　方

〈決算振替仕訳〉

借　　　　　方	貸　　　　　方

貸倒引当金繰入		貸 倒 引 当 金	
		32,000	1/ 1 前期繰越　39,000

25-8 次の一連の取引を仕訳し，下記の勘定に転記しなさい。なお，決算日は12月31日とし，決算日ごとに締め切ること。

　12月31日　決算にあたり，売掛金残高¥780,000に対して5％の貸し倒れを見積もった。

　　〃 日　決算振替仕訳により，貸倒引当金繰入勘定の残高を損益勘定に振り替えた。

　3月25日　得意先の北東商店が倒産し，同店に対する売掛金¥30,000が貸し倒れとなった。

　12月31日　決算にあたり，売掛金残高¥930,000に対して5％の貸し倒れを見積もった。

　　〃 日　決算振替仕訳により，貸倒引当金繰入勘定の残高を損益勘定に振り替えた。

　4月12日　得意先の南東商店が倒産し，同店に対する売掛金¥50,000が貸し倒れとなった。

	借　　　　方	貸　　　　方
12/31		
〃		
3/25		
12/31		
〃		
4/12		

貸倒引当金繰入		貸 倒 引 当 金	

貸 倒 損 失	

26 固定資産の減価償却（定額法・直接法）

学習の要点

1 減価償却とは

建物，備品，車両運搬具などの固定資産は，使用や時の経過により徐々に価値が減少していく。そのため，決算日にこの価値の減少額を計算し，**減価償却費**（費用）として計上し，同時に固定資産の価値をその分だけ減少させる。この手続きを**減価償却**という。

2 定額法による減価償却費の計算

定額法 毎期一定額を減価償却費として計上する方法。

$$1年分の減価償却費 = \frac{取得原価 - 残存価額}{耐用年数} \leftarrow\text{------- 固定資産が使用できるとみられる年数}$$

例1 減価償却費の求め方 12/31 決算にあたり，取得原価¥300,000 耐用年数5年の備品の減価償却費を求める。

① 残存価額が零（0）の場合

$$\frac{¥300,000 - ¥0}{5年} = ¥60,000 \text{（減価償却費）}$$

② 残存価額が取得原価の10%の場合

$$\frac{¥300,000 - ¥300,000 \times 0.1}{5年} = ¥54,000 \text{（減価償却費）}$$

3 直接法による減価償却の決算整理仕訳

直接法 減価償却する金額を固定資産の勘定の残高から直接減額する記帳法。

例2 減価償却費の計上（**例1**①残存価額が零（0）の場合）

12/31 （借）減価償却費 60,000 （貸）備　品 60,000

備　　品	
（取得原価）　300,000	12/31 減価償却費 60,000
	帳簿価額¥240,000 }（未償却残高）

減 価 償 却 費	
12/31 備　品 60,000	

26-1 取得原価¥5,000,000 残存価額は零（0） 耐用年数20年の建物の減価償却費を，定額法で計算しなさい。

〔計算式〕

$$\frac{(¥ \qquad) - (¥ \qquad)}{(\quad)年} = 減価償却費（¥ \qquad ）$$

26-2 取得原価¥800,000 残存価額は取得原価の10% 耐用年数8年の備品の減価償却費を，定額法で計算しなさい。

〔計算式〕

$$\frac{(¥ \qquad) - (¥ \qquad)}{(\quad)年} = 減価償却費（¥ \qquad ）$$

26-3 次の決算整理事項により，決算整理仕訳を行いなさい。

決算整理事項 備品減価償却高 ¥135,000 （直接法）

借　　　　　方	貸　　　　　方

26 4 次の決算整理事項により，決算整理仕訳を行いなさい。

　　決算整理事項　　　建物減価償却高　¥450,000（直接法）

借　　　　　方	貸　　　　　方

26 5 次の決算整理事項によって，決算整理仕訳・決算振替仕訳を行い，下記の勘定に転記して締め切りなさい。（決算日　12月31日）

　　決算整理事項

　　建物減価償却高　取得原価¥8,000,000　残存価額は零（0）　耐用年数は20年とし，定額法により計算し，直接法で記帳している。

	借　　　　　方	貸　　　　　方
整理仕訳		
振替仕訳		

建 物

（取得原価）　8,000,000

減 価 償 却 費

26 6 次の備品に関する一連の取引を仕訳し，備品勘定に転記しなさい。

　1月1日　営業用の備品としてコピー機¥400,000を買い入れ，代金は小切手を振り出して支払った。

　12月31日　決算にあたり上記備品の減価償却費を計上した。

　　　　決算整理事項

　　　　備品減価償却高　取得原価¥400,000　残存価額は零（0）　耐用年数は5年とし，定額法により計算し，直接法で記帳している。

　1月1日　上記の備品を¥300,000で売却し，代金は月末に受け取ることにした。

	借　　　　　方	貸　　　　　方
1/1		
12/31		
1/1		

備 品

27 現金過不足の整理・当座借越への振り替え

学習の要点

1 現金過不足の整理 ·· **2級の範囲**

現金過不足の原因が決算になっても判明しない場合は，現金過不足勘定の残高を**雑損勘定**（費用）または**雑益勘定**（収益）に振り替える。

① 借方残高の場合　（借）雑　　損　×××　　　（貸）現金過不足　×××
② 貸方残高の場合　（借）現金過不足　×××　　　（貸）雑　　益　×××

例1 決算にあたり，現金過不足勘定の借方残高¥500を整理した。

12/31　**（借）雑　　損　500**　　　**（貸）現金過不足　500**

雑　　　　損		現 金 過 不 足	
12/31　現金過不足 　　　　　　500		（残　　高） 　　　500	12/31　雑　　損 　　　　　500

例2 決算にあたり，現金過不足勘定の貸方残高¥300を整理した。

12/31　**（借）現金過不足　300**　　　**（貸）雑　　益　300**

現 金 過 不 足		雑　　　　益	
12/31　雑　　益 　　　　　300	（残　　高） 　　300		12/31　現金過不足 　　　　　　300

なお，決算日に現金過不足が発生し，原因がわからないときは，その過不足の金額を直接，雑損勘定または雑益勘定に振り替え，現金勘定を修正する。

① 不足の場合　（借）雑　　損　×××　　　（貸）現　　金　×××
② 超過の場合　（借）現　　金　×××　　　（貸）雑　　益　×××

2 当座借越勘定への振り替え ································· **2級の範囲**

決算日に当座預金勘定が貸方残高の場合は，当座借越の状態にあるので，次の仕訳によって当座預金勘定の貸方残高を当座借越勘定（負債）に振り替える。

決算日に当座預金勘定の　（借）当座預金　×××　　　（貸）当座借越　×××
貸方に残高がある場合

例3 決算にあたり，当座預金勘定の貸方残高¥180,000を当座借越勘定に振り替えた。

12/31　**（借）当座預金　180,000**　　　**（貸）当座借越　180,000**

当 座 預 金		当 座 借 越	
12/31　当座借越 　　　　180,000	（残　　高） 　180,000		12/31　当座預金 　　　　　180,000

27-1 次の取引の仕訳を示し，雑損勘定と現金過不足勘定に記入しなさい。　　2級の範囲

/2月3/日　決算にあたり，現金過不足勘定の借方残高¥700を整理した。

	借　　　　　方	貸　　　　　方
12/31		

雑　　　　損	現 金 過 不 足
	700

27-2 次の取引の仕訳を示し，雑益勘定と現金過不足勘定に記入しなさい。　　2級の範囲

/2月3/日　決算にあたり，現金過不足勘定の貸方残高¥200を整理した。

	借　　　　　方	貸　　　　　方
12/31		

現 金 過 不 足	雑　　　　益
200	

27-3 次の取引の仕訳を示しなさい。　　2級の範囲

①　/2月3/日　決算にあたり，現金実際有高の不足額¥800を整理した。（原因は不明）

	借　　　　　方	貸　　　　　方
12/31		

②　/2月3/日　決算にあたり，現金実際有高の超過額¥600を整理した。（原因は不明）

	借　　　　　方	貸　　　　　方
12/31		

27-4 次の取引の仕訳を示し，当座預金勘定と当座借越勘定に記入しなさい。　　2級の範囲

/2月3/日　決算にあたり，当座預金勘定の貸方残高¥/30,000を当座借越勘定に振り替えた。

	借　　　　　方	貸　　　　　方
12/31		

当 座 預 金	当 座 借 越
500,000 ｜ 630,000	

28 8桁精算表(1)

学習の要点

1 8桁精算表

6桁精算表に，決算整理仕訳を記入する「整理記入欄」を設けた精算表である。残高試算表・整理記入・損益計算書・貸借対照表の各欄をあわせて8桁となる。

2 8桁精算表作成の手順

① 総勘定元帳の各勘定残高を残高試算表欄に記入し，借方・貸方の各合計額が一致することを確認して締め切る。

② 決算整理仕訳を整理記入欄に記入する。このとき，新たに必要となる勘定科目は，勘定科目欄に追加記入する。

③ 資産・負債・資本の各勘定のうち，整理記入が行われた勘定については，残高試算表欄と整理記入欄の金額が，貸借同じ側のときは加算し，反対側のときは差し引いて，貸借対照表欄に記入する。

④ 収益・費用の各勘定のうち，整理記入が行われた勘定については，③と同じように加減して損益計算書欄に記入する。

⑤ 整理記入欄に記入のない勘定については，残高試算表欄の金額を貸借対照表欄または損益計算書欄に，そのまま記入する。

⑥ 損益計算書欄と貸借対照表欄の借方・貸方の金額をそれぞれ合計し，その差額を当期純利益または当期純損失として，金額の少ない側に記入する。

⑦ すべての欄の借方・貸方の各合計額が一致することを確認して締め切る。

例 決算整理事項がある場合の移記方法

決算整理事項

① 期末商品棚卸高 ¥165,000

(借) 仕 入	140,000	(貸) 繰越商品	140,000
繰越商品	165,000	仕 入	165,000

精 算 表

勘定科目	残高試算表 借方	残高試算表 貸方	整理記入 借方	整理記入 貸方	損益計算書 借方	損益計算書 貸方	貸借対照表 借方	貸借対照表 貸方
繰越商品	140,000		⊕165,000	⊖140,000			165,000	
仕 入	830,000		⊕140,000	⊖165,000	805,000			

② 貸倒見積高 売掛金残高¥600,000の5%と見積もり，貸倒引当金を設定する。

(借) 貸倒引当金繰入	23,000	(貸) 貸倒引当金	23,000

勘定科目	残高試算表 借方	残高試算表 貸方	整理記入 借方	整理記入 貸方	損益計算書 借方	損益計算書 貸方	貸借対照表 借方	貸借対照表 貸方
貸倒引当金		7,000		⊕23,000				30,000
貸倒引当金繰入			23,000		23,000			

③ 備品減価償却高 ¥75,000 （直接法）

(借) 減価償却費	75,000	(貸) 備 品	75,000

勘定科目	残高試算表 借方	残高試算表 貸方	整理記入 借方	整理記入 貸方	損益計算書 借方	損益計算書 貸方	貸借対照表 借方	貸借対照表 貸方
備 品	500,000			⊖75,000			425,000	
減価償却費			75,000		75,000			

28-1 次の決算整理事項により決算整理仕訳を行い，精算表の一部を作成しなさい。

(1) 期末商品棚卸高　¥195,000

借　　　　　方		貸　　　　　方	

精　算　表

勘定科目	残高試算表		整理記入		損益計算書		貸借対照表	
	借　方	貸　方	借　方	貸　方	借　方	貸　方	借　方	貸　方
繰 越 商 品	210,000							
仕　　　入	930,000							

(2) 貸倒見積高　売掛金残高¥500,000の5%と見積もり，貸倒引当金を設定する。

借　　　　　方		貸　　　　　方	

貸 倒 引 当 金		6,000						
貸倒引当金繰入								

(3) 備品の減価償却高　¥105,000（直接法）

借　　　　　方		貸　　　　　方	

備　　　品	700,000							
減 価 償 却 費								

28-2 次の決算整理事項によって，精算表を完成しなさい。

決算整理事項
a．期末商品棚卸高　¥180,000
b．貸倒見積高　売掛金残高の5%と見積もり，貸倒引当金を設定する。
c．備品減価償却高　¥60,000（直接法）

精　算　表
令和○年12月31日

勘定科目	残高試算表		整理記入		損益計算書		貸借対照表	
	借　方	貸　方	借　方	貸　方	借　方	貸　方	借　方	貸　方
現　　　金	290,000							
売 掛 金	360,000							
貸 倒 引 当 金		3,000						
繰 越 商 品	155,000							
備　　　品	400,000							
買 掛 金		396,000						
資 本 金		700,000						
売　　　上		1,169,000						
仕　　　入	846,000							
給　　　料	217,000							
	2,268,000	2,268,000						

28·3 次の決算整理事項によって，精算表を完成しなさい。

決算整理事項　　a．期末商品棚卸高　￥320,000
　　　　　　　　b．貸倒見積高　　売掛金残高の5%と見積もり，貸倒引当金を設定する。
　　　　　　　　c．備品減価償却高　￥42,000（直接法）

精　算　表

令和○年/2月3/日

勘定科目	残 高 試 算 表		整 理 記 入		損 益 計 算 書		貸 借 対 照 表	
	借　方	貸　方	借　方	貸　方	借　方	貸　方	借　方	貸　方
現　　　　金	169,000							
当 座 預 金	576,000							
売 　掛　 金	640,000							
貸 倒 引 当 金		9,000						
繰 越 商 品	375,000							
備　　　　品	280,000							
買 　掛 　金		370,000						
借 　入 　金		200,000						
資 　本 　金		1,400,000						
売　　　　上		2,025,000						
受 取 手 数 料		50,000						
仕　　　　入	1,659,000							
給　　　　料	187,000							
支 払 家 賃	168,000							
当期純（　　　）								

28·4 次の決算整理事項によって，精算表を完成しなさい。

決算整理事項　　a．期末商品棚卸高　￥436,000
　　　　　　　　b．貸倒見積高　　売掛金残高の5%と見積もり，貸倒引当金を設定する。
　　　　　　　　c．備品減価償却高　　取得原価￥540,000　残存価額は零（0）　耐用年数は6
　　　　　　　年とし，定額法により計算し，直接法によって記帳している。

精　算　表

令和○年/2月3/日

勘定科目	残 高 試 算 表		整 理 記 入		損 益 計 算 書		貸 借 対 照 表	
	借　方	貸　方	借　方	貸　方	借　方	貸　方	借　方	貸　方
現　　　　金	370,000							
当 座 預 金	932,000							
売 　掛　 金	960,000							
貸 倒 引 当 金		10,000						
繰 越 商 品	465,000							
備　　　　品	540,000							
買 　掛 　金		610,000						
借 　入 　金		200,000						
資 　本 　金		2,000,000						
売　　　　上		1,914,000						
受 取 手 数 料		522,000						
仕　　　　入	1,459,000							
給　　　　料	290,000							
支 払 家 賃	240,000							
当期純（　　　）								

28-5 三重商店（個人企業　決算年/回　/2月3/日）の総勘定元帳勘定残高と決算整理事項は次のとおりであった。よって，精算表を完成しなさい。

元帳勘定残高

現　　　金	¥ 421,000	当 座 預 金	¥1,816,000	売　掛　金	¥2,860,000
貸倒引当金	68,000	繰 越 商 品	736,000	備　　　品	900,000
買　掛　金	1,846,000	借　入　金	460,000	資　本　金	4,000,000
売　　　上	7,144,000	受 取 手 数 料	276,000	仕　　　入	5,140,000
給　　　料	1,027,000	支 払 家 賃	590,000	保　険　料	197,000
雑　　　費	74,000	支 払 利 息	33,000		

決算整理事項

a．期末商品棚卸高　¥724,000
b．貸 倒 見 積 高　売掛金残高の5%と見積もり，貸倒引当金を設定する。
c．備品減価償却高　取得原価¥900,000　残存価額は零(0)　耐用年数は6年とし，定額法により計算し，直接法で記帳している。

精　算　表
令和○年/2月3/日

勘定科目	残 高 試 算 表 借 方	残 高 試 算 表 貸 方	整 理 記 入 借 方	整 理 記 入 貸 方	損 益 計 算 書 借 方	損 益 計 算 書 貸 方	貸 借 対 照 表 借 方	貸 借 対 照 表 貸 方
現　　　金								
当 座 預 金								
売　掛　金								
貸 倒 引 当 金								
繰 越 商 品								
備　　　品								
買　掛　金								
借　入　金								
資　本　金								
売　　　上								
受 取 手 数 料								
仕　　　入								
給　　　料								
支 払 家 賃								
保　険　料								
雑　　　費								
支 払 利 息								
当期純（　　）								

検定問題

28▶6 秋田商店(個人企業 決算年/回 /2月3/日)の決算整理事項は次のとおりであった。よって,

(1) 精算表を完成しなさい。

(2) 消耗品費勘定に必要な記入をおこない,締め切りなさい。ただし,勘定記入は日付・相手科目・金額を示すこと。 【第83回改題】

　決算整理事項

　　a. 期末商品棚卸高　￥860,000

　　b. 貸倒見積高　売掛金残高の2%と見積もり,貸倒引当金を設定する。

　　c. 備品減価償却高　取得原価￥/,/50,000　残存価額は零(0)　耐用年数は5年とし,定額法により計算し,直接法で記帳している。

$$定額法による年間の減価償却費 = \frac{取得原価 - 残存価額}{耐用年数}$$

(1)

精算表

令和○年/2月3/日

勘定科目	残高試算表 借方	残高試算表 貸方	整理記入 借方	整理記入 貸方	損益計算書 借方	損益計算書 貸方	貸借対照表 借方	貸借対照表 貸方
現　　　金	466,000							
当 座 預 金	871,000							
売　掛　金	950,000							
貸 倒 引 当 金		4,000						
繰 越 商 品	834,000							
備　　　品	920,000							
買　掛　金		963,000						
前　受　金		200,000						
資　本　金		2,450,000						
売　　　上		8,207,000						
受 取 手 数 料		3/5,000						
仕　　　入	6,2/0,000							
給　　　料	1,044,000							
支 払 家 賃	570,000							
水 道 光 熱 費	/87,000							
消 耗 品 費	62,000							
雑　　　費	25,000							
	12,/39,000	12,/39,000						

(2) (注意) 勘定には,日付・相手科目・金額を記入し,締め切ること。

消耗品費　　　16

4/21	現　金	24,000	
9/15	現　金	38,000	

28-7 奈良商店(個人企業　決算年/回　/2月3/日)の決算整理事項は次のとおりであった。よって，
(1) 精算表を完成しなさい。
(2) 備品勘定に必要な記入をおこない，締め切りなさい。ただし，勘定記入は，日付・相手科目・金額を示すこと。 第77回改題

決算整理事項
　a．期末商品棚卸高　¥730,000
　b．貸倒見積高　売掛金残高の2%と見積もり，貸倒引当金を設定する。
　c．備品減価償却高　取得原価¥1,200,000　残存価額は零(0)　耐用年数は8年とし，定額法により計算し，直接法で記帳している。

$$定額法による年間の減価償却費 = \frac{取得原価 - 残存価額}{耐用年数}$$

(1)
精算表
令和○年/2月3/日

勘定科目	残高試算表 借方	残高試算表 貸方	整理記入 借方	整理記入 貸方	損益計算書 借方	損益計算書 貸方	貸借対照表 借方	貸借対照表 貸方
現　　　金	1,009,000							
当座預金	1,647,000							
売　掛　金	2,300,000							
貸倒引当金		6,000						
繰越商品	690,000							
備　　　品	750,000							
買　掛　金		2,142,000						
前　受　金		360,000						
資　本　金		3,500,000						
売　　　上		9,400,000						
受取手数料		32,000						
仕　　　入	6,554,000							
給　　　料	1,386,000							
支払家賃	816,000							
水道光熱費	247,000							
雑　　　費	41,000							
	15,440,000	15,440,000						

(2) (注意)　勘定には，日付・相手科目・金額を記入し，締め切ること。

備品　6

1/1 前期繰越	750,000		

28・8 福岡商店（個人企業　決算年/回　/2月3/日）の残高試算表と決算整理事項は次のとおりであった。よって、

残 高 試 算 表
令和○年/2月3/日

借　方	勘定科目	貸　方
850,000	現　　　　金	
1,310,000	当 座 預 金	
600,000	売 掛 金	
	貸倒引当金	9,000
398,000	繰 越 商 品	
1,500,000	備　　　　品	
	買 掛 金	1,183,000
	資 本 金	2,775,000
	売　　　上	5,907,000
	固定資産売却益	102,000
3,539,000	仕　　　入	
1,128,000	給　　　料	
480,000	支 払 家 賃	
132,000	水道光熱費	
24,000	消 耗 品 費	
15,000	雑　　　費	
9,976,000		9,976,000

(1) 精算表を完成しなさい。

(2) 固定資産売却益勘定に必要な記入をおこない、締め切りなさい。ただし、勘定記入は、日付・相手科目・金額を示すこと。 第90回改題

決算整理事項

a. 期末商品棚卸高　¥427,000

b. 貸 倒 見 積 高　売掛金残高の2%と見積もり、貸倒引当金を設定する。

c. 備品減価償却高　取得原価¥2,500,000　残存価額は零（0）　耐用年数は5年とし、定額法により計算し、直接法で記帳している。

$$定額法による年間の減価償却費 = \frac{取得原価 - 残存価額}{耐用年数}$$

(1)

精　算　表
令和○年/2月3/日

勘定科目	残高試算表 借方	残高試算表 貸方	整理記入 借方	整理記入 貸方	損益計算書 借方	損益計算書 貸方	貸借対照表 借方	貸借対照表 貸方
現　　　　金								
当 座 預 金								
売 掛 金								
貸 倒 引 当 金								
繰 越 商 品								
備　　　　品								
買 掛 金								
資 本 金								
売　　　上								
固定資産売却益								
仕　　　入								
給　　　料								
支 払 家 賃								
水 道 光 熱 費								
消 耗 品 費								
雑　　　費								
貸倒引当金繰入								
減 価 償 却 費								
当 期 純 利 益								

(2) （注意）　勘定には、日付・相手科目・金額を記入し、締め切ること。

固定資産売却益　　　　　10

			11/16	当座預金	102,000

28·9 九州商店（個人企業　決算年1回　12月31日）の残高試算表と決算整理事項は，次のとおりであった。よって，

残 高 試 算 表
令和○年12月31日

借　方	勘定科目	貸　方
615,000	現　　　　金	
1,340,000	当 座 預 金	
2,250,000	売 掛 金	
	貸倒引当金	15,000
490,000	繰 越 商 品	
560,000	備　　　　品	
	買 掛 金	1,080,000
	資 本 金	3,800,000
	売　　　　上	
	受取手数料	85,000
5,710,000	仕　　　　入	
1,150,000	給　　　　料	
780,000	支 払 家 賃	
320,000	水道光熱費	
125,000	雑　　　　費	
13,340,000		13,340,000

(1) 精算表を完成しなさい。
(2) 売上勘定に必要な記入をおこない，締め切りなさい。ただし，勘定記入は，日付・相手科目・金額を示すこと。 第58回改題

決算整理事項
a. 期末商品棚卸高　¥520,000
b. 貸 倒 見 積 高　売掛金残高の2%と見積もり，貸倒引当金を設定する。
c. 備品減価償却高　取得原価¥1,400,000　残存価額は取得原価の10%　耐用年数は6年とし，定額法により計算し，直接法で記帳している。

$$\text{定額法による年間}{} \atop \text{の減価償却費} = \frac{\text{取得原価}-\text{残存価額}}{\text{耐用年数}}$$

(1)
精　算　表
令和○年12月31日

勘定科目	残高試算表 借方	残高試算表 貸方	整理記入 借方	整理記入 貸方	損益計算書 借方	損益計算書 貸方	貸借対照表 借方	貸借対照表 貸方
現　　　金								
当 座 預 金								
売 掛 金								
貸倒引当金								
繰 越 商 品								
備　　　品								
買 掛 金								
資 本 金								
売　　　上								
受取手数料								
仕　　　入								
給　　　料								
支 払 家 賃								
水道光熱費								
雑　　　費								

(2)（注意）i 売上勘定の記入は，合計額で示してある。
　　　　ii 勘定には，日付・相手科目・金額を記入し，締め切ること。

売	上	9
105,000		8,465,000

29 帳簿決算

学習の要点

1　帳簿決算の意味

決算のために必要な決算整理仕訳と決算振替仕訳を行い，仕訳帳や総勘定元帳などの会計帳簿を締め切ることを**帳簿決算**という。

2　帳簿決算のあらまし

決算整理事項

a．期末商品棚卸高　¥58,000
b．貸倒見積高　¥4,000
c．備品減価償却高　¥27,000

〈決算整理仕訳〉

	借　方		貸　方	
a	仕　　入	47,000	繰越商品	47,000
	繰越商品	58,000	仕　　入	58,000
b	貸倒引当金繰入	4,000	貸倒引当金	4,000
c	減価償却費	27,000	備　　品	27,000

〈決算振替仕訳〉

借　方		貸　方	
売　　上	357,000	損　　益	357,000
損　　益	323,000	仕　　入	235,000
		給　料	57,000
		貸倒引当金繰入	4,000
		減価償却費	27,000
損　　益	34,000	資　本　金	34,000

現　金　1
| | | 138,000 | 12/31 次期繰越 | 138,000 |

売　掛　金　2
| | | 140,000 | 12/31 次期繰越 | 140,000 |

貸倒引当金　3
12/31 次期繰越	7,000			3,000
		12/31 貸倒引当金繰入	4,000
	7,000		7,000

繰越商品　4
		47,000	12/31 仕　入	47,000
12/31 仕　入	58,000	〃 次期繰越	58,000
	105,000		105,000

備　品　5
		180,000	12/31 減価償却費	27,000
		〃 次期繰越	153,000
	180,000		180,000

買　掛　金　6
| 12/31 次期繰越 | 54,000 | | 54,000 |

資　本　金　7
12/31 次期繰越	428,000		394,000
		12/31 損　益	34,000
	428,000		428,000

売　上　8
| 12/31 損　益 | 357,000 | | 357,000 |

仕　入　9
		246,000	12/31 繰越商品	58,000
12/31 繰越商品	47,000	〃 損　益	235,000
	293,000		293,000

給　料　10
| | | 57,000 | 12/31 損　益 | 57,000 |

貸倒引当金繰入　11
| 12/31 貸倒引当金 | 4,000 | 12/31 損　益 | 4,000 |

減価償却費　12
| 12/31 備　品 | 27,000 | 12/31 損　益 | 27,000 |

損　益　13
12/31 仕　入	235,000	12/31 売　上	357,000
〃 給　料	57,000		
〃 貸倒引当金繰入	4,000		
〃 減価償却費	27,000		
〃 資本金	34,000		
	357,000		357,000

繰越試算表
令和○年12月31日

借　方	勘定科目	貸　方
138,000	現　　金	
140,000	売　掛　金	
	貸倒引当金	7,000
58,000	繰越商品	
153,000	備　　品	
	買　掛　金	54,000
	資　本　金	428,000
489,000		489,000

29-1 静岡商店（個人企業　決算年/回　/2月3/日）の次の決算整理事項により，決算整理仕訳と決算振替仕訳を行い，総勘定元帳に転記して締め切りなさい。ただし，日付・相手科目・金額を記入すること。

　　決算整理事項
　　　a. 期末商品棚卸高　¥250,000
　　　b. 貸倒見積高　売掛金残高の5％と見積もり，貸倒引当金を設定する。
　　　c. 備品減価償却高　¥84,000（直接法）

〈決算整理仕訳〉

	借　　方	貸　　方
a		
b		
c		

〈決算振替仕訳〉

	借　　方	貸　　方
収益の振替		
費用の振替		
純損益の振替		

現　　　金　　　1	
378,000	

売　　掛　　金　　　2	
520,000	

貸 倒 引 当 金　　　3	
	4,000

繰　越　商　品　　　4	
230,000	

備　　　品　　　5	
560,000	

買　　掛　　金　　　6	
	554,000

資　　本　　金　　　7	
	872,000

売　　　上　　　8	
	1,636,000

仕　　　入　　　9	
1,168,000	

給　　　料　　　10	
210,000	

損　　　益　　　13	

貸倒引当金繰入　　　11	

減 価 償 却 費　　　12	

29・2 長野商店（個人企業　決算年/回　/2月3/日）の決算整理事項は次のとおりであった。よって，

(1) 決算整理仕訳と決算振替仕訳を行い，総勘定元帳に転記して締め切りなさい。

(2) 繰越試算表を完成しなさい。

　　ただし，勘定には日付・相手勘定科目・金額を記入すること。

　　決算整理事項
　　　a．期末商品棚卸高　¥220,000
　　　b．貸倒見積高　売掛金残高の5％と見積もり，貸倒引当金を設定する。
　　　c．備品減価償却高　取得原価¥300,000　残存価額は取得原価の/0％　耐用年数は6年とし，定額法による。（直接法）

(1) 〈決算整理仕訳〉

	借　　方	貸　　方
a		
b		
c		

〈決算振替仕訳〉

	借　　方	貸　　方
収益の振替		
費用の振替		
純損益の振替		

	現　金	1	
	160,000		

	当座預金	2	
	475,000		

	売掛金	3	
	480,000		

	貸倒引当金	4	
			11,000

繰 越 商 品	5
205,000	

備 品	6
210,000	

買 掛 金	7
	351,000

借 入 金	8
	150,000

資 本 金	9
	860,000

売 上	10
	2,187,000

受 取 手 数 料	11
	51,000

仕 入	12
1,563,000	

給 料	13
312,000	

貸倒引当金繰入	14

減 価 償 却 費	15

損 益	18

支 払 家 賃	16
194,000	

支 払 利 息	17
11,000	

(2)

繰 越 試 算 表
令和○年12月31日

借 方	勘 定 科 目	貸 方
	現 金	
	当 座 預 金	
	売 掛 金	
	貸 倒 引 当 金	
	繰 越 商 品	
	備 品	
	買 掛 金	
	借 入 金	
	資 本 金	

総合問題 3

3-1 関東商店（個人企業　決算年1回　12月31日）の総勘定元帳と決算整理事項は，次のとおりであった。よって，

(1)　a．決算整理仕訳を示しなさい。

　　b．収益・費用の各勘定の残高を損益勘定に振り替える仕訳を示しなさい。

　　c．当期純損益を資本金勘定に振り替える仕訳を示しなさい。

(2)　貸倒引当金勘定・損益勘定に必要な記入を行い，締め切りなさい。ただし，日付・相手科目・金額を記入すること。

総勘定元帳　　（注）　総勘定元帳の記録は合計額で示してある。

現　　金 1	当座預金 2	売　掛　金 3	貸倒引当金 4
2,520,000 | 2,130,000	5,480,000 | 3,140,000	6,580,000 | 4,680,000	| 35,000

繰越商品 5	備　　品 6	買　掛　金 7	資　本　金 8
690,000 |	640,000 |	3,266,000 | 4,825,000	| 4,000,000

売　　上 9	受取手数料 10	仕　　入 11	給　　料 12
50,000 | 7,835,000	| 75,000	5,940,000 |	1,080,000 |

支払家賃 13	雑　　費 14
420,000 |	54,000 |

決算整理事項

①　期末商品棚卸高　　￥730,000

②　貸倒見積高　　売掛金残高の5％と見積もり，貸倒引当金を設定する。

③　備品減価償却高　　取得原価￥800,000　残存価額は零（0）　耐用年数は10年とし，定額法による。（直接法）

(1)　a．

	借　　　方	貸　　　方
①		
②		
③		

c．

借　　　方	貸　　　方

b．

借　　　方	貸　　　方

(2)　　　　　貸 倒 引 当 金　　　4

	35,000

損　　　　　益　　　18

3-2 東京商店（個人企業　決算年1回　12月31日）の総勘定元帳と決算整理事項は，次のとおりであった。よって，

(1) 精算表を完成しなさい。

(2) 繰越商品勘定・支払家賃勘定に必要な記入を行い，締め切りなさい。ただし，日付・相手科目・金額を記入すること。

総勘定元帳　（注）総勘定元帳の記録は合計額で示してある。

現　金 1	当座預金 2	売掛金 3	貸倒引当金 4
2,705,000 | 2,330,000	7,180,000 | 4,350,000	6,860,000 | 3,880,000	| 47,000

繰越商品 5	備品 6	買掛金 7	借入金 8
920,000 |	360,000 |	2,952,000 | 4,980,000	| 550,000

資本金 9	売上 10	受取手数料 11	仕入 12
| 4,000,000	150,000 | 8,910,000	| 139,000	6,346,000 | 110,000

給料 13	支払家賃 14	消耗品費 15	雑費 16
1,210,000 |	360,000 |	118,000 |	78,000 |

支払利息 17
57,000 |

決算整理事項

a. 期末商品棚卸高　¥950,000

b. 貸倒見積高　売掛金残高の5％と見積もり，貸倒引当金を設定する。

c. 備品減価償却高　取得原価¥480,000　残存価額は零(0)　耐用年数は8年とし，定額法による。（直接法）

(1)
精算表
令和○年12月31日

勘定科目	残高試算表 借方	残高試算表 貸方	整理記入 借方	整理記入 貸方	損益計算書 借方	損益計算書 貸方	貸借対照表 借方	貸借対照表 貸方
現　金								
当座預金								
売掛金								
貸倒引当金								
繰越商品								
備品								
買掛金								
借入金								
資本金								
売上								
受取手数料								
仕入								
給料								
支払家賃								
消耗品費								
雑費								
支払利息								

(2)

繰越商品 5	
1/1 前期繰越 920,000	

支払家賃 14	
1/1 当座預金 180,000	
7/1 現金 180,000	

30 損益計算書(1)

学習の要点

1　損益計算書

損益計算書は一会計期間に発生したすべての収益と費用を記載し，その差額として当期純利益（または当期純損失）を示すことにより，企業の**経営成績**を明らかにする報告書である。

2　損益計算書の作成

損益計算書は決算整理後の収益・費用の各勘定の残高や損益勘定などをもとに作成する。

例　損益勘定と損益計算書の比較

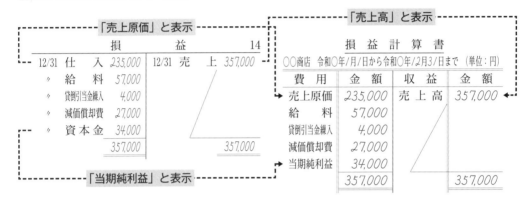

30-1 福井商店（個人企業　決算年1回　12月31日）の決算整理後の収益・費用の各勘定残高から損益計算書を完成しなさい。

売　　上 ¥1,428,000	受取手数料 ¥ 55,000	仕　　入 ¥1,028,000
給　　料 215,000	支払家賃 120,000	貸倒引当金繰入 16,000
減価償却費 40,000	消耗品費 14,000	支払利息 8,000

損　益　計　算　書

福井商店　　　令和○年（　）月（　）日から令和○年（　）月（　）日まで　　　（単位：円）

費　　　　用	金　　額	収　　　益	金　　額
（　　　　　）		（　　　　　）	
給　　　　料		受　取　手　数　料	
支　払　家　賃			
貸　倒　引　当　金　繰　入			
減　価　償　却　費			
消　耗　品　費			
支　払　利　息			
（　　　　　）			

30▶2 金沢商店（個人企業　決算年/回　/2月3/日）の損益勘定から，損益計算書を完成しなさい。

	損	益	14
12/31 仕　入	2,055,000	12/31 売　上	2,730,000
〃 給　料	3/4,000	〃 受取手数料	/4,000
〃 貸倒引当金繰入	7,000		
〃 減価償却費	27,000		
〃 支払家賃	75,000		
〃 保険料	6,000		
〃 雑　費	39,000		
〃 支払利息	9,000		
〃 資本金	2/2,000		
	2,744,000		2,744,000

損 益 計 算 書

金沢商店　令和○年/月/日から令和○年/2月3/日まで　（単位：円）

費　用	金　額	収　益	金　額

30▶3 高岡商店（個人企業　決算年/回　/2月3/日）の総勘定元帳勘定残高と決算整理事項は次のとおりであった。よって，

(1) 決算整理仕訳を示しなさい。

(2) 損益計算書を完成しなさい。

元帳勘定残高

現　　　金	¥ /45,000	当 座 預 金	¥ 684,000	売 掛 金	¥ 640,000
貸倒引当金	10,000	繰 越 商 品	3/0,000	備　　品	360,000
買 掛 金	4/2,000	借 入 金	//8,000	資 本 金	1,300,000
売　　　上	1,273,000	受取手数料	347,000	仕　　入	965,000
給　　　料	/95,000	支 払 家 賃	/58,000	支 払 利 息	3,000

決算整理事項

　a．期末商品棚卸高　¥290,000

　b．貸 倒 見 積 高　売掛金残高の5％と見積もり，貸倒引当金を設定する。

　c．備品減価償却高　取得原価¥360,000　残存価額は取得原価の/0％　耐用年数は6年とし，定額法により計算し，直接法で記帳している。

(1) 決算整理仕訳

	借　　　方	貸　　　方
a		
b		
c		

(2) 損 益 計 算 書

高岡商店　令和○年/月/日から令和○年/2月3/日まで　（単位：円）

費　用	金　額	収　益	金　額

30・4 富山商店（個人企業　決算年/回　/2月3/日）の総勘定元帳勘定残高と決算整理事項は次のとおりであった。よって，

(1) 決算整理仕訳を示しなさい。

(2) 損益計算書を完成しなさい。

元帳勘定残高

現　　　金	¥ 190,000	当座預金	¥1,215,000	売　掛　金	¥ 560,000
貸倒引当金	7,000	繰越商品	208,000	備　　　品	600,000
買　掛　金	520,000	借　入　金	413,000	資　本　金	1,517,000
売　　　上	3,640,000	受取手数料	55,000	仕　　　入	2,208,000
給　　　料	768,000	広　告　料	25,000	支 払 家 賃	228,000
雑　　　費	136,000	支 払 利 息	14,000		

決算整理事項

　a. 期末商品棚卸高　¥220,000

　b. 貸 倒 見 積 高　売掛金残高の5％と見積もり，貸倒引当金を設定する。

　c. 備品減価償却高　取得原価¥800,000　残存価額は零(0)　耐用年数は8年とし，定額法により計算し，直接法で記帳している。

(1) 決算整理仕訳

	借　　　　方	貸　　　　方
a		
b		
c		

(2)

損　益　計　算　書

富山商店　　　　令和○年(　)月(　)日から令和○年(　)月(　)日まで　　　（単位：円）

費　　　用	金　　額	収　　　益	金　　額

検定問題

30·5 四国商店（個人企業　決算年/回　/2月3/日）の総勘定元帳勘定残高と決算整理事項は，次のとおりであった。よって，
(1) 決算整理仕訳を示しなさい。
(2) 資本金勘定を完成しなさい。なお，損益勘定から資本金勘定に振り替える当期純利益の金額は¥202,000である。
(3) 損益計算書を完成しなさい。　　　　　　　　　　　　　　　　　　　　　第89回改題

元帳勘定残高

現　　金	¥ 263,000	当座預金	¥1,467,000	売 掛 金	¥1,300,000
貸倒引当金	2,000	繰越商品	600,000	貸 付 金	1,600,000
備　　品	900,000	買 掛 金	2,632,000	前 受 金	146,000
資 本 金	2,934,000	売　　上	10,600,000	受 取 利 息	32,000
仕　　入	6,390,000	給　　料	2,070,000	支 払 家 賃	1,440,000
広 告 料	123,000	通 信 費	96,000	消 耗 品 費	58,000
雑　　費	39,000				

決算整理事項

a．期末商品棚卸高　¥560,000
b．貸倒見積高　売掛金残高の2%と見積もり，貸倒引当金を設定する。
c．備品減価償却高　取得原価¥1,200,000　残存価額は零(0)　耐用年数8年とし，定額法により計算し，直接法で記帳している。

$$定額法による年間の減価償却費 = \frac{取得原価 - 残存価額}{耐用年数}$$

(1)

	借　　方	貸　　方
a		
b		
c		

(2)

	資　　本　　金			10
12/31 ( )	( )	1/1 前期繰越	2,934,000	
		12/31 ( )	( )	
( )		( )		

(3)
損　益　計　算　書

四国商店　　　　令和○年/月/日から令和○年/2月3/日まで　　　　　（単位：円）

費　　　用	金　　額	収　　　益	金　　額
売 上 原 価		( )	
給　　　料		受 取 利 息	
( )			
( )			
支 払 家 賃			
広 告 料			
通 信 費			
消 耗 品 費			
雑　　　費			
当 期 純 利 益			

30-6 東北商店（個人企業　決算年1回　12月31日）の総勘定元帳勘定残高と決算整理事項は，次のとおりであった。よって，

(1) 決算整理仕訳を示しなさい。

(2) 備品勘定および支払利息勘定に必要な記入をおこない，締め切りなさい。ただし，勘定記入は日付・相手科目・金額を示すこと。

(3) 損益計算書を完成しなさい。　　　　　　　　　　　　第92回改題

元帳勘定残高

現　　　金	¥1,597,000	当座預金	¥1,615,000	売　掛　金	¥2,850,000
貸倒引当金	3,000	繰越商品	590,000	備　　　品	534,000
買　掛　金	1,731,000	借　入　金	1,500,000	資　本　金	3,412,000
売　　　上	9,847,000	受取手数料	28,000	仕　　　入	6,307,000
給　　　料	1,968,000	支払家賃	912,000	通　信　費	84,000
消耗品費	37,000	雑　　　費	9,000	支払利息	18,000

決算整理事項

a．期末商品棚卸高　¥610,000

b．貸倒見積高　売掛金残高の2%と見積もり，貸倒引当金を設定する。

c．備品減価償却高　取得原価¥890,000　残存価額は零(0)　耐用年数は5年とし，定額法により計算し，直接法で記帳している。

$$\text{定額法による年間の減価償却費} = \frac{\text{取得原価} - \text{残存価額}}{\text{耐用年数}}$$

(1)

	借　　方	貸　　方
a		
b		
c		

(2) （注意）勘定には，日付・相手科目・金額を記入し，締め切ること。

備　　品　　　6

1/1	前期繰越	534,000	

支　払　利　息　　　18

6/30	現　金	9,000	
12/31	現　金	9,000	

(3)

損　益　計　算　書

東北商店　　　　令和○年1月1日から令和○年12月31日まで　　　　（単位：円）

費　　　用	金　　額	収　　　益	金　　額
売　上　原　価		（　　　　　　）	
給　　　　料		受　取　手　数　料	
（　　　　　　）			
（　　　　　　）			
支　払　家　賃			
通　信　費			
消　耗　品　費			
雑　　　　費			
支　払　利　息			
（　　　　　　）			

30・7 北海道商店（個人企業　決算年/回　/2月3/日）の総勘定元帳勘定残高と決算整理事項は，次のとおりであった。よって，

(1) 決算整理仕訳を示しなさい。

(2) 備品勘定に必要な記入をおこない，締め切りなさい。ただし，勘定記入は日付・相手科目・金額を示すこと。

(3) 損益計算書を完成しなさい。　　　　　　　　　　　　　　　　　　第88回改題

元帳勘定残高

現　　　金	¥ 6/0,000	当座預金	¥/,/75,000	売　掛　金	¥2,300,000
貸倒引当金	6,000	繰越商品	740,000	前　払　金	/96,000
備　　　品	870,000	買　掛　金	2,246,000	資　本　金	3,/30,000
売　　　上	9,4/3,000	受取手数料	89,000	仕　　　入	6,090,000
給　　　料	/,662,000	支払家賃	924,000	水道光熱費	276,000
雑　　　費	4/,000				

決算整理事項

a．期末商品棚卸高　¥680,000

b．貸倒見積高　売掛金残高の2%と見積もり，貸倒引当金を設定する。

c．備品減価償却高　取得原価¥/,/60,000　残存価額は零(0)　耐用年数は8年とし，定額法により計算し，直接法で記帳している。

$$定額法による年間の減価償却費 = \frac{取得原価 - 残存価額}{耐用年数}$$

(1)

	借　　方	貸　　方
a		
b		
c		

(2) （注意）　勘定には，日付・相手科目・金額を記入し，締め切ること。

備　　品　　　　7

1/1 前期繰越 870,000	

(3)
損　益　計　算　書

北海道商店　　　令和○年/月/日から令和○年/2月3/日まで　　　（単位：円）

費　　用	金　額	収　益	金　額
売　上　原　価		売　上　高	
給　　料		受　取　手　数　料	
（　　　　）			
（　　　　）			
支　払　家　賃			
水　道　光　熱　費			
雑　　費			
（　　　　）			

31 貸借対照表(1)

1 貸借対照表

　貸借対照表は会計期末における資産・負債および資本の内容を記載して，企業の**財政状態**を明らかにする報告書である。

2 貸借対照表の作成

　貸借対照表は決算整理後の資産・負債・資本の各勘定の残高や繰越試算表などをもとに作成する。

例 繰越試算表と貸借対照表の比較

売掛金から控除する形式で表示

繰 越 試 算 表
令和○年/2月3/日

借　方	勘定科目	貸　方
138,000	現　　金	
140,000	売 掛 金	
	貸倒引当金	7,000
58,000	繰越商品	
153,000	備　　品	
	買 掛 金	54,000
	資 本 金	428,000
489,000		489,000

貸 借 対 照 表
○○商店　　令和○年/2月3/日　　（単位：円）

資　　　産	金　額	負債および純資産	金　額
現　金	138,000	買 掛 金	54,000
売掛金 140,000		資 本 金	400,000
貸倒引当金 7,000	133,000	当期純利益	28,000
商　品	58,000		
備　品	153,000		
	482,000		482,000

「商品」と表示

期首の「資本金」と「当期純利益」に分けて表示

31-1 小松商店（個人企業　決算年/回　/2月3/日）の決算振替仕訳後の資産・負債および資本の各勘定残高から貸借対照表を完成しなさい。（なお，期首の資本金は¥800,000である。）

現　　　金	¥142,000	当座預金	¥317,000	売 掛 金	¥420,000
貸倒引当金	21,000	繰越商品	130,000	備　　品	315,000
買 掛 金	324,000	借 入 金	84,000	資 本 金	895,000

貸 借 対 照 表

小 松 商 店　　　　　　　令和○年（　　）月（　　　）日　　　　　　（単位：円）

資　　　　　産	金　　額	負債および純資産	金　　額
現　　金		買 　掛 　金	
当 座 預 金		借 　入 　金	
売 掛 金（　　　　　）		資 　本 　金	
貸倒引当金（　　　　　）		（　　　　　　　）	
（　　　　　）			
備　　　品			

31-2 敦賀商店（個人企業　決算年/回　/2月3/日）の次の繰越試算表から，貸借対照表を完成しなさい。なお，期首の資本金は￥/,000,000である。

繰 越 試 算 表
令和○年/2月3/日

借　方	勘定科目	貸　方
//4,000	現　　　金	
362,000	当 座 預 金	
560,000	売 掛 金	
	貸倒引当金	28,000
/46,000	繰 越 商 品	
595,000	備　　　品	
	買 掛 金	462,000
	借 入 金	/35,000
	資 本 金	/,/52,000
/,777,000		/,777,000

貸 借 対 照 表
敦賀商店　令和○年/2月3/日　（単位：円）

資　産	金　額	負債および純資産	金　額

31-3 加賀商店（個人企業　決算年/回　/2月3/日）の総勘定元帳勘定残高と決算整理事項は次のとおりであった。よって，

(1) 決算整理仕訳を示しなさい。

(2) 貸借対照表を完成しなさい。

元帳勘定残高

現　　金	￥ /58,000	当 座 預 金	￥ 57/,000	売 掛 金	￥ 540,000
貸倒引当金	5,000	繰 越 商 品	2/4,000	備　品	560,000
買 掛 金	487,000	借 入 金	/50,000	資 本 金	/,000,000
売　　上	2,598,000	受取手数料	/45,000	仕　入	/,896,000
給　　料	345,000	支 払 家 賃	90,000	支 払 利 息	//,000

決算整理事項

a．期末商品棚卸高　￥230,000

b．貸 倒 見 積 高　売掛金残高の5％と見積もり，貸倒引当金を設定する。

c．備品減価償却高　取得原価￥560,000　残存価額は零(0)　耐用年数は8年とし，定額法により計算し，直接法で記帳している。

(1) 決算整理仕訳

	借　　方	貸　　方
a		
b		
c		

(2) 貸 借 対 照 表
加賀商店　令和○年/2月3/日　（単位：円）

資　産	金　額	負債および純資産	金　額

31-4 黒部商店（個人企業　決算年/回　/2月3/日）の総勘定元帳勘定残高と決算整理事項は次のとおりであった。よって，

(1) 決算整理仕訳を示しなさい。

(2) 貸借対照表を完成しなさい。

元帳勘定残高

現　　　　金	¥ /92,000	当座預金	¥ 748,000	売　掛　金	¥ 740,000
貸倒引当金	/6,000	繰越商品	228,000	備　　　品	400,000
買　掛　金	685,000	借　入　金	220,000	資　本　金	/,260,000
売　　　上	3,450,000	受取手数料	88,000	仕　　　入	2,530,000
給　　　料	576,000	支払家賃	273,000	雑　　　費	24,000
支払利息	8,000				

決算整理事項

　a．期末商品棚卸高　¥246,000

　b．貸倒見積高　売掛金残高の5％と見積もり，貸倒引当金を設定する。

　c．備品減価償却高　取得原価¥640,000　残存価額は零(0)　耐用年数は8年とし，定額法により計算し，直接法で記帳している。

(1) 決算整理仕訳

	借　　　　方	貸　　　　方
a		
b		
c		

(2)

貸　借　対　照　表

黒部商店　　　　　　　令和○年/2月3/日　　　　　　　（単位：円）

資　　　産	金　　額	負債および純資産	金　　額
(　　　　　)			
(　　　　　)			

検定問題

31-5 北陸商店（個人企業 決算年/回 /2月3/日）の総勘定元帳勘定残高と決算整理事項は, 次のとおりであった。よって,
⑴ 決算整理仕訳を示しなさい。
⑵ 売上勘定に必要な記入をおこない, 締め切りなさい。ただし, 勘定記入は, 日付・相手科目・ 金額を示すこと。
⑶ 貸借対照表を完成しなさい。　第91回改題

元帳勘定残高

現　　　金	¥ 782,000	当座預金	¥1,436,000	売 掛 金	¥1,850,000
貸倒引当金	6,000	繰越商品	820,000	貸 付 金	1,600,000
備　　　品	675,000	買 掛 金	1,480,000	前 受 金	230,000
資 本 金	4,520,000	売　　　上	9,572,000	受取利息	32,000
仕　　　入	6,935,000	給　　　料	1,320,000	支払家賃	240,000
消耗品費	72,000	雑　　　費	110,000		

決算整理事項
a. 期末商品棚卸高　¥740,000
b. 貸 倒 見 積 高　売掛金残高の2%と見積もり, 貸倒引当金を設定する。
c. 備品減価償却高　取得原価¥1,350,000　残存価額は零（0）　耐用年数は6年とし, 定額 法により計算し, 直接法で記帳している。

$$\text{定額法による年間の減価償却費} = \frac{\text{取得原価} - \text{残存価額}}{\text{耐用年数}}$$

⑴

	借　　　方	貸　　　方
a		
b		
c		

⑵ （注意） 勘定には, 日付・相手科目・金額を 記入し, 締め切ること。

売		上	11
129,000		9,701,000	

⑶

貸　借　対　照　表

北 陸 商 店　　　　　　令和○年/2月3/日　　　　　　（単位：円）

資　　　　　産	金　額	負債および純資産	金　額
現　　　金		買 掛 金	
当 座 預 金		（　　　　　）	
売 掛 金（　　）		資 本 金	
貸倒引当金（　　）		（　　　　　）	
（　　　　）			
貸 付 金			
備　　　品			

31-6　九州商店（個人企業　決算年/回　/2月3/日）の総勘定元帳勘定残高と決算整理事項は，次のとおりであった。よって，

(1)　決算整理仕訳を示しなさい。

(2)　広告料勘定に必要な記入をおこない，締め切りなさい。ただし，勘定記入は，日付・相手科目・金額を示すこと。

(3)　貸借対照表を完成しなさい。　　　　　　　　　　　　　　　　　　第87回改題

元帳勘定残高

現　　　金	¥ 698,000	当 座 預 金	¥/,726,000	売　掛　金	¥/,500,000
貸倒引当金	4,000	繰 越 商 品	870,000	貸　付　金	1,300,000
備　　　品	1,000,000	買　掛　金	2,369,000	前　受　金	150,000
資　本　金	3,920,000	売　　　上	9,800,000	受 取 利 息	41,000
仕　　　入	5,860,000	給　　　料	2,760,000	広　告　料	59,000
支 払 家 賃	432,000	消 耗 品 費	64,000	雑　　　費	15,000

決算整理事項

　a．期末商品棚卸高　¥640,000

　b．貸倒見積高　売掛金残高の2%と見積もり，貸倒引当金を設定する。

　c．備品減価償却高　取得原価¥/,200,000　残存価額は零（0）　耐用年数6年とし，定額法により計算し，直接法で記帳している。

$$定額法による年間の減価償却費 = \frac{取得原価 - 残存価額}{耐用年数}$$

(1)

	借　　方	貸　　方
a		
b		
c		

(2)　（注意）　勘定には，日付・相手科目・金額を記入し，締め切ること。

広　告　料　　　　15

3/30 現　金	29,000	
9/28 現　金	30,000	

(3)

貸　借　対　照　表

九 州 商 店　　　　令和○年/2月3/日　　　　　　（単位：円）

資　　　産	金　額	負債および純資産	金　額
現　　　金		買　掛　金	
当 座 預 金		（　　　　　）	
売　掛　金　（　　　）		資　本　金	
貸倒引当金（　　　）		（　　　　　）	
（　　　　　）			
貸　付　金			
備　　　品			

31-7 中部商店（個人企業　決算年/回　/2月3/日）の総勘定元帳勘定残高と決算整理事項は, 次のとおりであった。よって,

(1) 決算整理仕訳を示しなさい。

(2) 給料勘定に必要な記入をおこない, 締め切りなさい。ただし, 勘定記入は日付・相手科目・金額を示すこと。

(3) 貸借対照表を完成しなさい。　【第84回改題】

元帳勘定残高

現　　　金	¥ 505,000	当座預金	¥1,529,000	売　掛　金	¥1,300,000
貸倒引当金	5,000	繰越商品	623,000	貸　付　金	600,000
備　　　品	1,190,000	買　掛　金	1,610,000	前　受　金	300,000
資　本　金	3,318,000	売　　　上	9,340,000	受取利息	24,000
仕　　　入	6,150,000	給　　　料	1,620,000	支払家賃	732,000
保　険　料	264,000	消耗品費	57,000	雑　　　費	27,000

決算整理事項

a. 期末商品棚卸高　¥702,000

b. 貸倒見積高　売掛金残高の3%と見積もり, 貸倒引当金を設定する。

c. 備品減価償却高　取得原価¥1,360,000　残存価額は零（0）　耐用年数は8年とし, 定額法により計算し, 直接法で記帳している。

$$定額法による年間の減価償却費 = \frac{取得原価 - 残存価額}{耐用年数}$$

(1)

	借　　　方	貸　　　方
a		
b		
c		

(2) （注意）ⅰ　給料勘定の記録は, 合計額で示している。

　　　　　ⅱ　勘定には, 日付・相手科目・金額を記入し, 締め切ること。

給　　　料　　　　　　　14	
1,620,000	

(3)

貸　借　対　照　表

中部商店　　　　　令和○年/2月3/日　　　　　　　（単位：円）

資　　　　　産	金　　額	負債および純資産	金　　額
現　　　金		買　掛　金	
当座預金		（　　　　　）	
売　掛　金（　　　）		資　本　金	
貸倒引当金（　　　）		（　　　　　）	
（　　　　　）			
（　　　　　）			
備　　　品			

総合問題 **4**

4-1 所沢商店（個人企業　決算年1回　12月31日）の決算整理事項は次のとおりであった。よって，

(1) 決算整理仕訳・決算振替仕訳を行い，総勘定元帳に転記して締め切りなさい。ただし，日付・相手科目・金額を記入すること。

(2) 繰越試算表を完成しなさい。

(3) 損益計算書および貸借対照表を完成しなさい。

決算整理事項

a. 期末商品棚卸高　¥496,000

b. 貸倒見積高　売掛金残高の5％と見積もり，貸倒引当金を設定する。

c. 備品減価償却高　取得原価¥600,000　残存価額は零（0）　耐用年数は8年とし，定額法により計算し，直接法で記帳している。

(1) 決算整理仕訳

	借　　方	貸　　方
a		
b		
c		

決算振替仕訳

	借　　方	貸　　方
収益の振替		
費用の振替		
純損益の振替		

現　　　　金　　　　1	
240,000	

当　座　預　金　　　2	
1,187,000	

売　　掛　　金　　　3	
1,200,000	

貸　倒　引　当　金　4	
	27,000

繰　越　商　品　　　5	
512,000	

備　　　　品　　　　6	
525,000	

買　　掛　　金　　　7	
	877,000

借　　入　　金　　　8	
	342,000

資　　本　　金　　　9	
	2,110,000

売　　　　上　　　10	
	5,605,000

受 取 手 数 料	11
	127,000

仕 入	12
3,907,000	

給 料	13
780,000	

広 告 料	14
216,000	

貸倒引当金繰入	15

減 価 償 却 費	16

支 払 家 賃	17
485,000	

支 払 利 息	18
36,000	

損 益	19

(2)　　　繰 越 試 算 表
令和○年12月31日

借 方	勘 定 科 目	貸 方
	現 金	
	当 座 預 金	
	売 掛 金	
	貸 倒 引 当 金	
	繰 越 商 品	
	備 品	
	買 掛 金	
	借 入 金	
	資 本 金	

(3)　　　損 益 計 算 書
所沢商店　令和○年1月1日から令和○年12月31日まで　（単位：円）

費 用	金 額	収 益	金 額

貸 借 対 照 表
所沢商店　　令和○年12月31日　　（単位：円）

資 産	金 額	負債および純資産	金 額

32 入金伝票・出金伝票・振替伝票

学習の要点

1 伝 票

伝票❶は，取引の内容を伝達するために一定の大きさと形式を備えた紙片で，仕訳帳のかわりに用いられる。また，伝票を作成することを起票という。

2 3伝票制

取引は，**入金伝票❷・出金伝票❸・振替伝票❹**の3種類の伝票を用いて記録する。現金の収入をともなう取引（入金取引）は入金伝票に，現金の支出をともなう取引（出金取引）は出金伝票に，現金の収支をともなわない取引（振替取引）は振替伝票に記入する。

3 入金伝票

入金取引は，借方「現金」と仕訳する取引であるので，入金伝票には，借方の「現金」は記入しないで，相手勘定科目である貸方の勘定科目だけを科目欄に記入する。

例1 入金伝票の記入 1/24 大阪商店に次のとおり商品を売り渡し，代金は現金で受け取った。（伝票番号 No.5）

A品 70個 @¥600 ¥42,000

（借）現 金 42,000 （貸）売 上 42,000

借方に「現金」が仕訳されたら，入金伝票に記入する

入 金 伝 票		
令和○年/月24日 No.5		
科目 売 上	入金先	大阪商店殿
摘 要	金	額
A品 70個 @¥600	42	000
合 計	42	000

4 出金伝票

出金取引は，貸方「現金」と仕訳する取引であるので，出金伝票には，貸方の「現金」は記入しないで，相手勘定科目である借方の勘定科目だけを科目欄に記入する。

例2 出金伝票の記入 1/24 奈良商店から次のとおり商品を仕入れ，代金は現金で支払った。（伝票番号 No.12）

B品 60個 @¥500 ¥30,000

（借）仕 入 30,000 （貸）現 金 30,000

貸方に「現金」が仕訳されたら，出金伝票に記入する

出 金 伝 票		
令和○年/月24日 No.12		
科目 仕 入	支払先	奈良商店殿
摘 要	金	額
B品 60個 @¥500	30	000
合 計	30	000

5 振替伝票

現金の収支をともなわない振替取引は，振替伝票に仕訳の形式で記入する。

例3 振替伝票の記入 1/24 京都商店に対する買掛金¥200,000を，小切手#302を振り出して支払った。（伝票番号 No.17）

（借）買 掛 金 200,000 （貸）当座預金 200,000

振 替 伝 票				
令和○年/月24日 No.17				
勘 定 科 目	借 方	勘 定 科 目	貸 方	
買 掛 金	200000	当 座 預 金	200000	
合 計	200000	合 計	200000	
摘要 京都商店 小切手#302振り出し				

❶slip ❷receipt slip ❸payment slip ❹transfer slip

32-1 次の取引を下記の伝票に記入しなさい。ただし，商品に関する勘定は3分法によること。

7月/2日 神戸商店に次のとおり商品を売り渡し，代金は現金で受け取った。（伝票番号 No.7）

C 品 800個 @¥300 ¥240,000

/6日 大津商店から次のとおり商品を仕入れ，代金は現金で支払った。（伝票番号 No.9）

D 品 500個 @¥400 ¥200,000

/9日 梅田商店に対する買掛金¥160,000を，小切手#/9を振り出して支払った。

（伝票番号 No./3）

入 金 伝 票			出 金 伝 票		
令和○年 月 日 No.			令和○年 月 日 No.		
科目	入金先 殿		科目	支払先 殿	
摘 要	金 額		摘 要	金 額	
合 計			合 計		

振 替 伝 票					
令和○年 月 日 No.					
勘 定 科 目	借 方	勘 定 科 目	貸 方		
合 計		合 計			
摘要					

32-2 次の取引を入金伝票・出金伝票・振替伝票のうち，必要な伝票に記入しなさい。

/0月22日 宇治商店に対する売掛金¥300,000を同店振り出しの小切手#5で受け取った。

（伝票番号 No.7）

26日 桜井商店に対する買掛金¥400,000を現金で支払った。（伝票番号 No.2/）

30日 西宮商店に対する売掛金の回収として，同店振り出しの小切手#8 ¥250,000を受け取り，ただちに当座預金に預け入れた。（伝票番号 No./4）

入 金 伝 票			出 金 伝 票		
令和○年 月 日 No.			令和○年 月 日 No.		
科目	入金先 殿		科目	支払先 殿	
摘 要	金 額		摘 要	金 額	
合 計			合 計		

振 替 伝 票					
令和○年 月 日 No.					
勘 定 科 目	借 方	勘 定 科 目	貸 方		
合 計		合 計			
摘要					

32-3 次の取引を入金伝票・出金伝票・振替伝票のうち，必要な伝票に記入しなさい。

2月 3日 彦根郵便局で郵便切手¥4,300を買い入れ，代金は現金で支払った。(伝票番号No.21)

8日 天理商店から商品陳列ケース¥580,000を買い入れ，代金は小切手#12を振り出して支払った。(伝票番号No.15)

14日 商品売買の仲介をおこない，山口商店から手数料として現金¥33,000を受け取った。

(伝票番号No.19)

16日 福岡商店に対する買掛金¥300,000を現金で支払った。(伝票番号No.22)

19日 奈良商店から貸付金の利息¥3,000を，現金で受け取った。(伝票番号No.20)

25日 横浜銀行に定期預金として小切手#7 ¥500,000を振り出して預け入れた。

(伝票番号No.16)

入 金 伝 票 令和○年 月 日 No.____		
科目	入金先	殿
摘 要	金	額
合 計		

出 金 伝 票 令和○年 月 日 No.____		
科目	支払先	殿
摘 要	金	額
合 計		

入 金 伝 票 令和○年 月 日 No.____		
科目	入金先	殿
摘 要	金	額
合 計		

出 金 伝 票 令和○年 月 日 No.____		
科目	支払先	殿
摘 要	金	額
合 計		

振 替 伝 票 令和○年 月 日 No.____			
勘 定 科 目	借 方	勘 定 科 目	貸 方
合 計		合 計	
摘要			

振 替 伝 票 令和○年 月 日 No.____			
勘 定 科 目	借 方	勘 定 科 目	貸 方
合 計		合 計	
摘要			

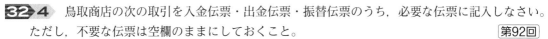

検定問題

32-4 鳥取商店の次の取引を入金伝票・出金伝票・振替伝票のうち，必要な伝票に記入しなさい。
ただし，不要な伝票は空欄のままにしておくこと。 第92回

取　　　引

6月19日　商品売買の仲介をおこない，広島商店から手数料として¥23,000を受け取った。
(伝票番号　No.17)

〃日　全商銀行に定期預金として小切手#5　¥800,000を振り出して預け入れた。
(伝票番号　No.24)

入　金　伝　票		
令和○年　　月　　日　　No.		
科目	入金先　　　　　殿	
摘　　　　要	金　　額	
合　　　計		

出　金　伝　票		
令和○年　　月　　日　　No.		
科目	支払先　　　　　殿	
摘　　　　要	金　　額	
合　　　計		

振　替　伝　票				
令和○年　　月　　日　　No.				
勘　定　科　目	借　　方	勘　定　科　目	貸　　方	
合　　　計		合　　　計		
摘要				

32-5 東西商店の次の取引を入金伝票・出金伝票・振替伝票のうち，必要な伝票に記入しなさい。
ただし，不要な伝票は空欄のままにしておくこと。 第91回改題

取　　　引

1月12日　和歌山商店に借用証書によって借り入れていた¥500,000を小切手#18を振り出して返済した。
(伝票番号　No.26)

〃日　福井商店に商品を注文し，内金として¥250,000を現金で支払った。
(伝票番号　No.13)

入　金　伝　票		
令和○年　　月　　日　　No.		
科目	入金先　　　　　殿	
摘　　　　要	金　　額	
合　　　計		

出　金　伝　票		
令和○年　　月　　日　　No.		
科目	支払先　　　　　殿	
摘　　　　要	金　　額	
合　　　計		

振　替　伝　票				
令和○年　　月　　日　　No.				
勘　定　科　目	借　　方	勘　定　科　目	貸　　方	
合　　　計		合　　　計		
摘要				

33 伝票の集計と転記

1　3伝票の集計と総勘定元帳への転記································· **2級の範囲**

　伝票から総勘定元帳への転記は，毎日・毎週または月末に，伝票を分類・集計して**仕訳集計表**を作成し，そこから総勘定元帳に各勘定科目の合計金額で転記（**合計転記**）する方法がとられることが多い。

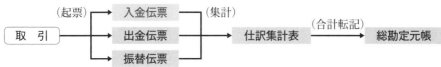

2　仕訳集計表の作成と総勘定元帳への転記······························· **2級の範囲**

仕訳集計表の作成と総勘定元帳への転記は，次の手順で行う。

① 　入金伝票の金額を集計して，仕訳集計表の現金勘定の借方に記入する。

② 　出金伝票の金額を集計して，仕訳集計表の現金勘定の貸方に記入する。

③ 　振替伝票の借方票と出金伝票の金額を，各勘定科目別に分類・集計して，仕訳集計表の各勘定科目の借方に記入する。

④ 　振替伝票の貸方票と入金伝票の金額を，各勘定科目別に分類・集計して，仕訳集計表の各勘定科目の貸方に記入する。

⑤ 　仕訳集計表の借方・貸方の金額を合計し，貸借の金額が一致することを確かめる。

⑥ 　仕訳集計表の各勘定科目の金額を，総勘定元帳に転記する。総勘定元帳の摘要欄には，「仕訳集計表」と記入する。仕訳集計表の元丁欄には，総勘定元帳の口座番号を記入する。

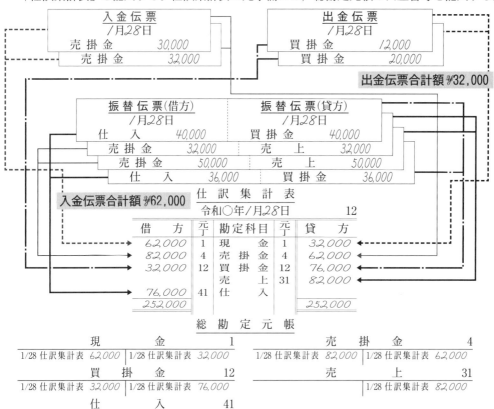

33-1 兵庫商店の/月27日の略式の伝票から, 仕訳集計表を作成して, 総勘定元帳に転記しなさい。

2級の範囲

入 金 伝 票		出 金 伝 票	
売 掛 金	45,000	買 掛 金	18,000

入 金 伝 票		出 金 伝 票	
売 掛 金	48,000	買 掛 金	30,000

振替伝票(借方)		振替伝票(貸方)	
仕 入	60,000	買 掛 金	60,000

振替伝票(借方)		振替伝票(貸方)	
売 掛 金	75,000	売 上	75,000

振替伝票(借方)		振替伝票(貸方)	
売 掛 金	48,000	売 上	48,000

振替伝票(借方)		振替伝票(貸方)	
仕 入	54,000	買 掛 金	54,000

仕 訳 集 計 表
令和○年（　）月（　）日

借 方	元丁	勘定科目	元丁	貸 方
		現 金		
		売 掛 金		
		買 掛 金		
		売 上		
		仕 入		

総 勘 定 元 帳

現 金　　　1

売 掛 金　　　4

買 掛 金　　　12

売 上　　　31

仕 入　　　41

33-2 奈良商店の/月30日の略式の伝票から, 仕訳集計表を作成して, 総勘定元帳に転記しなさい。

2級の範囲

入 金 伝 票		出 金 伝 票	
売 掛 金	60,000	買 掛 金	24,000

入 金 伝 票		出 金 伝 票	
売 上	64,000	買 掛 金	40,000

振替伝票(借方)		振替伝票(貸方)	
仕 入	72,000	買 掛 金	72,000

振替伝票(借方)		振替伝票(貸方)	
仕 入	80,000	当座預金	80,000

振替伝票(借方)		振替伝票(貸方)	
売 掛 金	100,000	売 上	100,000

振替伝票(借方)		振替伝票(貸方)	
売 掛 金	64,000	売 上	64,000

仕 訳 集 計 表
令和○年（　）月（　）日

借 方	元丁	勘定科目	元丁	貸 方
		現 金		
		当 座 預 金		
		売 掛 金		
		買 掛 金		
		売 上		
		仕 入		

総 勘 定 元 帳

現 金　　　1

当 座 預 金　　　2

売 掛 金　　　4

買 掛 金　　　12

売 上　　　31

仕 入　　　41

33-3 長浜商店の6月/0日の略式の伝票から, 仕訳集計表を作成して, 総勘定元帳に転記しなさい。

2 級の範囲

入 金 伝 票	出 金 伝 票	振替伝票(借方)	振替伝票(貸方)
売 掛 金　70,000	仕　　入　36,000	仕　　入　140,000	買 掛 金　140,000

入 金 伝 票	出 金 伝 票	振替伝票(借方)	振替伝票(貸方)
当座預金　30,000	買 掛 金　55,000	売 掛 金　175,000	売　　上　175,000

入 金 伝 票	出 金 伝 票	振替伝票(借方)	振替伝票(貸方)
売　　上　40,000	仕　　入　29,000	買 掛 金　84,000	当座預金　84,000

入 金 伝 票	出 金 伝 票	振替伝票(借方)	振替伝票(貸方)
売 掛 金　85,000	通 信 費　3,000	当座預金　120,000	売 掛 金　120,000

仕 訳 集 計 表
令和○年(　　)月(　　)日

借　　方	元丁	勘 定 科 目	元丁	貸　　方
		現　　　　金		
		当 座 預 金		
		売 掛 金		
		買 掛 金		
		売　　　　上		
		仕　　　　入		
		通 信 費		

総 勘 定 元 帳

現　　　　金　　　1

当 座 預 金　　　2

売 掛 金　　　4

買 掛 金　　　12

売　　　　上　　　31

仕　　　　入　　　41

通 信 費　　　44

33-4 神戸商店の/2月/5日の略式の伝票から，仕訳集計表を作成して，総勘定元帳に転記しなさい。

2級の範囲

入 金 伝 票	出 金 伝 票	振替伝票（借方）	振替伝票（貸方）
売　上　/30,000	販売費及び 一般管理費　42,000	買 掛 金　360,000	当座預金　360,000

入 金 伝 票	出 金 伝 票	振替伝票（借方）	振替伝票（貸方）
売 掛 金　96,000	買 掛 金　83,000	販売費及び 一般管理費　58,000	当座預金　58,000

入 金 伝 票	出 金 伝 票	振替伝票（借方）	振替伝票（貸方）
当座預金　60,000	販売費及び 一般管理費　48,000	売 掛 金　300,000	売　上　300,000

入 金 伝 票	出 金 伝 票	振替伝票（借方）	振替伝票（貸方）
売 掛 金　72,000	当座預金　/20,000	売　上　24,000	売 掛 金　24,000

入 金 伝 票	出 金 伝 票	振替伝票（借方）	振替伝票（貸方）
売　上　24,000	仕　入　68,000	仕　入　780,000	買 掛 金　780,000

仕 訳 集 計 表
令和○年（　　）月（　　）日

借　方	元丁	勘 定 科 目	元丁	貸　方
		現　　金		
		当 座 預 金		
		売 掛 金		
		買 掛 金		
		売　　上		
		仕　　入		
		販売費及び一般管理費		

総 勘 定 元 帳

現　　金			1

当 座 預 金			2

売 掛 金			4

買 掛 金			12

売　　上			31

仕　　入			41

販売費及び一般管理費			43

34 会計ソフトウェアの活用

1 会計ソフトウェアとは……………………………………………………………

多くの企業では，コンピュータによる簿記を行うために開発された**会計ソフトウェア**を利用している。会計ソフトウェアには，次の特徴がある。

① 仕訳に必要な取引データの入力は人が行う。

② 各帳簿への転記や集計，試算表の作成は会計ソフトウェアが行う。

③ 損益計算書や貸借対照表などの作成は会計ソフトウェアが行う。

2 会計ソフトウェアによる伝票の起票……………………………………………

① 仕入先から商品を掛けで仕入れたときは，納品書をもとに振替伝票を起票する。

　(借) 仕　　　入 ×××　　(貸) 買 掛 金 ×××

② 小切手を振り出して買掛金を支払ったときは，小切手帳の控えをもとに振替伝票を起票する。

　(借) 買 掛 金 ×××　　(貸) 当 座 預 金 ×××

③ 得意先に商品を掛けで販売したときは，納品書の控えをもとに振替伝票を起票する。

　(借) 売 掛 金 ×××　　(貸) 売　　　上 ×××

④ 売掛金を現金で回収したときは，入金伝票を起票する。

　(借) 現　　　金 ×××　　(貸) 売 掛 金 ×××

⑤ 売掛金の回収で当座預金への振り込みがあったときは，当座勘定照合表を受け取り，振替伝票を起票する。

　(借) 当 座 預 金 ×××　　(貸) 売 掛 金 ×××

⑥ 郵便切手（販売費及び一般管理費）を現金で支払ったときは，領収証をもとに出金伝票を起票する。

　(借) 通 信 費 ×××　　(貸) 現　　　金 ×××

34▶1 次の取引の仕訳を示しなさい。

米元商店に対する売掛金¥300,000が当店の当座預金口座に振り込まれた。

		当座勘定照合表			関東銀行
		いつも関東銀行をご利用いただきありがとうございます。			上野支店
		ご利用明細をお届けいたします。			
		ご不明な点がございましたらお問い合わせください。			

	年　月　日	小切手番号	摘　　要	お支払金額	お預り金額	差引残高
1	○−6−1		繰越			¥1,568,000
2	○−6−18		(振込)ヨネモトショウテン		300,000	¥1,868,000
3						
4						

借　　　　　方	貸　　　　　方

34▶2 次の取引の仕訳を示しなさい。ただし，商品に関する勘定は3分法によること。

板橋商店から次の商品を仕入れ，代金は掛けとした。

納　品　書　　　　No. ___7___

中央区京橋1丁目1-2
京　橋　商　店　　御中　　　　　　　　令和 ○ 年　6 月　5 日

〒173-0004　板橋区板橋2丁目2-1
板橋商店

下記のとおり納品いたしました。

品　　　　　　　名	数　量	単　価	金　　　額
ノートパソコンSJ-12	10	75,000	750,000
パソコンカバーDS-3	10	5,000	50,000
以　下　余　白			
		合計	￥800,000

借　　　　　　方	貸　　　　　　方

34▶3 次の取引の仕訳を示しなさい。ただし，商品に関する勘定は3分法によること。

月島商店に次の商品を売り渡し，代金は掛けとした。

ご注文書　No. ___8___　　### 納　品　書（控）　　No. ___5___

中央区月島3丁目2-2
月　島　商　店　　御中　　　　　　　　令和 ○ 年　6 月　8 日

〒104-0053　中央区晴海1丁目1-3
晴海商店

下記のとおり納品いたしました。

品　　　　　　　名	数　量	単　価	金　　　額
タブレット端末FJ-8	10	20,000	200,000
タブレットカバーHG-5	10	3,000	30,000
以　下　余　白			
		合計	￥230,000

借　　　　　　方	貸　　　　　　方

34▶4 次の取引の仕訳を示しなさい。

鈴鹿商店に対する売掛金の一部を現金で受け取った。

領収証（控）
No. 01005
令和 ○ 年 6 月 6 日
領収先　鈴鹿商店
領収金額　50,000
種別　現金
摘要　売掛金回収

領　収　証
No. 01005
鈴　鹿　商　店　御中　　　令和 ○ 年 6 月 6 日
金額　￥50,000※
ただし 商品代金の一部として
上記のとおり領収いたしました。
三重県松坂市朝日町523-6
松　坂　商　店
収入印紙
取扱者印 田中
社印・取扱者印のないもの及び金額訂正のものは無効とします。

借　　　　　　方	貸　　　　　　方

総合問題 ⑤

⑤-1 次の取引を入金伝票・出金伝票・振替伝票のうち，必要な伝票に記入しなさい。ただし，不要な伝票は空白のままにしておくこと。

4月 2日　豊中郵便局で郵便切手¥7,000を買い入れ，代金は現金で支払った。

（伝票番号No.64）

　　7日　出張中の従業員から，当店の当座預金口座に¥480,000の振り込みがあったが，その内容は不明である。（伝票番号No.72）

　　10日　全商銀行から，小切手#25を振り出して現金¥290,000を引き出した。

（伝票番号No.58）

　　17日　海南広告社に，広告料¥1,100,000を小切手#26を振り出して支払った。

（伝票番号No.73）

　　27日　吹田商店に借入金の利息¥5,000を，現金で支払った。（伝票番号No.65）

入　金　伝　票		
令和○年　月　日　No.____		
科目　　　　　　　入金先　　　　殿		
摘　　　要	金　額	
合　　計		

出　金　伝　票		
令和○年　月　日　No.____		
科目　　　　　　　支払先　　　　殿		
摘　　　要	金　額	
合　　計		

入　金　伝　票		
令和○年　月　日　No.____		
科目　　　　　　　入金先　　　　殿		
摘　　　要	金　額	
合　　計		

出　金　伝　票		
令和○年　月　日　No.____		
科目　　　　　　　支払先　　　　殿		
摘　　　要	金　額	
合　　計		

振　替　伝　票				
令和○年　月　日　　　　　　No.____				
勘　定　科　目	借　　方	勘　定　科　目	貸　　方	
合　　　計		合　　　計		
摘要				

振　替　伝　票				
令和○年　月　日　　　　　　No.____				
勘　定　科　目	借　　方	勘　定　科　目	貸　　方	
合　　　計		合　　　計		
摘要				

5 2 次の取引を入金伝票・出金伝票・振替伝票のうち，必要な伝票に記入しなさい。ただし，伝票番号は，伝票の種類ごとにNo./から付けること。

3月 /日 山形文具店より，コピー用紙・帳簿等¥27,000を購入し，代金は現金で支払った。

4日 福岡商店に対する買掛金の支払いとして，小切手#/9 ¥240,000を振り出した。

//日 郡山商店から，借用証書によって現金¥/80,000を借り入れた。

/8日 中野商店より営業用の金庫を買い入れ，代金¥350,000を月末に支払うことにした。

28日 三島商店から商品の注文を受け，内金として現金¥80,000を受け取った。

30日 従業員秋田三郎の出張にあたり，旅費の概算額¥75,000を現金で支払った。

入 金 伝 票		
令和○年　　月　　日　　No.___		
科目___　　入金先___殿		
摘　　　要	金　　額	
合　　　計		

出 金 伝 票		
令和○年　　月　　日　　No.___		
科目___　　支払先___殿		
摘　　　要	金　　額	
合　　　計		

入 金 伝 票		
令和○年　　月　　日　　No.___		
科目___　　入金先___殿		
摘　　　要	金　　額	
合　　　計		

出 金 伝 票		
令和○年　　月　　日　　No.___		
科目___　　支払先___殿		
摘　　　要	金　　額	
合　　　計		

振 替 伝 票				
令和○年　　月　　日　　No.___				
勘 定 科 目	借　　方	勘 定 科 目	貸　　方	
合　　　計		合　　　計		
摘要				

振 替 伝 票				
令和○年　　月　　日　　No.___				
勘 定 科 目	借　　方	勘 定 科 目	貸　　方	
合　　　計		合　　　計		
摘要				

5·3 次の取引の仕訳を示しなさい。ただし，商品に関する勘定は3分法によること。

菊川商店から次の商品を仕入れ，代金は掛けとした。

納 品 書 No. _8_

中央区日本橋1丁目5-7

日 本 橋 商 店 御中

令和 ○ 年 6 月 9 日

〒428-0037 静岡県島田市菊川5-2

菊川商店

下記のとおり納品いたしました。

品　　　　　　　名	数 量	単 価	金 額
ノートパソコンSS-2	10	85,000	850,000
パソコンカバーTD-7	10	5,000	50,000
以 下 余 白			
		合計	￥900,000

借　　　　方	貸　　　　方

5·4 次の取引の仕訳を示しなさい。ただし，商品に関する勘定は3分法によること。

熱海商店に次の商品を売り渡し，代金は掛けとした。

ご注文書 No. _8_ **納 品 書（控）** No. _6_

静岡県熱海市5丁目1-3

熱 海 商 店 御中

令和 ○ 年 6 月 8 日

〒104-0045 中央区築地2丁目2-5

築地商店

下記のとおり納品いたしました。

品　　　　　　　名	数 量	単 価	金 額
タブレット端末G-7	10	18,000	180,000
タブレットカバーMG-3	10	2,000	20,000
以 下 余 白			
		合計	￥200,000

借　　　　方	貸　　　　方

5·5 次の取引の仕訳を示しなさい。

西山商店に対する売掛金の一部を現金で受け取った。

借　　　　方	貸　　　　方

56 次の取引の仕訳を示しなさい。

三島商店より郵便切手を現金で購入し，次の領収証を受け取った。

	領　収　証	神　戸　商　店 御中	No.　　16
金額	￥6,000※		

但　郵便切手代として

令和 ○ 年 6 月 3 日　　上記正に領収いたしました。

収入
印紙

内　訳
税抜金額　　　　　￥6,000
消費税額等（10%）

〒411-0023　静岡県三島市加茂6-3
三　島　商　店 三島

借　　　　　方	貸　　　　　方

57 次の取引の仕訳を示しなさい。

東田商店に対する売掛金￥200,000が当店の当座預金口座に振り込まれた。

当座勘定照合表

いつも国際銀行をご利用いただきありがとうございます。
ご利用明細をお届けいたします。
ご不明な点がございましたらお問い合わせください。

国際銀行
渋谷支店

	年 月 日	小切手番号	摘　　要	お支払金額	お預り金額	差引残高
1	○-6-1		繰越			￥1,080,000
2	○-6-15		（振込）ヒガシダショウテン		200,000	￥1,280,000
3						

借　　　　　方	貸　　　　　方

58 次の取引の仕訳を示しなさい。

山科商店に対する買掛金の支払いとして，次の小切手を振り出して渡した。

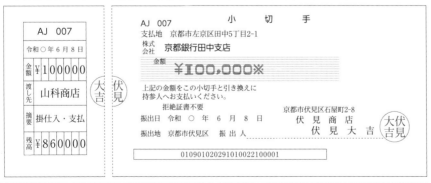

借　　　　　方	貸　　　　　方

35 仕訳の問題

35-1 次の取引の仕訳を示しなさい。ただし，勘定科目は，次のなかからもっとも適当なものを使用すること。

現　　　金	普通預金	定期預金	小口現金	当座預金
売　掛　金	貸倒引当金	貸付金	前払金	備　　品
建　　　物	買掛金	借入金	未払金	仮受金
売　　　上	受取手数料	仕　　入	給　料	貸倒損失
支払手数料	通信費	交通費	雑　費	

(1) 香川銀行に現金¥650,000を普通預金として預け入れた。

(2) 徳島商店に商品を注文し，内金として¥70,000を小切手を振り出して支払った。

(3) 大洲商店から商品¥440,000を仕入れ，代金は掛けとした。なお，引取運賃¥6,000は現金で支払った。

(4) 当月分のインターネット料金として¥15,000を現金で支払った。

(5) 東部銀行から現金¥400,000を借り入れた。

(6) 商品売買の仲介をおこない，高知商店から手数料として現金¥24,000を受け取った。

(7) 店舗用の建物¥8,000,000を購入し，代金は小切手を振り出して支払った。なお，登記料と買入手数料の合計額¥550,000は現金で支払った。

(8) さきに，仮受金勘定で処理していた¥80,000について，本日，その金額は，得意先益田商店に対する売掛金の回収額であることがわかった。

	借　　　　方	貸　　　　方
(1)		
(2)		
(3)		
(4)		
(5)		
(6)		
(7)		
(8)		

35-2 次の取引の仕訳を示しなさい。ただし，勘定科目は，次のなかからもっとも適当なものを使用すること。

現　　　金	普 通 預 金	定 期 預 金	小 口 現 金	当 座 預 金
売 　掛 　金	貸 倒 引 当 金	貸 付 金	前 払 金	仮 払 金
備　　　品	建　　　物	買 掛 金	借 入 金	未 払 金
前 受 金	仮 受 金	資 本 金	売　　　上	受 取 利 息
受 取 地 代	仕　　　入	旅　　　費	支 払 地 代	支 払 利 息

(1) 定期預金¥500,000が満期となり，利息¥2,000とともに普通預金に預け入れた。

(2) 広島商店から，売掛金¥720,000を同店振り出しの小切手で受け取り，ただちに当座預金に預け入れた。

(3) ルームエアコン¥250,000を買い入れ，代金は据え付け費用¥17,000とともに，月末に支払うことにした。

(4) 松山商店に商品¥450,000を売り渡し，代金はさきに受け取っていた内金¥100,000を差し引き，残額は掛けとした。

(5) 山口商店から当月分の地代¥65,000を現金で受け取った。

(6) 徳島商店から借用証書によって¥1,000,000を借りていたが，利息¥80,000とともに小切手を振り出して支払った。

(7) 従業員の出張にさいし，旅費の概算額として¥80,000を現金で渡した。

(8) 事業拡張のため，店主が現金¥700,000を追加元入れした。

	借　　　　　　　方	貸　　　　　　　方
(1)		
(2)		
(3)		
(4)		
(5)		
(6)		
(7)		
(8)		

35·3 次の取引の仕訳を示しなさい。ただし，勘定科目は，次のなかからもっとも適当なものを使用すること。

現　　　金	普 通 預 金	小 口 現 金	当 座 預 金	売 掛 金
貸倒引当金	貸 付 金	前 払 金	未 収 入 金	仮 払 金
備　　　品	建　　　物	土　　　地	買 掛 金	借 入 金
前 受 金	仮 受 金	売　　　上	仕　　　入	貸 倒 損 失
旅　　　費				

(1) 土佐商店では定額資金前渡法を採用することとし，小口現金として小切手¥60,000を振り出して庶務係に渡した。

(2) 高松商店から商品¥580,000を仕入れ，代金は掛けとした。なお，引取運賃¥11,000は現金で支払った。

(3) 得意先北西商店が倒産し，前期から繰り越された同店に対する売掛金¥95,000が回収不能となったため，貸し倒れとして処理した。ただし，貸倒引当金勘定の残高が¥90,000ある。

(4) 愛媛商店に借用証書によって現金¥100,000を貸し付けた。

(5) 店舗を建てるため，土地¥5,400,000を購入し，代金は登記料と買入手数料の合計額¥320,000とともに小切手を振り出して支払った。

(6) かねて旅費の概算として¥200,000を仮払いしていたが，本日，従業員が帰店して旅費の精算をおこない，残額¥3,000を現金で受け取った。

	借　　　　　　方	貸　　　　　　方
(1)		
(2)		
(3)		
(4)		
(5)		
(6)		

35-4 次の取引の仕訳を示しなさい。ただし、勘定科目は、次のなかからもっとも適当なものを使用すること。

現　　　　金	普　通　預　金	定　期　預　金	小　口　現　金	当　座　預　金
売　　掛　　金	貸　倒　引　当　金	備　　　　品	車　両　運　搬　具	貸　　付　　金
従　業　員　立　替　金	買　　掛　　金	借　　入　　金	従　業　員　預　り　金	仮　　受　　金
前　　受　　金	売　　　　上	受　取　利　息	仕　　　　入	発　　送　　費
通　　信　　費	交　　通　　費	消　耗　品　費	貸　倒　損　失	雑　　　　費

(1) 従業員のために¥40,000を、現金で立て替え払いした。

(2) 定額資金前渡法を採用している四国商店の会計係は、庶務係に小口現金として¥30,000を前渡ししていたが、本日、当月分の支払高について、次のとおり報告を受けたので、ただちに小切手を振り出して補給した。

　　交　通　費　¥17,800　　消耗品費　¥4,200　　雑　　費　¥5,000

(3) 松山商店に商品¥930,000を売り渡し、代金は掛けとした。なお、発送費¥30,000は現金で支払った。

(4) 徳島商店に対する買掛金¥280,000を小切手を振り出して支払った。

(5) 出張中の従業員から、当店の当座預金口座に¥180,000の振り込みがあったが、その内容は不明である。

(6) 得意先南東商店が倒産し、同店に対する売掛金¥53,000が貸し倒れとなった。ただし、貸倒引当金勘定の残高は¥40,000ある。

(7) 営業用の自動車¥1,400,000を買い入れ、代金は普通預金口座から支払った。

(8) 愛媛商店から、かつて借用証書によって貸し付けていた¥100,000の返済を受け、利息¥1,000とともに現金で受け取った。

	借　　　　　　方	貸　　　　　　方
(1)		
(2)		
(3)		
(4)		
(5)		
(6)		
(7)		
(8)		

36 伝票の問題

36-1 山口商店の次の取引を入金伝票・出金伝票・振替伝票のうち，必要な伝票に記入しなさい。ただし，不要な伝票は空欄のままにしておくこと。

取　引

/月/4日　下関電器店から，事務用のパーソナル・コンピュータ¥400,000を買い入れ，代金は小切手#8を振り出して支払った。（伝票番号　No.7）

〃日　防府商店から，売掛金¥250,000を小切手#3で受け取った。（伝票番号　No./3）

入　金　伝　票			
令和○年　月　日　No.___			
科目		入金先　　　殿	
摘　　要		金　額	
合　　計			

出　金　伝　票			
令和○年　月　日　No.___			
科目		支払先　　　殿	
摘　　要		金　額	
合　　計			

振　替　伝　票				
令和○年　月　日　　　No.___				
勘　定　科　目	借　　方	勘　定　科　目	貸　　方	
合　　計		合　　計		
摘要				

36-2 岩国商店の次の取引を入金伝票・出金伝票・振替伝票のうち，必要な伝票に記入しなさい。ただし，不要な伝票は空欄のままにしておくこと。

取　引

3月6日　柳井商店に借用証書によって，現金¥500,000を貸し付けた。（伝票番号　No.24）

〃日　萩商店に買掛金支払いのため，同店あての小切手#/2　¥300,000を振り出した。
（伝票番号　No.2/）

入　金　伝　票			
令和○年　月　日　No.___			
科目		入金先　　　殿	
摘　　要		金　額	
合　　計			

出　金　伝　票			
令和○年　月　日　No.___			
科目		支払先　　　殿	
摘　　要		金　額	
合　　計			

振　替　伝　票				
令和○年　月　日　　　No.___				
勘　定　科　目	借　　方	勘　定　科　目	貸　　方	
合　　計		合　　計		
摘要				

36 3 宇部商店の次の取引を入金伝票・出金伝票・振替伝票のうち，必要な伝票に記入しなさい。ただし，不要な伝票は空欄のままにしておくこと。

取　　　引

5月20日　長門広告社に広告料¥60,000を現金で支払った。（伝票番号　No.34）

〃日　長門銀行に定期預金として小切手#5　¥500,000を振り出して預け入れた。

（伝票番号　No.23）

入　金　伝　票		
令和○年　　月　　日　　No.		
科目　　　　　　　　　入金先　　　　　　殿		
摘　　　　要	金　　額	
合　　　　計		

出　金　伝　票		
令和○年　　月　　日　　No.		
科目　　　　　　　　　支払先　　　　　　殿		
摘　　　　要	金　　額	
合　　　　計		

振　替　伝　票					
令和○年　　月　　日　　　　　　No.					
勘　定　科　目	借　　方		勘　定　科　目	貸　　方	
合　　　計			合　　　計		
摘要					

36 4 鳥取商店の次の取引を入金伝票・出金伝票・振替伝票のうち，必要な伝票に記入しなさい。ただし，不要な伝票は空欄のままにしておくこと。

取　　　引

7月11日　米子商店に商品売買の仲介をおこない，手数料として現金¥80,000を受け取った。

（伝票番号　No.16）

〃日　倉吉商店に借用証書によって借り入れていた¥300,000を小切手#18を振り出して返済した。（伝票番号　No.33）

入　金　伝　票		
令和○年　　月　　日　　No.		
科目　　　　　　　　　入金先　　　　　　殿		
摘　　　　要	金　　額	
合　　　　計		

出　金　伝　票		
令和○年　　月　　日　　No.		
科目　　　　　　　　　支払先　　　　　　殿		
摘　　　　要	金　　額	
合　　　　計		

振　替　伝　票					
令和○年　　月　　日　　　　　　No.					
勘　定　科　目	借　　方		勘　定　科　目	貸　　方	
合　　　計			合　　　計		
摘要					

37 帳簿の問題

37-1 岡山商店の下記の取引について，
(1) 仕訳帳に記入して，総勘定元帳（略式）に転記しなさい。
(2) 当座預金出納帳・仕入帳・買掛金元帳に記入して，締め切りなさい。

ただし，ⅰ　商品に関する勘定は3分法によること。
ⅱ　仕訳帳における小書きは省略する。
ⅲ　総勘定元帳および買掛金元帳には，日付と金額を記入すればよい。

取　　引

1月 8日　島根商店から次の商品を仕入れ，代金は掛けとした。
A 品　400個　@¥700　¥280,000
B 品　260個　〃 450　¥117,000

9日　島根商店から仕入れた上記商品の一部に品質不良のものがあったので，次のとおり返品した。なお，この代金は買掛金から差し引くことにした。
A 品　20個　@¥700　¥ 14,000

16日　広島商店に次の商品を売り渡し，代金のうち¥250,000は同店振り出しの小切手#7で受け取り，ただちに当座預金に預け入れ，残額は掛けとした。
A 品　350個　@¥920　¥322,000

18日　広島商店から売掛金の一部¥216,000を小切手#8で受け取った。

27日　山口商店から次の商品を仕入れ，代金は掛けとした。
C 品　600個　@¥840　¥504,000

29日　山口商店に対する買掛金の一部について，下記の小切手#12を振り出して支払った。

```
AB0012                 小　切　手          岡山 0201
支払地　岡山県倉敷市白楽町545                0021-005
株式会社　全商銀行岡山支店
金　額      ¥280,000※
上記の金額をこの小切手と引き替えに        岡山県津山市山北531
持参人へお支払いください                      岡山商店
令和○年1月29日
振出地　岡山県津山市        振出人　岡 山 二 郎
```

(1)　　　　　　　　　　　　仕　訳　帳　　　　　　　　　　　1

令和○年		摘　　要	元丁	借　方	貸　方
1	1	前 期 繰 越 高	✓	3,490,000	3,490,000

総 勘 定 元 帳

現　　金　　　1		当 座 預 金　　　2		売 掛 金　　　4	
1/ 1　243,000		1/ 1　760,000		1/ 1　385,000	

買 掛 金　　　6		売　　上　　　8		仕　　入　　　10	
	1/ 1　380,000				

(2)　（注意）当座預金出納帳と仕入帳，買掛金元帳は締め切ること。

当 座 預 金 出 納 帳　　　　1

令○	和年	摘　　　　　要	預　　入	引　　出	借または貸	残　　高
1	1	前月繰越	760,000		借	760,000

仕　　入　　帳　　　　1

令○	和年	摘　　　　　　　　要	内　　訳	金　　額

買 掛 金 元 帳

島 根 商 店　　　1		山 口 商 店　　　2	
	1/ 1　100,000		1/ 1　280,000

37-2 青森商店の下記の取引について，

(1) 仕訳帳に記入して，総勘定元帳（略式）に転記しなさい。

(2) 買掛金元帳とA品の商品有高帳に記入して，締め切りなさい。

ただし， i　商品に関する勘定は3分法によること。

ⅱ　仕訳帳における小書きは省略する。

ⅲ　総勘定元帳および買掛金元帳には，日付と金額を記入すればよい。

ⅳ　商品有高帳の記入は，先入先出法によること。

取　　引

1月 9日　岩手商店から次の商品を仕入れ，代金は掛けとした。

A 品　　800個　　@¥320　　¥256,000

B 品　　300〃　　〃〃400　　¥120,000

10日　岩手商店から仕入れた上記商品の一部に品質不良のものがあったので，次のとおり返品した。なお，この代金は買掛金から差し引くことにした。

B 品　　　5個　　@¥400　　¥ 2,000

16日　福島商店から次の商品を仕入れ，代金は掛けとした。

C 品　　800個　　@¥600　　¥480,000

24日　宮城商店に次の商品を売り渡し，代金のうち¥150,000は同店振り出しの小切手 #9で受け取り，残額は掛けとした。

A 品　　750個　　@¥480　　¥360,000

30日　福島商店に対する買掛金の一部について，次の小切手#7を振り出して支払った。

HM0007	小　切　手	青森 0201 0148－020
支払地　青森県八戸市堀端町3-1		
株式会社　全商銀行八戸支店		
金　額　　¥350,000※		

上記の金額をこの小切手と引き替えに
持参人へお支払いください

令 和 ○ 年 1 月 30 日
振出地　青森県八戸市

青森県八戸市十日市塚ノ下3-1
青　森　商　店
振出人　青 森 三 郎

(1)

仕　訳　帳　　　　　1

令和○年		摘　　　　　要	元丁	借　　方	貸　　方
1	1	前 期 繰 越 高	✓	4,730,000	4,730,000

全商検定形式別問題

総　勘　定　元　帳

現　　金　　1	当　座　預　金　　2	売　掛　金　　4
1/ 1　281,000	1/ 1　587,000	1/ 1　326,000

買　掛　金　　6	売　　上　　8	仕　　入　　10
1/ 1　420,000		

(2)　（注意）買掛金元帳と商品有高帳は締め切ること。

買　掛　金　元　帳

岩　手　商　店　　1	福　島　商　店　　2
1/ 1　　180,000	1/ 1　　240,000

商　品　有　高　帳

（先入先出法）　　　　　　　　品名　A　品　　　　　　　　　　　単位：個

令和○年		摘　　要	受　入			払　出			残　高		
			数量	単価	金　額	数量	単価	金　額	数量	単価	金　額
1	1	前 月 繰 越	250	300	75,000				250	300	75,000

37-3　京都商店の下記の取引について，
(1)　仕訳帳に記入して，総勘定元帳（略式）に転記しなさい。
(2)　売上帳・売掛金元帳・商品有高帳に記入して，締め切りなさい。

　ただし，　i　商品に関する勘定は3分法によること。
　　　　　　ii　仕訳帳における小書きは省略する。
　　　　　　iii　総勘定元帳および売掛金元帳には，日付と金額を記入すればよい。
　　　　　　iv　商品有高帳の記入は，先入先出法によること。

取　　　引
　/月 9日　大阪商店から次の商品を仕入れ，代金については，下記の小切手＃3を振り出して
　　　　　　支払った。
　　　　　　　　A　品　　300個　　@¥350　　¥105,000
　　　　　　　　B　品　　450〃　　〃〃280　　¥126,000

```
AB0003              小　切　手              京都 3601
                                            0572-011
支払地　京都府京都市中京区西ノ京東中合町1
    株式
    会社  全商銀行京都支店

  金　額    ¥231,000※

  上記の金額をこの小切手と引き替えに    京都府京都市伏見区向島西定請140
  持参人へお支払いください                    京 都 商 店
  令 和 ○ 年 1 月 9 日
  振出地　京都府京都市          振出人　京 都 一 郎
```

　//日　奈良商店に次の商品を売り渡し，代金は掛けとした。
　　　　　　B　品　　400個　　@¥450　　¥180,000
　/5日　事務用パーソナルコンピュータ¥305,000を買い入れ，代金は据え付け費
　　　　¥15,000とともに小切手＃4を振り出して支払った。
　/8日　兵庫商店に次の商品を売り渡し，代金は掛けとした。
　　　　　　A　品　　400個　　@¥460　　¥184,000
　　　　　　B　品　　200〃　　〃〃450　　¥ 90,000
　22日　奈良商店から売掛金の一部¥185,000を同店振り出しの小切手＃7で受け取り，た
　　　　だちに当座預金に預け入れた。
　28日　兵庫商店から売掛金の一部¥200,000を現金で受け取った。
　29日　大阪商店に買掛金の一部¥145,000を現金で支払った。

(1)
仕　訳　帳　　　　　　　　　　　　　　　　　1

令和○年		摘　　　　要	元丁	借　　方	貸　　方
1	1	前 期 繰 越 高	✓	3,700,000	3,700,000

総 勘 定 元 帳

現　金　　1

| 1/ 1　183,000 | |

当 座 預 金　　2

| 1/ 1　627,000 | |

売 掛 金　　4

| 1/ 1　410,000 | |

備　品　　7

| 1/ 1　524,000 | |

買 掛 金　　9

| | 1/ 1　285,000 |

売　上　　11

仕　入　　16

(2)　（注意）売上帳と売掛金元帳，商品有高帳は締め切ること。

売　上　帳　　1

令和○年	摘　　要	内　訳	金　額

売 掛 金 元 帳

奈 良 商 店　　1

| 1/ 1　225,000 | |

兵 庫 商 店　　2

| 1/ 1　185,000 | |

商 品 有 高 帳

（先入先出法）　　品名　A　品　　単位：個

令和○年		摘　要	受　入			払　出			残　高		
			数量	単価	金　額	数量	単価	金　額	数量	単価	金　額
1	1	前 月 繰 越	150	340	51,000				150	340	51,000

37-4　関東商店の下記の取引について,
(1)　仕訳帳に記入して, 総勘定元帳に転記しなさい。
(2)　買掛金元帳に記入して締め切りなさい。
(3)　/月末における残高試算表を作成しなさい。
　　ただし, i 　商品に関する勘定は3分法によること。
　　　　　　 ii 　仕訳帳における小書きは省略する。
　　　　　　 iii 　総勘定元帳および買掛金元帳には, 日付と金額を記入すればよい。

取　　　引
/月 5日　仕入先　埼玉商店から次の商品を仕入れ, 代金は掛けとした。
　　　　　　A 品　　250個　　@¥300　　¥ 75,000
　　　　　　B 品　　300〃　　〃〃400　　¥120,000

　　7日　得意先　千葉商店に次の商品を売り渡し, 代金は掛けとした。
　　　　　　B 品　　600個　　@¥770　　¥462,000

　　9日　事務用のコピー用紙を現金で購入し, 次の領収証を受け取った。

　//日　得意先　神奈川商店に対する売掛金の一部¥352,000を, 同店振り出しの小切手で
　　　　受け取った。

　/3日　仕入先　埼玉商店に対する買掛金¥375,000を, 小切手#6を振り出して支払った。

　/6日　仕入先　東京商店から次の商品を仕入れ, 代金は掛けとした。
　　　　　　C 品　　800個　　@¥150　　¥120,000

/7日　先月に購入していたパーソナルコンピュータの未払い代金¥327,800を小切手＃7を振り出して支払った。

/8日　得意先　神奈川商店に次の商品を売り渡し，代金は掛けとした。
　　　　A品　　700個　　@¥550　　¥385,000
　　　　B品　　300〃　　〃〃770　　¥231,000

2/日　仕入先　東京商店に対する買掛金の一部¥341,000を，小切手＃8を振り出して支払った。

23日　仕入先　埼玉商店から次の商品を仕入れ，代金は掛けとした。

納　品　書				No. 6

令和 ○ 年 1 月 23 日

東京都千代田区五番町5
関　東　商　店　　御中

〒366-0035　埼玉県深谷市原郷80
埼玉商店

下記のとおり納品いたしました。

品　　　　名	数　量	単　価	金　　額
A品	600個	290	174,000
以　下　余　白			
		合計	￥174,000

25日　本月分の給料¥400,000の支払いにあたり，所得税額¥32,000を差し引いて，従業員の手取額を現金で支払った。

27日　商品陳列用ケース¥374,000を買い入れ，代金は付随費用¥28,600とともに来月の月初めに支払うことにした。

29日　得意先　千葉商店に対する売掛金の一部¥308,000を，同店振り出しの小切手で受け取り，ただちに当座預金とした。

3/日　インターネットの利用料金および電話料金の合計額¥59,400が当座預金口座から引き落とされた。

(1)

仕　訳　帳

1

令○ 和年		摘　　　　要	元丁	借　　方	貸　　方
1	1	前 期 繰 越 高	√	5,166,800	5,166,800

総 勘 定 元 帳

現　　金　　1
1/ 1　764,500	

当 座 預 金　　2
1/ 1　2,175,300	

売 掛 金　　3
1/ 1　971,000	

繰越商品 4		備 品 5		買 掛 金 6	
1/ 1 470,000		1/ 1 786,000			1/ 1 521,000

借 入 金 7		所得税預り金 8		未 払 金 9	
	1/ 1 850,000				1/ 1 418,000

資 本 金 10		売 上 11		仕 入 12	
	1/ 1 3,377,800				

給 料 13		通 信 費 14		消耗品費 15	

(2) （注意）買掛金元帳は締め切ること。

買 掛 金 元 帳

東 京 商 店 1		埼 玉 商 店 2	
1/ 1 341,000		1/ 1 180,000	

(3)

残 高 試 算 表
令和○年1月31日

借 方	勘 定 科 目	貸 方
	現 金	
	当 座 預 金	
	売 掛 金	
	繰 越 商 品	
	備 品	
	買 掛 金	
	借 入 金	
	所 得 税 預 り 金	
	未 払 金	
	資 本 金	
	売 上	
	仕 入	
	給 料	
	通 信 費	
	消 耗 品 費	

37-5　千葉商店の下記の取引について，
(1)　仕訳帳に記入して，総勘定元帳に転記しなさい。
(2)　売掛金元帳に記入して締め切りなさい。
(3)　/月末における残高試算表を作成しなさい。

　　ただし，ⅰ　商品に関する勘定は3分法によること。
　　　　　　ⅱ　仕訳帳における小書きは省略する。
　　　　　　ⅲ　総勘定元帳および売掛金元帳には，日付と金額を記入すればよい。

<u>取　　　　引</u>

/月 5日　得意先　栃木商店に次の商品を売り渡し，代金は掛けとした。
　　　　　　　　A 品　　/00個　　@¥/,760　　¥/76,000
　　　　　　　　B 品　　/00 〃　　〃 〃 1,485　　¥/48,500

　　　7日　事務用のコピー用紙を現金で購入し，次の領収証を受け取った。

　　　9日　仕入先　福井商店から次の商品を仕入れ，代金は掛けとした。
　　　　　　　　A 品　　/50個　　@¥/,2/0　　¥/8/,500
　　　　　　　　B 品　　/80 〃　　〃 〃 825　　¥/48,500

　　//日　得意先　群馬商店に対する売掛金¥285,000を，同店振り出しの小切手で受け取り，
　　　　　　ただちに当座預金とした。

　　/3日　仕入先　長野商店に対する買掛金¥/87,000を，小切手#6を振り出して支払った。

16日 得意先 栃木商店から商品の注文を受け，内金*¥85,000*を同店振り出しの小切手で受け取った。

17日 得意先 群馬商店に次の商品を売り渡し，代金は掛けとした。
      A 品 *150個* @*¥1,870* *¥280,500*
      B 品 *100 〃* 〃〃*1,540* *¥154,000*

18日 仕入先 長野商店から次の商品を仕入れ，代金は掛けとした。

納　品　書　　No.　7

千葉県千葉市中央区高品763

千　葉　商　店　　御中

令和 ○ 年 1 月 18 日

〒380-0872　長野県長野市妻科13

長 野 商 店

下記のとおり納品いたしました。

品　　　　　　　名	数　量	単　　価	金　　　額
B品	200個	770	154,000
C品	300 〃	275	82,500
以　下　余　白			
		合計	¥236,500

21日 得意先 栃木商店に対する売掛金の一部*¥312,000*を，同店振り出しの小切手で受け取り，ただちに当座預金とした。

23日 船橋商店から借用証書により*¥700,000*を借り入れていたが，本日，返済期日となり，利息*¥8,500*とともに当座預金口座から支払った。

25日 本月分の給料*¥240,000*の支払いにあたり，所得税額*¥19,200*を差し引いて，従業員の手取額を現金で支払った。

27日 得意先 栃木商店に次の商品を売り渡し，代金は先に受け取ってある内金*¥85,000*を差し引き，残額は掛けとした。
      B 品 *200個* @*¥1,485* *¥297,000*

29日 仕入先 福井商店に対する買掛金の一部*¥280,000*を，小切手#7を振り出して支払った。

31日 今月分の新聞の折り込み広告代金*¥28,600*が当座預金口座から引き落とされた。

(1)

仕　訳　帳

1

令和 ○年		摘　　　要	元丁	借　　方	貸　　方
1	1	前 期 繰 越 高	√	4,634,000	4,634,000

総 勘 定 元 帳

現　　金　　　1
1/ 1　813,500

当 座 預 金　　2
1/ 1　1,895,000

売 掛 金　　3
1/ 1　764,000

繰 越 商 品	4
1/ 1　489,500	

備　　品	5
1/ 1　672,000	

買 掛 金	6
	1/ 1　467,000

借 入 金	7
	1/ 1　1,150,000

前 受 金	8

所得税預り金	9

資 本 金	10
	1/ 1　3,017,000

売　　上	11

仕　　入	12

給　　料	13

広 告 料	14

消 耗 品 費	15

支 払 利 息	16

(2)　（注意）売掛金元帳は締め切ること。

売 掛 金 元 帳

栃 木 商 店	1
1/ 1　479,000	

群 馬 商 店	2
1/ 1　285,000	

(3)

残 高 試 算 表
令和○年1月31日

借　　方	勘 定 科 目	貸　　方
	現　　　　金	
	当 座 預 金	
	売　　掛　　金	
	繰 越 商 品	
	備　　　　品	
	買　　掛　　金	
	借　　入　　金	
	所 得 税 預 り 金	
	資　　本　　金	
	売　　　　上	
	仕　　　　入	
	給　　　　料	
	広　　告　　料	
	消 耗 品 費	
	支 払 利 息	

38 文章・計算の問題

38-1 次の各文の ☐ にあてはまるもっとも適当な語を，下記の語群のなかから選び，その番号を記入しなさい。

(1) 簿記では，すべての取引は，主要簿である仕訳帳や ｱ に記入される。

    1．補 助 元 帳　　2．総勘定元帳　　3．現金出納帳

(2) 企業の一会計期間の経営成績を明らかにした報告書を損益計算書といい，英語では ｲ と表す。

    1．balance sheet（B/S）　　2．account（a/c）　　3．profit and loss statement（P/L）

(3) 企業の一会計期間の収益と費用の内容を示した報告書を損益計算書という。企業がこれを作成するのは，一会計期間の ｳ を明らかにするためである。

    1．経 営 成 績　　2．取 引 明 細　　3．財 政 状 態

ア		イ		ウ	

38-2 次の各文の ☐ にあてはまるもっとも適当な語を，下記の語群のなかから選び，その番号を記入しなさい。

(1) 企業の一定時点における財政状態を明らかにするために作成したものを貸借対照表といい，英語では ｱ と表す。

    1．profit and loss statement（P/L）　　2．sales book　　3．balance sheet（B/S）

(2) 合計試算表の借方合計金額と貸方合計金額は，必ず一致する。これは， ｲ によるものであり，複式簿記の大きな特徴の一つである。

    1．貸借平均の原理　　2．貸借対照表等式　　3．財 産 法

(3) 企業では，決算において一会計期間の経営成績や財政状態を知るため，残高試算表から，損益計算書と貸借対照表を作成する手続きを一つにまとめた ｳ を作成することがある。

    1．合計試算表　　2．精 算 表　　3．合計残高試算表

ア		イ		ウ	

38-3 次の各文の ☐ にあてはまるもっとも適当な語を，下記の語群のなかから選び，その番号を記入しなさい。

(1) 企業の経営活動は継続して営まれており，経営成績を明らかにするため，経営活動を一定の期間に区切る必要がある。この区切られた期間を ｱ という。

    1．会 計 期 間　　2．会 計 単 位　　3．会 計 期 末

(2) 貸倒引当金勘定のように，売掛金勘定の残高から差し引いて，その勘定の金額を修正する役割をもった勘定を ｲ という。

    1．統 制 勘 定　　2．評 価 勘 定　　3．差 額 補 充 法

(3) 売掛金勘定の借方合計と貸方合計および残高は，売掛金元帳のすべての人名勘定の借方・貸方の各合計および残高の合計と一致する。この売掛金勘定のように，補助元帳の記入内容をまとめてあらわしている勘定を ｳ という。

    1．総勘定元帳　　2．評 価 勘 定　　3．統 制 勘 定

ア		イ		ウ	

38-4 次の文の ☐ のなかに適当な金額を記入しなさい。

(1) 徳島商店（個人企業）の期首の負債総額は ¥1,560,000 であり，期末の資産総額は ¥4,230,000 負債総額は ¥1,900,000 であった。なお，この期間中の収益総額が ¥3,250,000 費用総額が ¥2,810,000 であるとき，当期純利益は ☐ア☐ で，期首の資産総額は ☐イ☐ である。

(2) 愛媛商店（個人企業）の期首の資産総額は ¥1,620,000 負債総額は ¥480,000 であり，期末の資産総額は ¥1,970,000 であった。なお，この期間中の収益総額は ¥2,450,000 当期純利益が ¥280,000 であるとき，費用総額は ☐ウ☐ で，期末の負債総額は ☐エ☐ である。

(3) 高知商店（個人企業）の期末の資本は ¥4,630,000 であった。この期間中の費用総額は ¥6,210,000 当期純利益が ¥470,000 であるとき，収益総額は ☐オ☐ で，期首の資本は ☐カ☐ である。

(4) 米子商店（個人企業）の期首の資本は ¥1,580,000 であった。この期間中の費用総額が ¥5,940,000 当期純利益が ¥360,000 であるとき，収益総額は ☐キ☐ で，期末の資本は ☐ク☐ である。

ア	¥	イ	¥	ウ	¥
エ	¥	オ	¥	カ	¥
キ	¥	ク	¥		

38-5 島根商店（個人企業）の下記の資料によって，次の金額を計算しなさい。

a．費用総額　　　　b．期首の負債総額

資　　料
　i　期首の資産総額　¥4,290,000
　ii　期末の資産および負債
　　　　現　　金 ¥810,000　　売掛金 ¥1,300,000　　商　　品 ¥550,000
　　　　備　　品　1,700,000　　買掛金　960,000　　借入金　600,000
　iii　期間中の収益総額　¥6,340,000
　iv　当期純利益　¥590,000

a	¥	b	¥

38-6 松江商店（個人企業）の下記の資料によって，次の金額を計算しなさい。

a．期間中の収益総額　　　　b．期末の資産総額

資　　料
　i　期首の資産および負債
　　　　現　　金 ¥480,000　　当座預金 ¥1,270,000　　商　　品 ¥400,000
　　　　備　　品　600,000　　買掛金　320,000　　借入金　500,000
　ii　期末の負債総額　¥740,000
　iii　期間中の費用総額　¥2,865,000
　iv　当期純利益　¥235,000

a	¥	b	¥

38▸7　千葉商店（個人企業）の下記の資本金勘定と資料によって，次の金額を計算しなさい。
　　　　a．期首の資本金　　　　b．期間中の費用総額

	資　　本　　金	
12/31 次期繰越（　　　　　）	1/1 前期繰越（　　　　　）	
	12/31 損　　益　625,000	
2,570,000	2,570,000	

資　　料
　　期間中の収益総額　¥6,924,000

a	¥	b	¥

38▸8　新宿商店（個人企業）の下記の資本金勘定と資料によって，次の金額を計算しなさい。
　　　　a．期間中の収益総額　　　　b．期首の資本金

	資　　本　　金	
12/31 次期繰越　4,750,000	1/1 前期繰越（　　　　　）	
	12/31 損　　益（　　　　　）	
4,750,000	4,750,000	

資　　料
　i　期間中の費用総額　¥6,250,000
　ii　当 期 純 利 益　¥　540,000

a	¥	b	¥

38▸9　神奈川商店（個人企業）の下記の損益勘定と資料によって，次の金額を求めなさい。
　　　　a．売上原価　　　　b．期末の資産総額

	損　　　　益	
12/31 仕　　入（　　　　　）	12/31 売　　上　6,390,000	
〃　給　　料　660,000		
〃　支払家賃　420,000		
〃　支払利息　50,000		
〃　資 本 金（　　　　　）		
6,390,000	6,390,000	

資　　料
　i　期首の資産総額　¥4,280,000
　ii　期首の負債総額　¥1,780,000
　iii　期末の負債総額　¥2,970,000
　iv　当 期 純 利 益　¥　450,000

a	¥	b	¥

38-10 杉並商店はA品のみを販売し，商品有高帳を移動平均法によって記帳している。次の勘定記録と商品有高帳から（ア）と（イ）に入る金額または数量を求めなさい。ただし，同店では，A品を/個あたり¥750で販売している。

仕　　　入		売　　　上	
1/6 買掛金　34,800		1/10 売掛金　60,000	

商　品　有　高　帳

（移動平均法）　　　　　　　　　品名　A　品　　　　　　　　　単位：個

令○ 和年		摘　　要	受　　入			払　　出			残　　高		
			数量	単価	金　額	数量	単価	金　額	数量	単価	金　額
1	1	前月繰越	40	520	20,800				40	520	20,800
	6	池袋商店	60	（　）	（　　）				（　）	（ア）	（　　）
	10	目白商店				（イ）	（　）	（　　）	（　）	（　）	（　　）

ア	¥		イ		個

38-11 下記の商品有高帳の（ア）と（イ）の金額を求めなさい。

a. 佐賀商店は，次の取引を商品有高帳に記入した。ただし，先入先出法によっている。

　　/月/0日　長崎商店に次の商品を売り渡し，代金は掛けとした。

　　　　　　A品　　200個　　@¥550　　¥110,000

商　品　有　高　帳

（先入先出法）　　　　　　　　　品名　A　品　　　　　　　　　単位：個

令○ 和年		摘　　要	受　　入			払　　出			残　　高		
			数量	単価	金　額	数量	単価	金　額	数量	単価	金　額
1	1	前月繰越	100	430	43,000				100	430	43,000
			150	440	66,000				150	440	66,000
	10	長崎商店				（　）	（　）	（　　）			
						（　）	（　）	（　　）	（　）	（　）	（　ア　）

b. 長崎商店は，次の取引を商品有高帳に記入した。ただし，移動平均法によっている。

　　/月/0日　佐賀商店から次の商品を仕入れ，代金は掛けとした。

　　　　　　A品　　200個　　@¥550　　¥110,000

商　品　有　高　帳

（移動平均法）　　　　　　　　　品名　A　品　　　　　　　　　単位：個

令○ 和年		摘　　要	受　　入			払　　出			残　　高		
			数量	単価	金　額	数量	単価	金　額	数量	単価	金　額
1	1	前月繰越	100	520	52,000				100	520	52,000
	10	佐賀商店	（　）	（　）	（　　）				（　）	（イ）	（　　）

ア	¥		イ	¥	

38-12　栃木商店が販売するA品の商品有高帳は，下記のとおりである。よって，

　a．栃木商店は，この商品有高帳を次のどちらの方法で記帳しているか，その番号を記入しなさい。

　　　1．先入先出法　　2．移動平均法

　b．（ア）に入る数量を求めなさい。

商 品 有 高 帳

品名　A　品　　　　　　　　　　　　　　　　　　単位：台

令和○年		摘　　要	受　入			払　　出			残　　高		
			数量	単価	金　額	数量	単価	金　　額	数量	単価	金　　額
1	1	前月繰越	400	750	300,000				400	750	300,000
	15	群馬商店				300	750	225,000	100	750	75,000
	23	高知商店	500	( )	380,000				100	( )	( )
									( )	( )	( )
	28	横浜商店				100	( )	( )	( )	( )	( )
	31	次月繰越				(ア)	760	( )			
			( )		( )	( )		( )			

a		b		台

38-13　青森商店は商品有高帳を移動平均法によって記帳している。次の商品有高帳から（ア）に入る単価と（イ）に入る数量を求めなさい。

　　ただし，/月/5日にA品を600本　@¥920　¥552,000で販売している。

商 品 有 高 帳

（移動平均法）　　　　　　品名　A　品　　　　　　　　　　　　　　単位：本

令和○年		摘　　要	受　入			払　出			残　高		
			数量	単価	金　額	数量	単価	金　額	数量	単価	金　額
1	1	前月繰越	200	600	120,000				200	600	120,000
	10	弘前商店	800	650	520,000				( )	( )	( )
	15	八戸商店				( )	(ア)	( )	( )	( )	( )
	24	弘前商店	400	660	264,000				(イ)	( )	( )
	31	次月繰越				( )	( )	( )			
			( )		( )	( )		( )			

ア	¥		イ		本

38-14 三重商店の次の仕訳帳と勘定記録および合計残高試算表から，（ a ）と（ b ）に入る金額を求めなさい。

仕　訳　帳

令和○年	摘　要	元丁	借　方	貸　方
1　1	前期繰越高	√	1,500,000	1,500,000
	〜〜〜〜			
			8,563,000	8,563,000

買　掛　金　　6

	795,000	1/1　前期繰越	274,000
			816,000

（注意）i　仕訳帳の期中取引は省略されている。
　　　　ii　買掛金勘定の記録は，合計額で示してある。

合計残高試算表
令和○年12月31日

借　方　残　高	借　方　合　計	勘定科目	貸　方　合　計	貸　方　残　高
(　　　)	672,000	現　　金	415,000	
(　　　)	2,475,000	当座預金	1,779,000	
(　　　)	1,543,000	売　掛　金	852,000	
(　　　)	233,000	繰越商品		
(　　　)	572,000	備　　品		
	(　　　)	買　掛　金	(　　　)	(　b　)
		資　本　金	2,789,000	(　　　)
	20,000	売　　上	1,627,000	(　　　)
(　　　)	1,245,000	仕　　入	11,000	
(　　　)	780,000	給　　料		
(　　　)	228,000	支払家賃		
4,691,000	(　a　)		(　a　)	4,691,000

a	¥	b	¥

39 決算の問題

39-1 香川商店（個人企業　決算年1回　12月31日）の次の決算整理事項によって，精算表を完成しなさい。

決算整理事項
a. 期末商品棚卸高　¥830,000
b. 貸倒見積高　売掛金残高の5%と見積もり，貸倒引当金を設定する。
c. 備品減価償却高　¥117,500（直接法）

精算表
令和○年12月31日

勘定科目	残高試算表 借方	残高試算表 貸方	整理記入 借方	整理記入 貸方	損益計算書 借方	損益計算書 貸方	貸借対照表 借方	貸借対照表 貸方
現　　　　金	840,000							
当 座 預 金	1,130,000							
売　　掛　　金	1,460,000							
貸 倒 引 当 金		22,000						
繰 越 商 品	770,000							
備　　　　品	940,000							
買　　掛　　金		780,000						
前　　受　　金		472,000						
資　　本　　金		3,500,000						
売　　　　上		8,400,000						
受 取 手 数 料		70,000						
仕　　　　入	5,540,000							
給　　　　料	1,550,000							
支 払 家 賃	960,000							
通　　信　　費	40,000							
雑　　　　費	14,000							
	13,244,000	13,244,000						

39-2 徳島商店（個人企業　決算年1回　12月31日）の決算整理事項は，次のとおりであった。よって，

(1) 精算表を完成しなさい。

(2) 備品勘定に必要な記入を行い，締め切りなさい。なお，勘定記入は，日付・相手科目・金額を示すこと。

決算整理事項

a. 期末商品棚卸高　¥860,000

b. 貸倒見積高　売掛金残高の5%と見積もり，貸倒引当金を設定する。

c. 備品減価償却高　取得原価¥840,000　残存価額は零(0)　耐用年数は8年とし，定額法により計算し，直接法で記帳している。

$$定額法による年間の減価償却費 = \frac{取得原価 - 残存価額}{耐用年数}$$

(1)

精　算　表
令和○年12月31日

勘定科目	残高試算表 借方	残高試算表 貸方	整理記入 借方	整理記入 貸方	損益計算書 借方	損益計算書 貸方	貸借対照表 借方	貸借対照表 貸方
現　　　金	978,000							
当 座 預 金	2,069,000							
売　掛　金	2,120,000							
貸倒引当金		66,000						
繰 越 商 品	950,000							
備　　　品	630,000							
買　掛　金		1,091,000						
借　入　金		590,000						
資　本　金		4,500,000						
売　　　上		7,990,000						
受 取 手 数 料		72,000						
仕　　　入	5,720,000							
給　　　料	1,088,000							
支 払 家 賃	600,000							
消 耗 品 費	82,000							
雑　　　費	38,000							
支 払 利 息	34,000							
	14,309,000	14,309,000						

(2)　　　　　備　　品　　　　　6

1/1 前期繰越	630,000	

39-3 高知商店（個人企業　決算年1回　12月31日）の総勘定元帳勘定残高と決算整理事項は次のとおりであった。よって，

(1) 決算整理仕訳を示しなさい。

(2) 繰越商品勘定に必要な記入を行い，締め切りなさい。なお，勘定記入は，日付・相手科目・金額を記入すること。

(3) 損益計算書および貸借対照表を完成しなさい。

元帳勘定残高

現　　　金	¥ 905,000	当座預金	¥1,324,000	売　掛　金	¥1,500,000
貸倒引当金	6,000	繰越商品	640,000	備　　　品	1,125,000
買　掛　金	504,000	借　入　金	300,000	資　本　金	4,000,000
売　　　上	4,890,000	受取手数料	260,000	仕　　　入	3,320,000
給　　　料	680,000	支払家賃	384,000	水道光熱費	48,000
雑　　　費	14,000	支払利息	20,000		

決算整理事項

a. 期末商品棚卸高　¥610,000

b. 貸倒見積高　売掛金残高の2%と見積もり，貸倒引当金を設定する。

c. 備品減価償却高　取得原価¥1,350,000　残存価額は零(0)　耐用年数は6年とし，定額法により計算し，直接法で記帳している。

$$定額法による年間の減価償却費 = \frac{取得原価 - 残存価額}{耐用年数}$$

(1)

	借　　方	貸　　方
a		
b		
c		

(2)

繰　越　商　品　　5

1/1　前期繰越	640,000	

(3) 損　益　計　算　書

高知商店　令和○年1月1日から令和○年12月31日まで　（単位：円）

費　用	金　額	収　益	金　額
売上原価		売上高	
給　料		受取手数料	
(　　)			
(　　)			
支払家賃			
水道光熱費			
雑　費			
支払利息			
(　　)			

貸　借　対　照　表

高知商店　令和○年12月31日　（単位：円）

資　　産	金　額	負債および純資産	金　額
現　金		買掛金	
当座預金		借入金	
売掛金 (　　)		資本金	
貸倒引当金 (　　)		(　　)	
(　　)			
備　品			

39-4 愛媛商店（個人企業　決算年/回　/2月3/日）の総勘定元帳勘定残高と決算整理事項は次のとおりであった。よって，

(1) 決算整理仕訳を示しなさい。

(2) 支払家賃勘定に必要な記入を行い，締め切りなさい。なお，勘定記入は，日付・相手科目・金額を記入すること。

(3) 損益計算書および貸借対照表を完成しなさい。

元帳勘定残高

現　　　金	¥917,000	当座預金	¥1,284,000	売　掛　金	¥1,800,000
貸倒引当金	12,000	繰越商品	760,000	備　　　品	2,100,000
買　掛　金	845,000	借　入　金	390,000	従業員預り金	180,000
資　本　金	4,757,000	売　　　上	7,970,000	受取手数料	367,000
仕　　　入	5,540,000	給　　　料	1,300,000	支払家賃	650,000
消耗品費	111,000	雑　　　費	27,000	支払利息	32,000

決算整理事項

a. 期末商品棚卸高　¥800,000

b. 貸倒見積高　売掛金残高の3%と見積もり，貸倒引当金を設定する。

c. 備品減価償却高　取得原価¥2,800,000　残存価額は零 (0)　耐用年数は8年とし，定額法により計算し，直接法で記帳している。

$$定額法による年間の減価償却費 = \frac{取得原価 - 残存価額}{耐用年数}$$

(1)

	借　　方	貸　　方
a		
b		
c		

(2)

支払家賃　　15

650,000 |

(3) 損　益　計　算　書

愛媛商店 令和○年/月/日から令和○年/2月3/日まで （単位：円）

費　用	金　額	収　益	金　額
売上原価		売上高	
給　料		受取手数料	
貸倒引当金繰入			
減価償却費			
支払家賃			
消耗品費			
雑　費			
支払利息			
(　　　)			

貸　借　対　照　表

愛媛商店　　令和○年/2月3/日　　（単位：円）

資　　産	金　額	負債および純資産	金　額
現　金		買掛金	
当座預金		借入金	
売掛金 (　　)		(　　　)	
貸倒引当金(　　)		資　本　金	
(　　　)		(　　　)	
備　品			

40 費用・収益の繰り延べ

学習の要点

1 費用の繰り延べ

　保険料や支払地代などの費用の支払高のうちに，次期以降の費用となる部分（前払高）が含まれている場合は，前払高を費用の勘定から差し引くとともに，**前払保険料勘定**や**前払地代勘定**（ともに資産）などに記入して，次期に繰り延べる。これを費用の繰り延べという。

例1 前払高を計上したとき　12/31　決算にあたり，5月1日に支払った1年分の保険料¥12,000のうち前払分（翌年1月～4月）¥4,000を次期に繰り延べた。
　　　　　　　（借）　前払保険料　4,000　（貸）　保険料　4,000……①

損益勘定に振り替えたとき　12/31　保険料の当期分¥8,000（5月～12月）を損益勘定に振り替えた。
　　　　　　　（借）　損　益　8,000　（貸）　保険料　8,000……②

　前払保険料¥4,000は，原則として，次期の費用になるから，次期の最初の日付（決算日の翌日）で保険料勘定に再振替しておく。

例2 再振替したとき　1/1　前払保険料¥4,000を，保険料勘定に再振替した。
　　　　　　　（借）　保険料　4,000　（貸）　前払保険料　4,000

保険料		
5/1 現　金 12,000	12/31前払保険料 4,000
	〃 損　益 8,000
12,000	12,000
1/1 前払保険料 4,000	

前払保険料	
12/31 保険料 4,000	12/31次期繰越 4,000
1/1 前期繰越 4,000	1/1 保険料 4,000

損　　益	
12/31 保険料 8,000	

2 郵便切手などの未使用分の整理

　郵便切手・収入印紙のうち，決算にあたり，まだ使用していない分があれば，これを通信費勘定・租税公課（印紙税）勘定から**貯蔵品勘定**（資産）の借方に振り替えて，未使用分を資産として次期に繰り延べる。また，繰り越された貯蔵品は，次期の最初の日付で通信費勘定・租税公課（印紙税）勘定に再振替しておく。

3 収益の繰り延べ

　受取地代や受取利息などの収益の受取高のうちに，次期以降の収益となる金額（前受高）が含まれている場合は，前受高を収益の勘定から差し引くとともに，**前受地代勘定**や**前受利息勘定**（ともに負債）などに記入して，次期に繰り延べる。これを収益の繰り延べという。

例3 前受高を計上したとき　12/31　決算にあたり，6月1日に受け取った1年分の地代¥24,000のうち前受分（翌年1月～5月）¥10,000を次期に繰り延べた。
　　　　　　　（借）　受取地代　10,000　（貸）　前受地代　10,000……①

損益勘定に振り替えたとき　12/31　受取地代の当期分（6月～12月）¥14,000を損益勘定に振り替えた。
　　　　　　　（借）　受取地代　14,000　（貸）　損　益　14,000……②

　前受地代¥10,000は，原則として，次期の収益になるから，次期の最初の日付で受取地代勘定に再振替しておく。

例4 再振替したとき　1/1　前受地代¥10,000を，受取地代勘定に再振替した。
　　　　　　　（借）　前受地代　10,000　（貸）　受取地代　10,000

受取地代	
12/31前受地代 10,000	6/1 現　金 24,000
〃 損　益 14,000	
24,000	24,000
	1/1 前受地代 10,000

前受地代	
12/31次期繰越 10,000	12/31受取地代 10,000
1/1 受取地代 10,000	1/1 前期繰越 10,000

損　　益	
	12/31受取地代 14,000

40-1 次の一連の取引を仕訳し，下記の勘定口座に転記しなさい。

6月 /日 /年分の火災保険料￥24,000を現金で支払った。

/2月3/日 決算にあたり，上記の保険料のうち前払分￥/0,000を次期に繰り延べた。

〃日 保険料の当期分￥/4,000を損益勘定に振り替えた。

/月 /日 前払保険料￥/0,000を，保険料勘定に再振替した。

	借 方	貸 方
6/1		
12/31		
〃		
1/1		

保 険 料

前 払 保 険 料

損 益

40-2 次の一連の取引を仕訳しなさい。

6月 /日 郵便切手￥40,000を現金で買い入れた。(費用の勘定で処理)

/2月3/日 決算にあたり，郵便切手の未使用分￥/5,000を次期に繰り延べた。

〃日 通信費の当期分￥25,000を，損益勘定に振り替えた。

/月 /日 上記の貯蔵品￥/5,000を，通信費勘定に再振替した。

	借 方	貸 方
6/1		
12/31		
〃		
1/1		

40-3 次の一連の取引を仕訳し，下記の勘定口座に転記しなさい。

5月 /日 /年分（5月～翌年4月分）の地代￥48,000を現金で受け取った。

/2月3/日 決算にあたり，上記の受取地代のうち前受分（翌年/月～4月分）￥/6,000を次期に繰り延べた。

〃日 受取地代の当期分（5月～/2月分）￥32,000を損益勘定に振り替えた。

/月 /日 前受地代￥/6,000を受取地代勘定に再振替した。

	借 方	貸 方
5/1		
12/31		
〃		
1/1		

受 取 地 代

前 受 地 代

損 益

40-4 次の一連の取引を仕訳し，下記の勘定口座に転記しなさい。

　　9月 /日　半年分の地代¥42,000を現金で支払った。

　/2月3/日　決算にあたり，上記の地代のうち前払分¥14,000を次期に繰り延べた。

　　〃 日　地代の当期分¥28,000を損益勘定に振り替えた。

　/月 /日　前払地代¥14,000を支払地代勘定に再振替した。

	借　　　　　　方	貸　　　　　　方
9/1		
12/31		
〃		
1/1		

```
        支 払 地 代                    （　　）地 代
┌──────────┬──────────┐    ┌──────────┬──────────┐
│          │          │    │          │          │
│          │          │    │          │          │
└──────────┴──────────┘    ├──────────┴──────────┤
                                  損　　　　益
                            ┌──────────┬──────────┐
```

40-5 次の一連の取引を仕訳し，下記の勘定口座に転記しなさい。

　　9月 /日　/年分の利息¥12,000を現金で受け取った。

　/2月3/日　決算にあたり，上記の受取利息のうち前受分¥8,000を次期に繰り延べた。

　　〃 日　受取利息の当期分¥4,000を損益勘定に振り替えた。

　/月 /日　前受利息¥8,000を受取利息勘定に再振替した。

	借　　　　　　方	貸　　　　　　方
9/1		
12/31		
〃		
1/1		

```
        受 取 利 息                    （　　）利 息
                                        損　　　　益
```

41 費用・収益の見越し

▶**1** 費用の見越し

　支払家賃や支払利息などの費用で，まだ支払ってはいないが，当期の費用としてすでに発生している分（未払高）がある場合は，未払高を費用の勘定に計上するとともに，**未払家賃勘定**や**未払利息勘定**（ともに負債）などに記入して，次期に繰り越す。これを費用の見越しという。

例1 未払高を計上したとき　12/31　決算にあたり，家賃の未払分（9月〜12月分）¥12,000を計上した。

　　　　　　　　　　（借）　支払家賃 12,000　（貸）　未払家賃 12,000……①

　　　損益勘定に振り替えたとき　12/31　支払家賃の当期分¥36,000を損益勘定に振り替えた。
　　　　　　　　　　（借）　損　　益 36,000　（貸）　支払家賃 36,000……②

既払分（すでに支払った額）¥24,000　①未払分¥12,000

												決算日
1月	2	3	4	5	6	7	8	9	10	11	12	

1/1　　　　　　　　　　8/31　　　　　12/31

②支払家賃（当期分）¥36,000

　未払家賃¥12,000は，次期の最初の日付で，支払家賃勘定に再振替する。

例2 再振替したとき　1/1　未払家賃¥12,000を，支払家賃勘定に再振替した。

　　　　　　　　　　（借）　未払家賃 12,000　（貸）　支払家賃 12,000

```
         支 払 家 賃                        未 払 家 賃
(支払った額) 24,000 | 12/31損 益 36,000    12/31次期繰越 12,000 | 12/31支払家賃 12,000
12/31未払家賃 12,000 |                       1/1 支払家賃 12,000 | 1/1 前期繰越 12,000
         36,000     |       36,000                   損      益
                    | 1/1 未払家賃 12,000    12/31支払家賃 36,000 |
```

▶**2** 収益の見越し

　受取家賃や受取利息などの収益で，まだ受け取ってはいないが，当期の収益としてすでに発生している分（未収高）がある場合は，未収高を収益の勘定に計上するとともに，**未収家賃勘定**や**未収利息勘定**（ともに資産）などに記入して，次期に繰り越す。これを収益の見越しという。

例3 未収高を計上したとき　12/31　決算にあたり，利息の未収分（10月〜12月分）¥6,000を計上した。

　　　　　　　　　　（借）　未収利息　6,000　（貸）　受取利息　6,000……①

　　　損益勘定に振り替えたとき　12/31　受取利息の当期分¥24,000を損益勘定に振り替えた。
　　　　　　　　　　（借）　受取利息 24,000　（貸）　損　　益 24,000……②

既収分（すでに受け取った額）¥18,000　①未収分¥6,000

												決算日
1月	2	3	4	5	6	7	8	9	10	11	12	

1/1　　　　　　　　　　9/30　　　　　12/31

②受取利息（当期分）¥24,000

　未収利息¥6,000は，次期の最初の日付で，受取利息勘定に再振替する。

例4 再振替したとき　1/1　未収利息¥6,000を，受取利息勘定に再振替した。

　　　　　　　　　　（借）　受取利息　6,000　（貸）　未収利息　6,000

```
         受 取 利 息                        未 収 利 息
12/31損 益 24,000 | (受け取った額) 18,000    12/31受取利息 6,000 | 12/31次期繰越 6,000
                  | 12/31未収利息 6,000      1/1 前期繰越 6,000 | 1/1 受取利息 6,000
         24,000   |       24,000                   損      益
1/1 未収利息 6,000 |                                          | 12/31受取利息 24,000
```

41-1　次の一連の取引を仕訳し，下記の勘定口座に転記しなさい。

　　/2月3/日　決算にあたり，家賃の未払分（8月〜/2月分）¥20,000を計上した。

　　　〃　日　支払家賃の当期分¥48,000を損益勘定に振り替えた。

　　/月　/日　未払家賃¥20,000を支払家賃勘定に再振替した。

	借　　　　　　方	貸　　　　　　方
12/31		
〃		
1/1		

支　払　家　賃		未　払　家　賃	
28,000			
		損　　　　益	

41-2　次の一連の取引を仕訳し，下記の勘定口座に転記しなさい。

　　/2月3/日　決算にあたり，利息の未収分（9月〜/2月分）¥8,000を計上した。

　　　〃　日　受取利息の当期分¥24,000を損益勘定に振り替えた。

　　/月　/日　未収利息¥8,000を受取利息勘定に再振替した。

	借　　　　　　方	貸　　　　　　方
12/31		
〃		
1/1		

受　取　利　息		未　収　利　息	
	16,000		
		損　　　　益	

41-3 次の一連の取引を仕訳し，下記の勘定口座に転記しなさい。

/2月3/日 決算にあたり，地代のうち当期未払分¥2/,000を計上した。

〃日 地代の当期分¥35,000を損益勘定に振り替えた。

/月/日 未払地代¥2/,000を支払地代勘定に再振替した。

/月3/日 未払分とあわせて，4か月分の地代¥28,000を現金で支払った。

	借 方	貸 方
12/31		
〃		
1/1		
1/31		

支 払 地 代

8/1 現 金 /4,000

（ ）地 代

損 益

41-4 次の一連の取引を仕訳し，下記の勘定口座に転記しなさい。

/2月3/日 決算にあたり，家賃の未収分¥/8,000を計上した。

〃日 受取家賃の当期分¥72,000を損益勘定に振り替えた。

/月/日 未収家賃¥/8,000を受取家賃勘定に再振替した。

3月3/日 未収分とあわせて，5か月分の家賃¥45,000を現金で受け取った。

	借 方	貸 方
12/31		
〃		
1/1		
3/31		

受 取 家 賃

5/1 現 金 54,000

（ ）家 賃

損 益

42 有価証券

1 有価証券

企業では，営業資金に余裕が生じたとき，売買を目的として**有価証券**を所有することがある。有価証券には，**株式・社債・公債**などがある。

2 売買を目的とした有価証券を取得したときの基本仕訳

売買目的の有価証券を取得したときは，**有価証券勘定**（資産）を用いて仕訳する。

例1 売買目的の有価証券を取得したとき　　7/1　売買目的で，A社発行の株式/0株を，/株につき¥58,000で買い入れ，代金は買入手数料¥20,000とともに小切手を振り出して支払った。

（借）有価証券　600,000　（貸）当座預金　600,000

有価証券の買入価額の計算方法（買入価額には手数料なども含める）

〔株式〕　1株の価額×株式数　　　〔社債・公債〕　額面総額× $\dfrac{\text{額面¥100あたりの価額}}{¥100}$

3 有価証券の評価

決算のときに，貸借対照表に記載する有価証券の価額を決めることを**有価証券の評価**といい，売買を目的とした有価証券は時価で評価する。この場合の時価は市場価格などである。

4 有価証券の評価に関する決算整理仕訳

決算日に，有価証券の時価が帳簿価額より低い場合は，帳簿価額を時価まで引き下げ，帳簿価額と時価との差額は**有価証券評価損勘定**（費用）に計上する。

また，有価証券の時価が帳簿価額より高い場合は，帳簿価額を時価まで引き上げ，帳簿価額と時価との差額は**有価証券評価益勘定**（収益）に計上する。

例2 時価＜帳簿価額のとき　　12/31　売買目的のA社株式/0株（/株の帳簿価額　¥60,000）を保有している。

① 時価が/株¥58,000のとき

（借）有価証券評価損　20,000　（貸）有価証券　20,000

有価証券	
600,000	12/31 有価証券評価損 20,000
	〃 次期繰越 580,000
600,000	600,000
1/1 前期繰越 580,000	

有価証券評価損	
12/31 有価証券 20,000	12/31 損益 20,000

例3 時価＞帳簿価額のとき　　② 時価が/株¥64,000のとき

（借）有価証券　40,000　（貸）有価証券評価益　40,000

有価証券	
600,000	12/31 次期繰越 640,000
12/31 有価証券評価益 40,000	
640,000	640,000
1/1 前期繰越 640,000	

有価証券評価益	
12/31 損益 40,000	12/31 有価証券 40,000

42-1 売買目的で保有するA社株式20株（/株の帳簿価額　¥72,000）の決算における時価が次の場合の決算整理仕訳を示し，下記の勘定口座に転記して締め切りなさい。（決算日　/2月3/日）

(1) 時価が/株¥69,000のとき

借　　　　　　方	貸　　　　　　方

有　価　証　券	有価証券評価損
1,440,000	

(2) 時価が/株¥74,000のとき

借　　　　　　方	貸　　　　　　方

有　価　証　券	有価証券評価益
1,440,000	

42-2 次の一連の取引を仕訳し，下記の勘定口座に転記して締め切りなさい。

4月20日　売買目的で，長崎商会株式会社の株式/0株を，/株につき¥67,000で買い入れ，代金は小切手を振り出して支払った。

/2月3/日　決算にあたり，上記株式を/株につき¥63,000の時価で評価替えした。

	借　　　　　方	貸　　　　　方
4/20		
12/31		

有　価　証　券	有価証券（　　　）

42-3 次の一連の取引を仕訳し，下記の勘定口座に転記して締め切りなさい。

5月/4日　売買目的で，宮崎商事株式会社の株式30株を，/株につき¥83,000で買い入れ，代金は小切手を振り出して支払った。

/2月3/日　決算にあたり，上記株式を/株につき¥86,000の時価で評価替えした。

	借　　　　　方	貸　　　　　方
5/14		
12/31		

有　価　証　券	有価証券（　　　）

進んだ学習

43 減価償却（間接法）

学習の要点

1 間接法による記帳

間接法は，当期の減価償却費を，固定資産ごとに設けた**減価償却累計額勘定**（固定資産に対する評価勘定）に記入する方法である。

例1 間接法で記帳したとき　12/31　決算（第3期）にあたり，備品（取得原価 ¥400,000）について ¥60,000 の減価償却を行い，間接法で記帳した。

（借）減 価 償 却 費 60,000　**（貸）備品減価償却累計** 60,000

```
          備        品
1/1 前期繰越 400,000 | 12/31 次期繰越 400,000
1/1 前期繰越 400,000 |

       減 価 償 却 費
12/31 備品減価償却
      累 計 額 60,000 | 12/31 損 益 60,000
```

```
       備品減価償却累計額
12/31 次期繰越 180,000 | 1/1 前期繰越 120,000
                      | 12/31 減価償却費 60,000
            180,000   |       180,000
                      | 1/1 前期繰越 180,000
```

2 固定資産の帳簿価額

間接法による固定資産の帳簿価額は，固定資産の勘定残高（取得原価）から減価償却累計額勘定の残高（減価償却費の累計額）を差し引くことによって求める。

固定資産の帳簿価額 ＝ 固定資産の取得原価 － 減価償却累計額勘定の残高

よって，**例1**の備品の帳簿価額は，次のように求めることができる。

¥400,000（備品の取得原価）－ ¥180,000（備品減価償却累計額勘定の残高）
＝ ¥220,000（備品の帳簿価額）

3 固定資産の売却

固定資産を売却したときは，その固定資産の取得原価と減価償却累計額を減少させる。売却した固定資産の帳簿価額と売却価額との差額は，**固定資産売却益勘定**（収益）または**固定資産売却損勘定**（費用）で仕訳する。

例2 固定資産を売却したとき　**例1**の備品（取得原価 ¥400,000　減価償却累計額 ¥180,000）を ¥200,000 で売却し，代金は月末に受け取ることにした。

（借）備品減価償却累計額 180,000　**（貸）備　　　品** 400,000
　　　未 収 入 金 200,000
　　　固定資産売却損 20,000

4 減価償却費の計算方法

(1) 定額法
毎期一定額を減価償却費として計算する方法。

$$減価償却費＝\frac{取得原価－残存価額}{耐用年数}$$

(2) 定率法
毎期の固定資産の未償却残高に一定の償却率を乗じて減価償却費を計算する方法。

減価償却費＝未償却残高※×償却率　※未償却残高＝取得原価－減価償却累計額

43-1 次の決算整理事項の仕訳を示し，下記の勘定口座に転記して締め切りなさい。また，期末の備品の帳簿価額を求めなさい。（決算日　/2月3/日）

決算整理事項　　備品減価償却高　¥75,000（間接法）

借　　　　　方	貸　　　　　方

備　　　品	
1/1 前期繰越 500,000	

備品減価償却累計額	
	1/1 前期繰越 /50,000

減　価　償　却　費	

備品の帳簿価額	¥

43-2 次の取引の仕訳を示しなさい。

(1) 取得原価¥500,000の事務用コピー機を¥90,000で売却し，代金は月末に受け取ることにした。なお，このコピー機に対する減価償却累計額は¥360,000で，間接法によって記帳している。

(2) 取得原価¥300,000のルームエアコンを¥/60,000で売却し，代金のうち¥/00,000は現金で受け取り，残額は月末に受け取ることにした。なお，このルームエアコンに対する減価償却累計額は¥/08,000で，間接法によって記帳している。

	借　　　　　方	貸　　　　　方
(1)		
(2)		

43-3 千葉商店の次の資料により，第/期から第3期までの減価償却費を，定額法と定率法で計算しなさい。

i　取得原価　¥3,200,000　　残存価額は零（0）　　耐用年数　8年

ii　償却率　0.25

	第　/　期	第　2　期	第　3　期
定　額　法	¥	¥	¥
定　率　法	¥	¥	¥

44 8桁精算表(2)

1 8桁精算表の作成

有価証券の評価，間接法による減価償却費の計上，費用・収益の繰り延べと見越しに関する8桁精算表の記入は，次のように行う。

(1) 有価証券の評価

① 時価¥580,000＜帳簿価額¥600,000のとき

(借) 有価証券評価損　20,000　(貸) 有価証券　20,000

精　算　表

勘定科目	残高試算表		整理記入		損益計算書		貸借対照表	
	借方	貸方	借方	貸方	借方	貸方	借方	貸方
有価証券	600,000			⊝20,000			580,000	
有価証券評価損			20,000		20,000			

② 時価¥640,000＞帳簿価額¥600,000のとき

(借) 有価証券　40,000　(貸) 有価証券評価益　40,000

勘定科目	残高試算表		整理記入		損益計算書		貸借対照表	
有価証券	600,000		⊕40,000				640,000	
有価証券評価益				40,000		40,000		

(2) 減価償却費¥60,000の計上 (間接法)

(借) 減価償却費　60,000　(貸) 備品減価償却累計額　60,000

勘定科目	残高試算表		整理記入		損益計算書		貸借対照表	
備品	400,000						400,000	
備品減価償却累計額		120,000		⊕60,000				180,000
減価償却費			60,000		60,000			

(3) 費用の繰り延べ (保険料前払高¥4,000)

(借) 前払保険料　4,000　(貸) 保険料　4,000

勘定科目	残高試算表		整理記入		損益計算書		貸借対照表	
保険料	12,000			⊝4,000	8,000			
前払保険料			4,000				4,000	

(4) 収益の繰り延べ (地代前受高¥10,000)

(借) 受取地代　10,000　(貸) 前受地代　10,000

勘定科目	残高試算表		整理記入		損益計算書		貸借対照表	
受取地代		24,000	⊝10,000			14,000		
前受地代				10,000				10,000

(5) 費用の見越し (家賃未払高¥12,000)

(借) 支払家賃　12,000　(貸) 未払家賃　12,000

勘定科目	残高試算表		整理記入		損益計算書		貸借対照表	
支払家賃	24,000		⊕12,000		36,000			
未払家賃				12,000				12,000

(6) 収益の見越し (利息未収高¥6,000)

(借) 未収利息　6,000　(貸) 受取利息　6,000

勘定科目	残高試算表		整理記入		損益計算書		貸借対照表	
受取利息		18,000		⊕6,000		24,000		
未収利息			6,000				6,000	

44-1 沖縄商店（個人企業　決算年/回　/2月3/日）の次の決算整理事項によって，精算表を完成しなさい。

　決算整理事項
　　a. 期末商品棚卸高は¥487,000である。
　　b. 貸倒引当金は，売掛金残高の5%とする。
　　c. 売買を目的とした有価証券の時価は¥620,000であった。
　　d. 備品について減価償却費¥/35,000を計上する。（間接法）
　　e. 保険料の前払高が¥6,000ある。
　　f. 郵便切手の未使用分¥8,000を次期に繰り延べる。
　　g. 地代の前受高が¥/8,000ある。
　　h. 家賃未払高¥24,000を当期の費用として見越し計上する。
　　i. 利息未収高¥/3,000を当期の収益として見越し計上する。

精　算　表
令和○年/2月3/日

勘 定 科 目	残 高 試 算 表		整 理 記 入		損 益 計 算 書		貸 借 対 照 表	
	借　方	貸　方	借　方	貸　方	借　方	貸　方	借　方	貸　方
現　　　　金	960,000							
当 座 預 金	1,880,000							
売　掛　金	600,000							
貸 倒 引 当 金		12,000						
有 価 証 券	670,000							
繰 越 商 品	390,000							
貸　付　金	750,000							
備　　　　品	1,200,000							
備品減価償却累計額		135,000						
土　　　　地	1,500,000							
支 払 手 形		796,000						
買　掛　金		975,000						
資　本　金		5,250,000						
売　　　　上		7,026,000						
受 取 地 代		54,000						
受 取 利 息		41,000						
仕　　　　入	4,140,000							
給　　　　料	1,440,000							
広　告　料	410,000							
保　険　料	18,000							
支 払 家 賃	48,000							
通　信　費	27,000							
雑　　　　費	256,000							
	14,289,000	14,289,000						
貸倒引当金繰入								
有価証券評価損								
減 価 償 却 費								
前 払 保 険 料								
貯　蔵　品								
前 受 地 代								
未 払 家 賃								
未 収 利 息								
（　　　　）								

44▶2 博多商店（個人企業　決算年1回　12月31日）の次の決算整理事項によって，精算表を完成しなさい。

　　決算整理事項
　　　a．期末商品棚卸高は¥780,000である。
　　　b．貸倒引当金は，受取手形と売掛金の期末残高に対し，それぞれ5％とする。
　　　c．売買を目的とした有価証券の時価は¥680,000であった。
　　　d．備品について減価償却費¥54,000を計上する。（間接法）
　　　e．保険料の前払高が¥10,000ある。
　　　f．収入印紙の未使用分¥20,000を次期に繰り延べる。
　　　g．利息の前受高が¥9,000ある。
　　　h．家賃未払高¥21,000を当期の費用として見越し計上する。
　　　i．地代未収高¥18,000を当期の収益として見越し計上する。
　　　j．現金過不足は，雑損として処理する。
　　　k．引出金は整理する。

精　算　表

令和○年12月31日

勘定科目	残高試算表 借方	残高試算表 貸方	整理記入 借方	整理記入 貸方	損益計算書 借方	損益計算書 貸方	貸借対照表 借方	貸借対照表 貸方
現　　金	345,000							
当座預金	1,580,000							
受取手形	600,000							
売　掛　金	1,080,000							
貸倒引当金		24,000						
有価証券	650,000							
繰越商品	840,000							
貸　付　金	360,000							
備　　品	480,000							
備品減価償却累計額		108,000						
土　　地	1,200,000							
支払手形		438,000						
買　掛　金		816,000						
資　本　金		4,800,000						
引　出　金	70,000							
現金過不足	9,000							
売　　上		4,526,000						
受取地代		54,000						
受取利息		12,000						
仕　　入	2,544,000							
給　　料	795,000							
支払家賃	63,000							
租税公課	60,000							
保　険　料	24,000							
雑　　費	78,000							
	10,778,000	10,778,000						
貸倒引当金繰入								
有価証券評価益								
減価償却費								
前払保険料								
貯蔵品								
前受利息								
未払家賃								
未収地代								
雑　　損								
（　　　　）								

44-3 次の期末修正事項にもとづいて，精算表を完成しなさい。ただし，会計期間は，令和○年/月/日から令和○年/2月3/日までの/年間である。

1．売掛金残高に対して2％の貸し倒れを見積もる。
2．有価証券を¥85,000に評価替えする。
3．期末商品棚卸高は¥95,000である。売上原価は「仕入」の行で計算すること。
4．備品について定額法によって減価償却を行う。ただし，備品の残存価額は零（0），耐用年数は/0年である。（間接法）
5．郵便切手の未使用分¥/5,000を次期に繰り延べる。
6．借入金は令和○年7月/日に借入期間/年，利率年9.6％で借り入れたものであり，利息は元金の返済時に支払うことになっている。利息は月割計算による。
7．有価証券の利息¥4,900が未収である。
8．家賃¥4,000が未払いとなっている。
9．保険料は/年分で，保険契約後決算日までの経過期間は4か月である。

精　算　表

令和○年/2月3/日

勘定科目	残高試算表 借方	残高試算表 貸方	整理記入 借方	整理記入 貸方	損益計算書 借方	損益計算書 貸方	貸借対照表 借方	貸借対照表 貸方
現　　　金	52,700							
当 座 預 金	120,000							
売　掛　金	165,000							
有 価 証 券	100,000							
繰 越 商 品	80,000							
備　　　品	200,000							
買　掛　金		140,000						
借　入　金		200,000						
貸 倒 引 当 金		800						
備品減価償却累計額		40,000						
資　本　金		300,000						
売　　　上		679,000						
有価証券利息		4,900						
仕　　　入	411,000							
給　　　料	120,000							
通　信　費	60,000							
支 払 家 賃	44,000							
保　険　料	12,000							
	1,364,700	1,364,700						
貸倒引当金繰入								
有価証券（　　）								
減 価 償 却 費								
（　　　　）								
（　　）利　息								
（　　）利　息								
（　　）有価証券利息								
（　　）家　賃								
（　　）保険料								
当期純（　　）								

進んだ学習

45 損益計算書(2)

1　損益計算書の作成······

　損益計算書は，一会計期間に発生したすべての収益と費用を記載し，その差額として当期純利益（または当期純損失）を示すことにより，企業の経営成績を明らかにする報告書である。

45-1　別府商店（個人企業　決算年/回　/2月3/日）の総勘定元帳勘定残高と決算整理事項は，次のとおりであった。よって，

(1)　決算整理仕訳(修正仕訳)を示しなさい。ただし，繰り延べおよび見越しの勘定を用いること。

(2)　損益計算書を完成しなさい。

元帳勘定残高

現　　　　金	¥ 396,000	当 座 預 金	¥ 1,490,000	受 取 手 形	¥ 870,000
売 掛 金	1,050,000	貸倒引当金	34,000	有 価 証 券	700,000
繰 越 商 品	675,000	貸 付 金	750,000	備　　　品	900,000
備品減価償却累計額	360,000	支 払 手 形	840,000	買 掛 金	870,000
資 本 金	4,500,000	売　　　上	7,995,000	受 取 利 息	30,000
受取手数料	93,000	仕　　　入	6,285,000	給　　　料	1,137,000
保 険 料	90,000	租 税 公 課	51,000	支 払 家 賃	300,000
雑　　　費	28,000				

決算整理事項

a．期末商品棚卸高は¥8/0,000である。

b．貸倒引当金は受取手形残高と売掛金残高に対し，それぞれ5%とする。

c．備品の減価償却は，取得原価¥900,000　残存価額は零（0）　耐用年数は/0年とし，定額法により計算し，間接法で記帳している。

d．有価証券は，大分商事株式会社の株式/0株（/株の帳簿価額¥70,000）であるが，/株につき¥73,000に評価替えする。

e．保険料の¥90,000は，本年3月/日から期間/か年として契約した火災保険に対するものであり，前払高を次期に繰り延べる。

f．収入印紙の未使用分¥/2,000を次期に繰り延べる。

g．家賃未払高¥60,000を当期の費用として見越し計上する。

h．利息の前受高が¥3,000ある。

i．手数料未収高¥23,000を当期の収益として見越し計上する。

j．現金の実際有高は¥392,000であり，不足額は原因不明につき雑損とする。

(1)

	借　　　　方	貸　　　　方
a		
b		
c		
d		
e		
f		
g		
h		
i		
j		

(2)

損　益　計　算　書

別 府 商 店　　　　令和○年/月/日から令和○年/2月3/日まで　　　　（単位：円）

費　　　　用	金　　額	収　　　　益	金　　額
売 上 原 価		売　　上　　高	
給　　　　料		受 取 利 息	
（　　　　　　）		受 取 手 数 料	
（　　　　　　）		（　　　　　　）	
保　　険　　料			
租 税 公 課			
支 払 家 賃			
雑　　　　費			
（　　　　　　）			
（　　　　　　）			

46 貸借対照表(2)

学習の要点

1 貸借対照表の作成

ここでは，p.170以降で学んだ決算整理事項を含む貸借対照表について学習する。とくに，備品や建物などの減価償却について，間接法で記帳している場合は，下記のとおり備品や建物の取得原価から減価償却累計額をそれぞれ差し引く形式（控除形式）で示すことになる。

貸　借　対　照　表

（単位：円）

資　　　産	金　　額	負債および純資産	金　　額
：		支　払　手　形	×××
控除形式→ 受 取 手 形　300,000 貸倒引当金　15,000	285,000	：	
		未　払　利　息	×××
控除形式→ 売　掛　金　400,000 貸倒引当金　20,000	380,000	未　払　家　賃	×××
		前　受　地　代	×××
貯　蔵　品	×××	前　受　手　数　料	×××
前　払　保　険　料	×××	前　受　利　息	×××
前　払　地　代	×××	：	
未　収　利　息	×××	資　　本　　金	×××
未　収　家　賃	×××	当　期　純　利　益	×××
控除形式→ 備　　　品　800,000 減価償却累計額　180,000	620,000		

46-1 大分商店（個人企業　決算年1回　12月31日）の総勘定元帳勘定残高と決算整理事項は，次のとおりであった。よって，

(1) 決算整理仕訳（修正仕訳）を示しなさい。ただし，繰り延べおよび見越しの勘定を用いること。

(2) 貸借対照表を完成しなさい。

元帳勘定残高

現　　　金 ¥	230,000	当 座 預 金 ¥	1,215,000	受 取 手 形 ¥	1,200,000
売　掛　金	900,000	貸倒引当金	11,000	有 価 証 券	590,000
繰 越 商 品	676,000	貸　付　金	600,000	備　　　品	800,000
備品減価償却累計額	320,000	買　掛　金	2,352,000	従業員預り金	41,000
資　本　金	3,200,000	引　出　金	74,000	売　　　上	6,807,000
受 取 利 息	156,000	受 取 手 数 料	12,000	仕　　　入	5,320,000
給　　　料	872,000	広　告　料	63,000	保　険　料	36,000
通　信　費	34,000	支 払 家 賃	180,000	雑　　　費	109,000

決算整理事項

a．期末商品棚卸高は¥680,000である。

b．貸倒引当金は受取手形残高と売掛金残高に対し，それぞれ3%とする。

c．備品の減価償却は，取得原価¥800,000　残存価額は零（0）　耐用年数は10年とし，定額法により計算し，間接法で記帳している。

d．有価証券は，熊本商事株式会社の株式10株（1株の帳簿価額¥59,000）であるが，1株につき¥57,000に評価替えする。

e．引出金は整理する。

f．郵便切手の未使用分¥4,000を次期に繰り延べる。

g．保険料の¥36,000は本年4月1日に契約した期間1か年の火災保険に対するものであり，前払高を次期に繰り延べる。

h．受取利息のうち2か月分¥6,000を次期に繰り延べる。

i．家賃未払高¥60,000を当期の費用として見越し計上する。

j．手数料未収高¥12,000を当期の収益として見越し計上する。

k．現金の実際有高は¥227,000であり，不足額は原因不明につき雑損とする。

(1)

	借 方	貸 方
a		
b		
c		
d		
e		
f		
g		
h		
i		
j		
k		

(2)

大 分 商 店

貸 借 対 照 表
令和○年12月31日 （単位：円）

資 産	金 額	負債および純資産	金 額
現 金		買 掛 金	
当 座 預 金		従 業 員 預 り 金	
受 取 手 形 （　　　）		（　　　　　）	
貸倒引当金 （　　　）		（　　　　　）	
売 掛 金 （　　　）		資 本 金	
貸倒引当金 （　　　）		（　　　　　）	
有 価 証 券			
商 品			
貸 付 金			
（　　　　）			
（　　　　）			
（　　　　）			
備 品 （　　　）			
減価償却累計額 （　　　）			

進んだ学習

公益財団法人全国商業高等学校協会主催　**簿記実務検定試験規則**　（平成27年2月改正）

第1条　公益財団法人全国商業高等学校協会は，簿記実務の能力を検定する。

第2条　検定は筆記試験によって行う。

第3条　検定は第1級，第2級および第3級の3種とする。

第4条　検定試験は全国一斉に同一問題で実施する。

第5条　検定試験は年2回実施する。

第6条　検定の各級は次のように定める。

第1級　会計（商業簿記を含む）・原価計算

第2級　商業簿記

第3級　商業簿記

第7条　検定に合格するためには各級とも70点以上の成績を得なければならない。ただし，第1級にあっては，各科目とも70点以上であることを要する。

第8条　検定に合格した者には合格証書を授与する。

第1級にあっては，会計・原価計算のうち1科目が70点以上の成績を得たときは，その科目の合格証書を授与する。

前項の科目合格証書を有する者が，取得してから4回以内の検定において，第1級に不足の科目について70点以上の成績を得たときは，第1級合格と認め，合格証書を授与する。

第9条　省　略

第10条　検定試験受験志願者は所定の受験願書に受験料を添えて本協会に提出しなければならない。

第11条　試験委員は高等学校その他の関係職員がこれに当たる。

施 行 細 則　（平成27年2月改正）

第1条　受験票は本協会で交付する。受験票は試験当日持参しなければならない。

第2条　試験規則第5条による試験日は，毎年1月・6月の第4日曜日とする。

第3条　検定の第1級の各科目および第2・3級の配点は各100点満点とし，制限時間は各1時間30分とする。

第1級にあっては，会計・原価計算のうち，いずれか一方の科目を受験することができる。

第4条　試験問題の範囲および答案の記入については別に定めるところによる。

第5条　受験料は次のように定める。（消費税を含む）

第1級　1科目につき　1,300円

第2級　1,300円

第3級　1,300円

第6条　試験会場では試験委員の指示に従わなければならない。

第7条　合格発表は試験施行後1か月以内に行う。その日時は試験当日までに発表する。

答 案 の 記 入 に つ い て　（昭和26年6月制定）

1. 答案はインクまたは鉛筆を用いて記載すること。けしゴムを用いてさしつかえない。

2. 朱記すべきところは赤インクまたは赤鉛筆を用いること。ただし線は黒でもよい。

出 題 の 範 囲 に つ い て　（令和5年3月改正）

この検定試験は，文部科学省高等学校学習指導要領に定める内容によっておこなう。

I　各級の出題範囲

各級の出題範囲は次のとおりである。ただし，2級の範囲は3級の範囲を含み，1級の範囲は2・3級の範囲を含む。

内　　容	3　級	2　級	1　級（会計）
(1)簿記の原理	ア．簿記の概要 　資産・負債・純資産・収益・費用 　貸借対照表・損益計算書 イ．簿記の一巡の手続 　取引・仕訳・勘定 　仕訳帳・総勘定元帳 　試算表 ウ．会計帳簿 　主要簿と補助簿 　　現金出納帳・小口現金出納帳・当座預金出納帳・仕入帳・売上帳・商品有高帳(先入先出法・移動平均法)・売掛金元帳・買掛金元帳	受取手形記入帳 支払手形記入帳	(総平均法)
(2)取引の記帳	ア．現金預金 イ．商品売買 ウ．掛け取引	現金過不足の処理 当座借越契約 エ．手形 　手形の受取・振出・決済・裏書・割引・書換・不渡 　手形による貸付及び借入 　営業外取引による手形処理 オ．有価証券 　売買を目的とした有価証券	銀行勘定調整表の作成 予約販売 サービス業会計 工事契約 契約資産・契約負債 満期保有目的の債券・他企業支配目的株式・その他有価証券・有価証券における利息

内　容	3　級	2　級	1　級　（会計）
	カ．その他の債権・債務	クレジット取引 電子記録債権・債務	
	キ．固定資産 　　取得	売却	除却・建設仮勘定・無形固定資産 リース会計（借り手の処理）
	ク．販売費と一般管理費 ケ．個人企業の純資産		
		追加元入れ・引き出し コ．税金 　　所得税・住民税・固定資産税・事業 　　税・印紙税・消費税・法人税 サ．株式会社会計 　　設立・新株の発行・当期純損益の計 　　上・剰余金の配当と処分	課税所得の計算 税効果会計に関する会計処理 合併・資本金の増加・資本金の減 少・任意積立金の取り崩し・自己株 式の取得・処分・消却 新株予約権の発行と権利行使 シ．外貨建換算会計
(3)決　　算	ア．決算整理 　商品に関する勘定の整理 　貸倒れの見積もり 　固定資産の減価償却（定額法） 　　　　　　　　　　（直接法）	（定率法） （間接法） 有価証券の評価 収益・費用の繰り延べと見越し 消耗品の処理	商品評価損・棚卸減耗損 （生産高比例法） 税効果会計を含む処理 退職給付引当金 リース取引における利息の計算 外貨建金銭債権の評価
	イ．精算表 ウ．財務諸表 　損益計算書（勘定式） 　貸借対照表（勘定式）		（報告式） （報告式） 株主資本等変動計算書
(4)本支店会計		ア．本店・支店間取引 　支店相互間の取引 イ．財務諸表の合併	
(5)記帳の効率化	ア．伝票の利用 　入金伝票・出金伝票・振替伝票の起 　票 イ．会計ソフトウェアの活用	伝票の集計と転記	
(6)財務会計の概要			ア．企業会計と財務会計の目的 イ．会計法規と会計基準 ウ．財務諸表の種類
(7)資産,負債,純資産			ア．資産，負債の分類，評価基準 イ．資産，負債の評価法
(8)収益，費用			ア．損益計算の基準 イ．営業損益 ウ．営業外損益 エ．特別損益
(9)財務諸表 　　分析の基礎			ア．財務諸表の意義・方法 イ．収益性，成長性，安全性の分析 ウ．連結財務諸表の目的,種類,有用性

内　　容	1　級（原価計算）
(1)原価と原価計算	ア．原価の概念と原価計算 イ．製造業における簿記の特色と仕組み
(2)費目別計算	ア．材料費の計算と記帳 イ．労務費の計算と記帳 ウ．経費の計算と記帳
(3)部門別計算と製品別計算	ア．個別原価計算と製造間接費の計算 　　（製造間接費差異の原因別分析（公式法変動予算）を含む） イ．部門別個別原価計算 　　（補助部門費の配賦は，直接配賦法・相互配賦法による） ウ．総合原価計算 　　（月末仕掛品原価の計算は，平均法・先入先出法による） 　　（仕損と減損の処理を含む）
(4)内部会計	ア．製品の完成と販売 イ．工場会計の独立 ウ．製造業の決算
(5)標準原価計算	ア．標準原価計算の目的と手続き 　　（シングルプラン及びパーシャルプランによる記帳を含む） イ．原価差異の原因別分析 ウ．損益計算書の作成
(6)直接原価計算	ア．直接原価計算の目的 イ．損益計算書の作成 ウ．短期利益計画

Ⅱ　各級の勘定科目（第97回より適用）

勘定科目のおもなものを級別に示すと，次のとおりである。

ただし，同一の内容を表せば，教科書に用いられている別の名称の科目を用いてもさしつかえない。

3　級

―ア 行―
受　取　地　代　勘定
受　取　手　数　料 〃
受　取　家　賃 〃
受　取　利　息 〃
売　　上 〃
売　掛　金 〃

―カ 行―
買　掛　金　勘定
貸　倒　損　失　金 〃
貸　倒　引　当　金 〃
貸倒引当金繰入 〃
貸　付　金 〃
借　入　金 〃
仮　　受　　金 〃

仮　払　金　勘定
繰　越　商　品 〃
減　価　償　却　費 〃
現　金 〃
広　告　料 〃
交　　通 〃
小　口　現　金 〃

―サ 行―
雑　　費　勘定
仕　入 〃
支　払　地　代 〃
支　払　手　数　料 〃
支　払　家　賃 〃
支　払　利　息 〃

資　本　金　勘定
車　両　運　搬　具 〃
従業員預り金 〃
従業員立替金 〃
商　品 〃
商　品　売　買　益 〃
商　品　売　買　損 〃
消　耗　品　費 〃
所得税預り金 〃
水　道　光　熱　費 〃

―タ 行―
建　　物　勘定
通　信　費 〃
定　期　預　金 〃

当　座　預　金　勘定
土　　地 〃

―ハ 行―
発　送　費　勘定
備　品 〃
普　通　預　金 〃
保　険　料 〃

―マ 行―
前　受　金　勘定
前　払　金 〃
未　収　入　金 〃
未　払　金 〃

―ラ 行―
旅　　費　勘定

2　級

―ア 行―
印　紙　税　勘定
受取商品券 〃
受　取　手　形 〃
営業外受取手形 〃
営業外支払手形 〃

―カ 行―
開　業　費　勘定
株　式　交　付　費 〃
仮　受　消　費　税 〃
仮払法人税等 〃
仮　払　消　費　税 〃
繰越利益剰余金 〃
クレジット売掛金 〃
現　金　過　不　足 〃
固　定　資　産　税 〃
固定資産売却益 〃
固定資産売却損 〃

―サ 行―
雑　　益　勘定
雑　　損 〃
事　業　税 〃
支　店 〃
支　払　手　形 〃
資　本　準　備　金 〃
社会保険料預り金 〃
車両運搬具減価償却累計額 〃
修　繕　費 〃
消　耗　品 〃
新　築　積　立　金 〃
創　立　費 〃
租　税　公　課 〃

―タ 行―
建物減価償却累計額　勘定
貯　蔵　品 〃
手　形　貸　付　金 〃

手　形　借　入　金　勘定
手　形　売　却 〃
電子記録債権 〃
電子記録債務 〃
電子記録債権売却損 〃
当　座　借　越 〃

―ハ 行―
配当平均積立金　勘定
引　出　金 〃
備品減価償却累計額 〃
不　渡　手　形 〃
別　途　積　立　金 〃
法　人　税　等 〃
法　定　福　利　費 〃
本　店 〃

―マ 行―
未　払　消　費　税　勘定
未　払　税　金 〃

未　払　配　当　金　勘定
未払法人税等 〃

―ヤ 行―
有　価　証　券　勘定
有価証券売却益 〃
有価証券売却損 〃
有価証券評価益 〃
有価証券評価損 〃

―ラ 行―
利　益　準　備　金　勘定
ほかに
[前払費用に関する勘定
前受収益に関する 〃
未払費用に関する 〃
未収収益に関する 〃

1　級（会　計）

―ア 行―
受　取　配　当　金　勘定
役　務　原　価 〃
役　務　収　益 〃

―カ 行―
開　発　費　勘定
火　災　損　失 〃
為　替　差　損　益 〃
関　連　会　社　株　式 〃
関連会社株式評価損 〃
機　械　装　置 〃
機械装置減価償却累計額 〃
繰　延　税　金　資　産 〃
繰　延　税　金　負　債 〃
契　約　資　産 〃
契　約　負　債 〃
研　究　開　発　費 〃
建　設　仮　勘　定 〃

鉱　業　権　勘定
鉱　業　権　償　却 〃
工　事　収　益 〃
工　事　原　価 〃
構　築　物 〃
構築物減価償却累計額 〃
子　会　社　株　式 〃
子会社株式評価損 〃
固　定　資　産　除　却　損 〃

―サ 行―
災　害　損　失　勘定
仕　入　割　引 〃
仕　掛　品 〃
自　己　株　式 〃
支払リース料 〃
商　品　評　価　損 〃
新　株　予　約　権 〃
新株予約権戻入益 〃

その他資本剰余金　勘定
その他有価証券 〃
その他有価証券評価差額金 〃
ソ　フ　ト　ウ　ェ　ア 〃
ソフトウェア仮勘定 〃
ソフトウェア償却 〃

―タ 行―
退職給付引当金　勘定
退　職　給　付　費　用 〃
棚　卸　減　耗　損 〃
投資有価証券売却益 〃
投資有価証券売却損 〃
特　許　権 〃
特　許　権　償　却 〃

―ナ 行―
の　れ　ん　勘定
の　れ　ん　償　却 〃

―ハ 行―
売買目的有価証券　勘定
法人税等調整額 〃
保　険　差　益 〃
保　証　債　務 〃
保証債務取崩益 〃
保　証　債　務　見　返 〃

―マ 行―
満期保有目的債券　勘定
未　　決　　算 〃

―ヤ 行―
有　価　証　券　利　息　勘定

―ラ 行―
リ　ー　ス　資　産　勘定
リース資産減価償却累計額 〃
リ　ー　ス　債　務 〃

1　級（原価計算）

―ア 行―
売　上　原　価　勘定

―カ 行―
買　入　部　品　勘定
外　注　加　工　賃 〃
ガ　ス　代 〃
機　械　装　置 〃
機械装置減価償却累計額 〃
組　間　接　費 〃
月　次　損　益 〃
健　康　保　険　料 〃
健康保険料預り金 〃
工　具　器　具　備　品 〃
工具器具備品減価償却累計額 〃
工　場 〃
工　場　消　耗　品 〃
厚　生　費 〃

―サ 行―
材料消費価格差異　勘定
材　料　消　費　数　量　差　異 〃
作　業　く　ず 〃
雑　給 〃
仕掛品に関する勘定
仕　掛　品 勘定
×　組　仕　掛　品 〃
××工程仕掛品 〃
仕　損　費 〃
修　繕　料 〃
従業員賞与手当 〃
消　費　材　料 〃
消　費　賃　金 〃
消耗工具器具備品 〃
水　道　料 〃

製　造　間　接　費　勘定
製造間接費配賦差異 〃
製造部門費に関する勘定
××製造部門費 勘定
製造部門費配賦差異 〃
製品に関する勘定
製　品 勘定
×　級　製　品 〃
×　組　製　品 〃
操　業　度　差　異 〃
素　材 〃

―タ 行―
退　職　給　付　費　用　勘定
棚　卸　減　耗　損 〃
賃　金 〃
賃　率　差　異 〃
電　力　料 〃

特許権使用料　勘定

―ナ 行―
年　次　損　益　勘定
燃　料 〃
能　率　差　異 〃

―ハ 行―
半製品に関する勘定
××工程半製品 勘定
販売費及び一般管理費 〃
副　産　物 〃
部　門　共　通　費 〃
補助部門に関する勘定
××部門費 勘定
本　社 〃

―ヤ 行―
予　算　差　異　勘定

英語表記一覧表

英数	
T字形	T form

あ	
移動平均法	moving average method
受取手形勘定	notes receivable account
売上勘定	sales account
売上原価	cost of goods sold
売上帳	sales book
売掛金勘定	accounts receivable account
売掛金元帳	accounts receivable ledger

か	
買掛金勘定	accounts payable account
買掛金元帳	accounts payable ledger
貸方	credit，creditor；Cr.
借方	debit，debtor；Dr.
為替手形	bill of exchange
勘定	account；a/c
勘定科目	title of account
繰越商品勘定	merchandise inventory account
決算	closing books
現金	cash
現金過不足	cash over and short
現金出納帳	cash book
合計転記	summary posting
小口現金	petty cash
小口現金出納帳	petty cash book
固定資産	fixed assets
個別転記	unit posting

さ	
財務諸表	financial statements；F/S
先入先出法（買入順法）	first-in first-out method；FIFO
仕入勘定	purchases account
仕入帳	purchases book
資産	assets
試算表	trial balance；T/B
支払手形勘定	notes payable account
資本	capital
収益	revenues
出金伝票	payment slip
主要簿	main book
純資産	net assets
証ひょう	voucher
商品有高帳	stock ledger
仕訳	journalizing
仕訳帳	journal
精算表	work sheet；W/S
総勘定元帳（元帳）	general ledger
損益計算書	profit and loss statement；P/L income statement；I/S

た	
貸借対照表	balance sheet；B/S
貸借平均の原理	principle of equilibrium
帳簿組織	systems of books
定額資金前渡法（インプレスト・システム）	imprest system
摘要欄	account and explanation
転記	posting
伝票	slip
当座借越	bank overdraft
当座預金	checking account
当座預金出納帳	bank book
取引	transactions

な	
内部けん制制度（内部統制システム）	internal check system
入金伝票	receipt slip

は	
費用	expenses
負債	liabilities
振替伝票	transfer slip
簿記	bookkeeping
補助記入帳	subsidiary register
補助簿	subsidiary book
補助元帳	subsidiary ledger

や	
約束手形	promissory note
有価証券	securities

表紙デザイン
本文基本デザイン
エッジ・デザインオフィス

反復式　簿記問題集　全商 3 級

● 編　者──実教出版編修部

● 発行者──小田　良次

● 印刷所──株式会社広済堂ネクスト

● 発行所──実教出版株式会社

〒102-8377
東京都千代田区五番町 5
電話〈営業〉（03）3238-7777
　　〈編修〉（03）3238-7332
　　〈総務〉（03）3238-7700
https://www.jikkyo.co.jp/

002502022

ISBN　978-4-407-35497-3

反復式 簿記問題集
全商 3 級

解答編

実教出版

1　資産・負債・純資産　(p.4)

■1■1

資産	現金　商品　土地　備品　売掛金　貸付金　建物
負債	借入金　買掛金
資本	資本金

■1■2

(1)	売　掛　金	(2)	商　　　品	(3)	備　　　品
(4)	買　掛　金	(5)	借　入　金	(6)	現　　　金

■1■3

現　金（ 1 ）　買掛金（ 2 ）　土　地（ 1 ）　建　物（ 1 ）
商　品（ 1 ）　売掛金（ 1 ）　貸付金（ 1 ）　借入金（ 2 ）
資本金（ 3 ）　備　品（ 1 ）

■1■4

1)

資本等式（❶1,500,000）－（❷500,000）＝（1,000,000）

資本の金額　¥ 1,000,000

2)

貸　借　対　照　表

（札　幌）商店　令和○年（ 1 ）月（ 1 ）日　　　（単位：円）

資　　産	金　　額	負債および純資産	金　　額
現　　　金	300,000	買　掛　金	400,000
（売　掛　金）	(500,000)	（借　入　金）	(100,000)
（商　　　品）	(700,000)	（資　本　金）	(1,000,000)
	(1,500,000)		(1,500,000)

解説 ❶資産の合計＝¥300,000（現金）＋¥500,000
　　　　　（売掛金）＋¥700,000（商品）
　　　　　＝¥1,500,000
　　　　❷負債の合計＝¥400,000（買掛金）＋¥100,000
　　　　　（借入金）＝¥500,000

■1■5

貸　借　対　照　表

（青　森）商店　令和○年（ 12 ）月（ 31 ）日　　（単位：円）

資　　産	金　　額	負債および純資産	金　　額
現　　　金	400,000	買　掛　金	300,000
売　掛　金	700,000	借　入　金	200,000
商　　　品	600,000	資　本　金	❶1,600,000
備　　　品	500,000	当期純利益	❷ 100,000
	2,200,000		2,200,000

解説 ❶貸借対照表の資本金は，期首の資本の金額を記入
　　　　する。
　　　　❷当期純利益＝¥1,700,000（期末資本）
　　　　　－¥1,600,000（期首資本）
　　　　　＝¥100,000

■1■6

(1)	¥❶ 1,200,000	(2)	¥❷ 1,400,000	(3)	¥❸ 200,000

(4)

貸　借　対　照　表

（岩　手）商店　令和○年（ 12 ）月（ 31 ）日　　（単位：円）

資　　産	金　　額	負債および純資産	金　　額
現　　　金	900,000	買　掛　金	300,000
売　掛　金	500,000	借　入　金	700,000
商　　　品	200,000	資　本　金	❹1,200,000
備　　　品	800,000	当期純利益	200,000
	2,400,000		2,400,000

解説 ❶期首資本＝¥2,000,000（期首資産）
　　　　　－¥800,000（期首負債）＝¥1,200,000
　　　　❷期末資本＝期末資産－期末負債
　　　　　よって，期末資産と期末負債をそれぞれ求めると，
　　　　　期末資産＝¥900,000＋¥500,000
　　　　　＋¥200,000＋¥800,000
　　　　　＝¥2,400,000
　　　　　期末負債＝¥300,000＋¥700,000
　　　　　＝¥1,000,000
　　　　　期末資本＝¥2,400,000－¥1,000,000
　　　　　＝¥1,400,000
　　　　❸当期純利益＝¥1,400,000（期末資本）
　　　　　－¥1,200,000（期首資本）
　　　　　＝¥200,000
　　　　❹期首資本の金額を記入する。

■1■7

	期首資産	期首負債	期首資本	期末資産
(1)	350,000	150,000	❶ 200,000	450,000
(2)	❹ 510,000	160,000	❺ 350,000	560,000

	期末負債	期末資本	純利益	純損失
(1)	180,000	❷ 270,000	❸ 70,000	
(2)	❻ 260,000	300,000		50,000

解説 ❶期首資本＝期首資産－期首負債
　　　　❷期末資本＝期末資産－期末負債
　　　　❸純利益＝期末資本－期首資本
　　　　　＝¥270,000－¥200,000＝¥70,000
　　　　❹期首資本の金額を求めたあと，期首負債に期首資
　　　　本をたして，期首資産を求める。
　　　　❺期末資本－期首資本＝純利益（マイナスの場合は
　　　　純損失）の式にあてはめると，
　　　　　¥300,000－期首資本＝－¥50,000となる。
　　　　　期首資本＝¥300,000＋¥50,000＝¥350,000
　　　　❻期末負債＝¥560,000（期末資産）－¥300,000
　　　　　（期末資本）＝¥260,000

2　収益・費用　(p.7)

■2■1

収益	受取手数料　商品売買益　受取利息
費用	広告料　交通費　支払家賃　通信費 給料　支払利息　雑費

■2■2

(1)	交　通　費	(2)	広　告　料	(3)	受　取　利　息
(4)	支　払　家　賃	(5)	商　品　売　買　益	(6)	支　払　利　息
(7)	受　取　手　数　料	(8)	給　　　料	(9)	通　信　費

❷3

(1)	収益総額❶¥ 1,030,000	(2)	費用総額❷¥ 870,000
(3)	当期純(利益)❸¥ 160,000		

解説 ❶収益総額＝¥900,000＋¥130,000
＝¥1,030,000
❷費用総額＝¥600,000＋¥200,000
＋¥50,000＋¥20,000＝¥870,000
❸当期純利益＝¥1,030,000－¥870,000
＝¥160,000

❷4

損　益　計　算　書

(宮城)商店　令和○年(1)月(1)日から令和○年(12)月(31)日まで　(単位：円)

費　用	金　額	収　益	金　額
給　料	(500,000)	(商品売買益)	(820,000)
(広告料)	(140,000)	(受取手数料)	(180,000)
(雑　費)	(40,000)		
(支払利息)	20,000		
当期純利益	❶300,000		
	(1,000,000)		(1,000,000)

解説 ❶収益の合計¥1,000,000から費用の合計¥700,000
を差し引いて当期純利益を求める。

❷5

損　益　計　算　書

(秋田)商店　令和○年(1)月(1)日から令和○年(12)月(31)日まで　(単位：円)

費　用	金　額	収　益	金　額
給　料	250,000	商品売買益	600,000
広告料	180,000	受取手数料	30,000
支払家賃	60,000	受取利息	10,000
通信費	30,000		
雑　費	20,000		
当期純利益	100,000		
	640,000		640,000

解説 収益に属する科目と費用に属する科目をはっきりと
覚えておくことが重要である。

❷6

貸　借　対　照　表

(山形)商店　令和○年(12)月(31)日　(単位：円)

資　産	金　額	負債および純資産	金　額
現　金	450,000	買　掛　金	570,000
売　掛　金	630,000	借　入　金	200,000
商　品	580,000	資　本　金	❶1,000,000
備　品	250,000	当期純利益	❷ 140,000
	1,910,000		1,910,000

損　益　計　算　書

(山形)商店　令和○年(1)月(1)日から令和○年(12)月(31)日まで　(単位：円)

費　用	金　額	収　益	金　額
給　料	540,000	商品売買益	980,000
広告料	150,000	受取手数料	40,000
支払家賃	130,000		
雑　費	40,000		
支払利息	20,000		
当期純利益	❸ 140,000		
	1,020,000		1,020,000

解説 ❶期首の資本金額を記入する。

---

❷借方の合計から貸方の合計を差し引き，差額が当
期純利益となる。
❸収益合計から費用合計を差し引いて当期純利益を
求める。

❸ 取引と勘定　　　　　　　　(p.10)

❸1

資産	現金　商品　備品　売掛金　貸付金　建物　土地
負債	買掛金　借入金
資本	資本金
収益	受取手数料　商品売買益　受取利息
費用	広告料　給料　支払利息　通信費 支払家賃　雑費　交通費

❸2

例	(1)	商品という資産の増加	現金という資産の減少
	(2)	商品という資産の増加	買掛という(負債)の増加
	(3)	(現金)という資産の増加	借入金という負債の増加
	(4)	備品という(資産)の増加	(現金)という資産の減少
	(5)	給料という(費用)の発生	現金という資産の減少
	(6)	(支払利息)という費用の発生	現金という資産の減少
	(7)	(買掛金)という負債の減少	現金という資産の減少
	(8)	借入金という(負債)の減少	現金という資産の減少
	(9)	現金という資産の増加	商品という資産の減少 商品売買益という(収益)の発生
	(10)	売掛金という(資産)の増加	商品という資産の減少 (商品売買益)という収益の発生

❸3

例	5月1日	現　金(資産)	¥700,000の増加	←→	資本金(資本)	¥700,000の増加
	2日	備　品(資産)	¥200,000の増加	←→	現　金(資産)	¥200,000の減少
	8日	商　品(資産)	¥400,000の増加	←→	買掛金(負債)	¥400,000の増加
	13日	現　金(資産)	¥180,000の増加	←→	借入金(負債)	¥180,000の増加
	17日	現　金(資産)	¥150,000の増加	→→	商　品(資産)	¥130,000の減少 商品売買益(収益) ¥20,000の発生
	20日	現　金(資産) 売掛金(資産)	¥150,000の増加 ¥ 50,000の増加	⊏⊐	商　品(資産) 商品売買益(収益)	¥160,000の減少 ¥40,000の発生
	22日	買掛金(負債)	¥ 90,000の減少	←→	現　金(資産)	¥ 90,000の減少
	25日	給　料(費用)	¥ 70,000の発生	←→	現　金(資産)	¥ 70,000の減少
	30日	現　金(資産)	¥ 50,000の増加	←→	売掛金(資産)	¥ 50,000の減少
	31日	借入金(負債) 支払利息(費用)	¥ 80,000の減少 ¥ 2,000の発生	→→	現　金(資産)	¥ 82,000の減少

現　　金				売　掛　金		
5/1	700,000	5/2	200,000	5/20	50,000	5/30	50,000
13	180,000	22	90,000				

商　　品		
5/8	400,000	5/17	130,000

現金 (続き):
17	150,000	25	70,000
20	150,000	31	82,000
30	50,000		

商品 (続き):
| | | 20 | 160,000 |

備　　品			買　掛　金	
5/2	200,000		5/22	90,000	5/8	400,000

借　入　金			資　本　金	
5/31	80,000	5/13	180,000	例	5/1	700,000

商品売買益		給　　料	
	5/17	20,000	5/25	70,000	
	20	40,000		

支　払　利　息	
5/31	2,000	

解説 資産（現金・売掛金・商品・備品）の増加は借方に記入し，減少は貸方に記入する。負債（買掛金・借入金）の増加は貸方に記入し，減少は借方に記入する。収益（商品売買益）の発生は貸方に記入する。費用（給料・支払利息）の発生は借方に記入する。

３|５

現　　金				売　掛　金		
4/1	800,000	4/20	200,000	4/15	50,000	4/25	50,000
10	120,000	25	60,000				
25	50,000	30	20,000				

商　　品		
4/5	100,000	4/10	70,000
20	200,000	15	30,000

買　掛　金			資　本　金	
4/25	60,000	4/5	100,000	例	4/1	800,000

商品売買益		支　払　家　賃	
	4/10	50,000	4/30	20,000	
	15	20,000		

解説 取引を分解してから，各勘定に記入する。

4　仕訳と転記　(p.14)

４|１

5月1日

(借)現　　金	700,000	(貸)資　本　金	700,000

現　　金		資　本　金	
5/1	700,000			5/1	700,000 ❷

5月2日

(借)備　　品	200,000	(貸)現　　金	200,000

備　　品		現　　金	
5/2	200,000			5/2	200,000

5月8日

(借)商　　品	400,000	(貸)買　掛　金	400,000

商　　品		買　掛　金	
5/8	400,000			5/8	400,000

5月13日

(借)現　　金	180,000	(貸)借　入　金	180,000

現　　金		借　入　金	
5/13	180,000			5/13	180,000

5月17日

(借)現　　金	150,000	(貸)商　　品	130,000
		商品売買益	20,000

現　　金		商　　品	
5/17	150,000			5/17	130,000

商品売買益	
	5/17	20,000

5月20日

(借)現　　金	150,000	(貸)商　　品	160,000
売　掛　金	50,000	商品売買益	40,000

現　　金		商　　品	
5/20	150,000			5/20	160,000

売　掛　金		商品売買益	
5/20	50,000			5/20	40,000

5月22日

(借)買　掛　金	90,000	(貸)現　　金	90,000

買　掛　金		現　　金	
5/22	90,000			5/22	90,000

5月25日

(借)給　　料	70,000	(貸)現　　金	70,000

給　　料		現　　金	
5/25	70,000			5/25	70,000

5月30日

(借)現　　金	50,000	(貸)売　掛　金	50,000

現　　金		売　掛　金	
5/30	50,000			5/30	50,000

5月31日

(借)借　入　金	80,000	(貸)現　　金	82,000
支払利息	2,000		

借　入　金		現　　金	
5/31	80,000			5/31	82,000

支　払　利　息	
5/31	2,000	

解説 ❶仕訳で，「現金700,000」は借方に登場したので，現金勘定の借方に転記する。
❷仕訳で，「資本金700,000」は貸方に登場したので，資本金勘定の貸方に転記する。
以下，同様に転記する。

4 2

	借　　方			貸　　方	
4/ 1	現　　　金	900,000	資　本　金		900,000
4	備　　品	300,000	現　　　金		300,000
8	商　　品	250,000	現　　　金		150,000
			買　掛　金		100,000
15	売　掛　金	200,000	商　　　品		160,000
			商品売買益		40,000
20	現　　　金	80,000	売　掛　金		80,000
25	支払家賃	30,000	現　　　金		30,000

現　　金
4/1	900,000	4/4	300,000
20	80,000	8	150,000
		25	30,000

売　掛　金
4/15	200,000	4/20	80,000

商　　品
4/8	250,000	4/15	160,000

備　　品
4/4	300,000		

買　掛　金
		4/8	100,000

資　本　金
		4/1	900,000

商品売買益
		4/15	40,000

支払家賃
4/25	30,000		

4 3

	借　　方			貸　　方	
5/ 1	現　　　金	1,000,000	借　入　金		300,000
			資　本　金		700,000
2	商　　品	500,000	現　　　金		500,000
6	備　　品	200,000	現　　　金		200,000
8	現　　　金	300,000	商　　　品		350,000
	売　掛　金	120,000	商品売買益		70,000
11	商　　品	270,000	現　　　金		140,000
			買　掛　金		130,000
15	現　　　金	35,000	受取手数料		35,000
19	雑　　費	25,000	現　　　金		25,000
20	売　掛　金	170,000	商　　　品		130,000
			商品売買益		40,000
24	現　　　金	290,000	売　掛　金		290,000
30	買　掛　金	100,000	現　　　金		100,000
31	給　　料	80,000	現　　　金		80,000

現　　金
5/1	1,000,000	5/2	500,000
8	300,000	6	200,000
15	35,000	11	140,000
24	290,000	19	25,000
		30	100,000
		31	80,000

売　掛　金
5/8	120,000	5/24	290,000
20	170,000		

商　　品
5/2	500,000	5/8	350,000
11	270,000	20	130,000

備　　品
5/6	200,000		

買　掛　金
5/30	100,000	5/11	130,000

借　入　金
		5/1	300,000

資　本　金
		5/1	700,000

商品売買益
		5/8	70,000
		20	40,000

受取手数料
		5/15	35,000

給　　料
5/31	80,000		

雑　　費
5/19	25,000		

5　仕訳帳と総勘定元帳　　　　　(p.18)

5 1

仕　訳　帳　　　　5

令和○年	摘　　　　要	元丁	借　方	貸　方
	前ページから　❶		2,800,000	2,800,000
4 26	（商　　　品）	3	300,000	
	（買　掛　金）	7		300,000
	小樽商店から仕入れ			
30	（買　掛　金）	7	300,000	
	（現　　　金）	1		300,000
	小樽商店に買掛金支払い			

総　勘　定　元　帳

現　　金　　　❷　　　1
令和○年	摘要	仕丁	借　方	令和○年	摘要	仕丁	貸　方
				4 30	買掛金	5	300,000

❷　商　　品　　　3
令和○年	摘要	仕丁	借方				
4 26	買掛金	5	300,000				

❷　買　掛　金　　　❷　　7
4 30	現　金	5	300,000	4 26	商　品	5	300,000

解説 ❶転記先の商品勘定の番号「3」を記入する。
❷仕訳帳のページ数を記入する。本問の場合は仕訳帳が5ページなので「5」と記入する。

5 2

仕　訳　帳　　　　1

令和○年	摘　　　要	元丁	借　方	貸　方
5 1	現　　　金	1	800,000	
❶	（資　本　金）	9		800,000
6	（商　　　品）	3	400,000	
	（買　掛　金）	7		400,000
10	（買　掛　金）	7	150,000	
	（現　　　金）	1		150,000
18	（現　　　金）	1	250,000	
❷	（商　　　品）	3		200,000
	（商品売買益）	10		50,000

総勘定元帳

現金　1

令和○年	摘要	仕丁	借方	令和○年	摘要	仕丁	貸方
5 1	資本金	1	800,000	5 10	買掛金	1	150,000
❸18	諸口	〃	250,000				

商品　3

5 6	買掛金	1	400,000	5 18	現金	1	200,000

買掛金　7

5 10	現金	1	150,000	5 6	商品	1	400,000

資本金　9

				5 1	現金	1	800,000

商品売買益　10

				5 18	現金	1	50,000

解説　❶区切り線は，次の取引（5/6の取引）を記入するときに引く。

❷5/18の時点では，次の取引を記入していないので，区切り線は引かない。

❸総勘定元帳に転記する場合，仕訳で相手勘定科目が二つ以上あるときは，摘要欄には「諸口」と書く。

5 3

仕訳帳　1

令和○年	摘要	元丁	借方	貸方
5 1	現金	1	900,000	
	資本金	9		900,000
7	商品	3	400,000	
	現金	1		300,000
	買掛金	7		100,000
13	売掛金	2	200,000	
	商品	3		160,000
	商品売買益	10		40,000
20	現金	1	200,000	
	売掛金	2		200,000
25	買掛金	7	100,000	
	現金	1		100,000

総勘定元帳

現金　1

令和○年	摘要	仕丁	借方	令和○年	摘要	仕丁	貸方
5 1	資本金	1	900,000	5 7	商品	1	300,000
20	売掛金	〃	200,000	25	買掛金	〃	100,000

売掛金　2

5 13	諸口	1	200,000	5 20	現金	1	200,000

商品　3

5 7	諸口	1	400,000	5 13	売掛金	1	160,000

買掛金　7

5 25	現金	1	100,000	5 7	商品	1	100,000

資本金　9

				5 1	現金	1	900,000

商品売買益　10

				5 13	売掛金	1	40,000

5 4

仕訳帳　1

令和○年	摘要	元丁	借方	貸方
5 1	現金	1	800,000	
	備品	4	200,000	
	資本金	6		1,000,000
2	商品	3	500,000	
	買掛金	5		500,000
8	現金	1	100,000	
	売掛金	2	200,000	
	商品	3		240,000
	商品売買益	7		60,000
15	商品	3	200,000	
	現金	1		100,000
	買掛金	5		100,000
17	売掛金	2	100,000	
	商品	3		80,000
	商品売買益	7		20,000
23	買掛金	5	400,000	
	現金	1		400,000
25	給料	8	120,000	
	現金	1		120,000
❶	次ページへ		2,620,000	2,620,000

仕訳帳　2

令和○年	摘要	元丁	借方	貸方
❷	前ページから		2,620,000	2,620,000
5 29	現金	1	100,000	
	売掛金	2		100,000
31	雑費	9	25,000	
	現金	1		25,000

総勘定元帳

現金　1

令和○年	摘要	仕丁	借方	令和○年	摘要	仕丁	貸方
5 1	資本金	1	800,000	5 15	商品	1	100,000
8	諸口	〃	100,000	23	買掛金	〃	400,000
29	売掛金	2	100,000	25	給料	〃	120,000
				31	雑費	2	25,000

売掛金　2

5 8	諸口	1	200,000	5 29	現金	2	100,000
17	諸口	〃	100,000				

商品　3

5 2	買掛金	1	500,000	5 8	諸口	1	240,000
15	諸口	〃	200,000	17	売掛金	〃	80,000

備品　4

5 1	資本金	1	200,000				

買掛金　5

5 23	現金	1	400,000	5 2	商品	1	500,000
				15	商品	〃	100,000

資本金　6

				5 1	諸口	1	1,000,000

—7—

		商 品 売 買 益					7
			5	8	諸　　口	1	60,000
				17	売 掛 金	〃	20,000

		給　　料				8
5	25	現　　金	1	120,000		

		雑　　費				9
5	31	現　　金	2	25,000		

(解説) ❶ページの最後は，区切り線を引かない。借方と貸方の金額欄の合計を計算し，一致することを確認する。摘要欄には「次ページへ」と書く。

❷ページの最初は，摘要欄に「前ページから」と書き，前ページの最終金額を書き移す。

5 5

		仕　　訳　　帳				1

令和○年		摘　　　　　要	元丁	借　　方	貸　　方
6	1	現　　金	1	700,000	
		資 本 金			700,000
	4	商　　品		400,000	
		現　　金	1		100,000
		買 掛 金			300,000
	7	備　　品		200,000	
		現　　金	1		200,000
	13	売 掛 金	2	250,000	
		商　　品			200,000
		商品売買益			50,000
	19	買 掛 金		300,000	
		現　　金	1		300,000
	25	支 払 利 息		1,000	
		現　　金	1	499,000	
		借 入 金			500,000
	30	現　　金	1	200,000	
		売 掛 金	2		200,000

		総 勘 定 元 帳					

		現　　金					1

令和○年		摘　要	仕丁	借　方	貸　方	借または貸	残　高
6	1	資 本 金	1	700,000		❶ 借	700,000
	4	商　品	〃		100,000	〃	600,000 ❷
	7	備　品	〃		200,000	〃	400,000
	19	買 掛 金	〃		300,000	〃	100,000
	25	借 入 金	〃	499,000		〃	599,000
	30	売 掛 金	〃	200,000		〃	799,000

		売 掛 金					2
6	13	諸　口	1	250,000		借	250,000
	30	現　金	〃		200,000	〃	50,000

(解説) ❶6月1日現在，現金勘定は借方に残高があるので，「借または貸」欄には，「借」と記入する。

❷6月4日は貸方に¥100,000を記入したので，残高欄には直前の残高¥700,000から¥100,000を差し引いた金額を記入する。

6 試算表 (p.25)

6 1

	合 計 試 算 表		
	令和○年/2月3/日		

借　　　　方	勘 定 科 目	貸　　　　方
❶ 1,200,000	現　　　　金	❷ 800,000
500,000	売 掛 金	300,000
900,000	商　　　品	700,000
600,000	買 掛 金	800,000
	資 本 金	1,000,000
	商 品 売 買 益	120,000
400,000	給　　料	
90,000	広 告 料	
30,000	支 払 家 賃	
3,720,000		3,720,000

(解説) ❶現金勘定の借方に記入されている金額を全部たして求める。

¥700,000＋¥500,000＝¥1,200,000

❷現金勘定の貸方に記入されている金額を全部たして求める。

¥300,000＋¥500,000＝¥800,000

6 2

	残 高 試 算 表		
	令和○年/2月3/日		

借　　　方	勘 定 科 目	貸　　　方
❶ 100,000	現　　　　金	
280,000	売 掛 金	
140,000	商　　　品	
	買 掛 金	❷ 200,000
	借 入 金	90,000
	資 本 金	250,000
	商 品 売 買 益	60,000
70,000	給　　料	
10,000	支 払 利 息	
600,000		600,000

(解説) ❶現金勘定の残高を求める。

¥730,000－¥630,000＝¥100,000（借方残高）

❷買掛金勘定の残高を求める。

¥410,000－¥210,000＝¥200,000（貸方残高）

合 計 試 算 表
令和○年/2月3/日

借　　方	勘 定 科 目	貸　　方
❶ 980,000	現　　　　　金	❷ 760,000
450,000	売　　掛　　金	230,000
640,000	商　　　　　品	410,000
210,000	買　　掛　　金	390,000
	資　　本　　金	500,000
	商 品 売 買 益	180,000
170,000	給　　　　　料	
20,000	雑　　　　　費	
2,470,000		2,470,000

残 高 試 算 表
令和○年/2月3/日

借　　方	勘 定 科 目	貸　　方
❸ 220,000	現　　　　　金	
220,000	売　　掛　　金	
230,000	商　　　　　品	
	買　　掛　　金	❹ 180,000
	資　　本　　金	500,000
	商 品 売 買 益	180,000
170,000	給　　　　　料	
20,000	雑　　　　　費	
860,000		860,000

合 計 残 高 試 算 表
令和○年/2月3/日

借　方		勘 定 科 目	貸　方	
残　高	合　計		合　計	残　高
❸ 220,000	❶ 980,000	現　　　　金	❷ 760,000	
220,000	450,000	売　掛　金	230,000	
230,000	640,000	商　　　品	410,000	
	210,000	買　掛　金	390,000	❹ 180,000
		資　本　金	500,000	500,000
		商品売買益	180,000	180,000
170,000	170,000	給　　料		
20,000	20,000	雑　　費		
860,000	2,470,000		2,470,000	860,000

解説 ❶現金勘定の借方合計
　　＝¥500,000＋¥280,000＋¥200,000
　　＝¥980,000
❷現金勘定の貸方合計
　　＝¥420,000＋¥340,000＝¥760,000
❸現金勘定の残高
　　＝¥980,000（借方合計）−¥760,000
　　（貸方合計）＝¥220,000
❹買掛金勘定の残高
　　＝¥390,000（貸方合計）−¥210,000
　　（借方合計）＝¥180,000

7 精算表 (p.28)

精 算 表
令和○年/2月3/日

勘 定 科 目	残 高 試 算 表		損 益 計 算 書		貸 借 対 照 表	
	借　方	貸　方	借　方	貸　方	借　方	貸　方
現　　　　金	110,000				110,000	
売　　掛　　金	230,000				(❶ 230,000)	
商　　　　品	240,000				(❶ 240,000)	
買　　掛　　金		220,000				(❷ 220,000)
資　　本　　金		300,000				(❸ 300,000)
商 品 売 買 益		150,000		(❹ 150,000)		
給　　　　料	70,000		(❺ 70,000)			
雑　　　　費	20,000		(❺ 20,000)			
当 期 純 利 益			(❻ 60,000)			(❻ 60,000)
	670,000	670,000	(150,000)	(150,000)	(580,000)	(580,000)

解説 ❶売掛金・商品は資産だから，貸借対照表欄の借方へ移記する。
❷買掛金は負債だから，貸借対照表欄の貸方へ移記する。
❸資本金は資本だから，貸借対照表欄の貸方へ移記する。
❹商品売買益は収益だから，損益計算書欄の貸方へ移記する。

❺給料・雑費は費用だから，損益計算書欄の借方へ移記する。
❻当期純利益を借方と貸方の差額から求め，損益計算書欄と貸借対照表欄の当期純利益が一致することを確認する。

7 2

精　算　表
令和○年/2月3/日

勘定科目	残高試算表 借方	残高試算表 貸方	損益計算書 借方	損益計算書 貸方	貸借対照表 借方	貸借対照表 貸方
現　　金	230,000				❶ 230,000	
売　掛　金	480,000				❶ 480,000	
商　　品	390,000				❶ 390,000	
備　　品	250,000				❶ 250,000	
買　掛　金		390,000				❷ 390,000
資　本　金		800,000				❸ 800,000
商品売買益		600,000		❹ 600,000		
給　　料	320,000		❺ 320,000			
支　払　家　賃	70,000		❺ 70,000			
雑　　費	50,000		❺ 50,000			
（当期純利益）			❻ 160,000			❻ 160,000
	1,790,000	1,790,000	600,000	600,000	1,350,000	1,350,000

解説
❶現金・売掛金・商品・備品は資産だから，貸借対照表欄の借方へ移記する。
❷買掛金は負債だから，貸借対照表欄の貸方へ移記する。
❸資本金は資本だから，貸借対照表欄の貸方へ移記する。
❹商品売買益は収益だから，損益計算書欄の貸方へ移記する。
❺給料・支払家賃・雑費は費用だから，損益計算書欄の借方へ移記する。
❻当期純利益を借方と貸方の差額から求め，損益計算書欄と貸借対照表欄の当期純利益が一致することを確認する。

7 3

精　算　表
令和○年/2月3/日

勘定科目	残高試算表 借方	残高試算表 貸方	損益計算書 借方	損益計算書 貸方	貸借対照表 借方	貸借対照表 貸方
現　　金	290,000				❶ 290,000	
売　掛　金	470,000				❶ 470,000	
商　　品	250,000				❶ 250,000	
備　　品	300,000				❶ 300,000	
買　掛　金		380,000				❷ 380,000
借　入　金		200,000				❷ 200,000
資　本　金		700,000				❸ 700,000
商品売買益		680,000		❹ 680,000		
給　　料	440,000		❺ 440,000			
広　告　料	60,000		❺ 60,000			
雑　　費	140,000		❺ 140,000			
支　払　利　息	10,000		❺ 10,000			
（当期純利益）			❻ 30,000			❻ 30,000
	1,960,000	1,960,000	680,000	680,000	1,310,000	1,310,000

解説
❶現金・売掛金・商品・備品は資産だから，貸借対照表欄の借方へ移記する。
❷買掛金・借入金は負債だから，貸借対照表欄の貸方へ移記する。
❸資本金は資本だから，貸借対照表欄の貸方へ移記する。
❹商品売買益は収益だから，損益計算書欄の貸方へ移記する。
❺給料・広告料・雑費・支払利息は費用だから，損益計算書欄の借方へ移記する。
❻当期純利益を借方と貸方の差額から求め，損益計算書欄と貸借対照表欄の当期純利益が一致することを確認する。

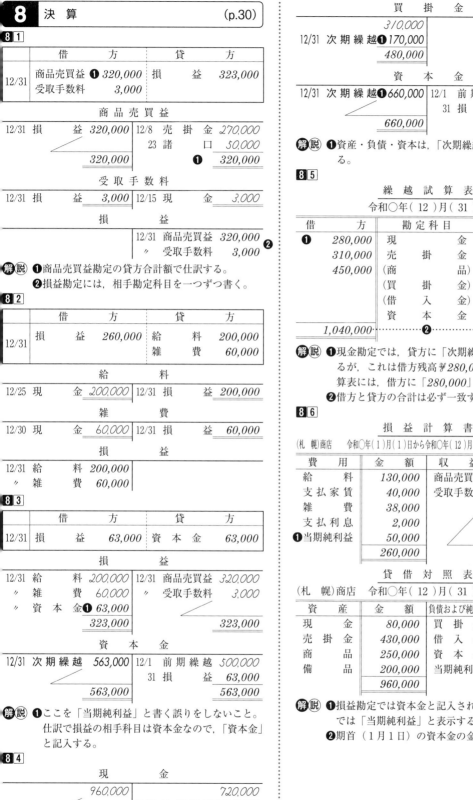

8 決算 (p.30)

8 1

	借 方	貸 方
12/31	商品売買益 ❶320,000 受取手数料 3,000	損 益 323,000

商品売買益

12/31 損 益 320,000	12/8 売 掛 金 270,000
	23 諸 口 50,000
320,000	❶ 320,000

受取手数料

12/31 損 益 3,000	12/15 現 金 3,000

損 益

	12/31 商品売買益 320,000
	〃 受取手数料 3,000 ❷

解説 ❶商品売買益勘定の貸方合計額で仕訳する。
❷損益勘定には，相手勘定科目を一つずつ書く。

8 2

	借 方	貸 方
12/31	損 益 260,000	給 料 200,000
		雑 費 60,000

給 料

12/25 現 金 200,000	12/31 損 益 200,000

雑 費

12/30 現 金 60,000	12/31 損 益 60,000

損 益

12/31 給 料 200,000	
〃 雑 費 60,000	

8 3

	借 方	貸 方
12/31	損 益 63,000	資 本 金 63,000

損 益

12/31 給 料 200,000	12/31 商品売買益 320,000
〃 雑 費 60,000	〃 受取手数料 3,000
〃 資 本 金 ❶63,000	
323,000	323,000

資 本 金

12/31 次期繰越 563,000	12/1 前期繰越 500,000
	31 損 益 63,000
563,000	563,000

解説 ❶ここを「当期純利益」と書く誤りをしないこと。
仕訳で損益の相手科目は資本金なので，「資本金」
と記入する。

8 4

現 金

960,000	720,000
	12/31 次期繰越 ❶240,000
960,000	960,000

買 掛 金

	310,000		480,000
12/31 次期繰越 ❶170,000			
	480,000		480,000

資 本 金

12/31 次期繰越 ❶660,000	12/1 前期繰越 620,000
	31 損 益 40,000
660,000	660,000

解説 ❶資産・負債・資本は，「次期繰越」と書いて締め切
る。

8 5

繰 越 試 算 表

令和○年（12）月（31）日

借 方	勘 定 科 目	貸 方
❶ 280,000	現 金	
310,000	売 掛 金	
450,000	（商 品）	
	（買 掛 金）	340,000
	（借 入 金）	200,000
	資 本 金	500,000
1,040,000	❷	1,040,000

解説 ❶現金勘定では，貸方に「次期繰越280,000」とあ
るが，これは借方残高￥280,000なので，繰越試
算表には，借方に「280,000」と書く。
❷借方と貸方の合計は必ず一致する。

8 6

損 益 計 算 書

(札 幌)商店　令和○年(1)月(1)日から令和○年(12)月(31)日まで　(単位：円)

費 用	金 額	収 益	金 額
給 料	130,000	商品売買益	240,000
支 払 家 賃	40,000	受取手数料	20,000
雑 費	38,000		
支 払 利 息	2,000		
❶当期純利益	50,000		
	260,000		260,000

貸 借 対 照 表

(札 幌)商店　令和○年(12)月(31)日　(単位：円)

資 産	金 額	負債および純資産	金 額
現 金	80,000	買 掛 金	310,000
売 掛 金	430,000	借 入 金	100,000
商 品	250,000	資 本 金	❷500,000
備 品	200,000	当期純利益	50,000
	960,000		960,000

解説 ❶損益勘定では資本金と記入されるが，損益計算書
では「当期純利益」と表示する。
❷期首（1月1日）の資本金の金額を記入する。

— 11 —

8-7

	借 方		貸 方	
(1)	商品売買益	170,000	損　　益	200,000
	受取手数料	30,000		
(2)	損　　益	140,000	給　　料	90,000
			広　告　料	30,000
			雑　　費	20,000
(3)	損　　益	60,000	資　本　金	60,000 ❶

(4)
総 勘 定 元 帳

現　　金　　1

	680,000			460,000
		12/31	次 期 繰 越	220,000
	680,000			680,000
1/1	前 期 繰 越 220,000			

売　掛　金　　2

	530,000			340,000
		12/31	次 期 繰 越	190,000
	530,000			530,000
1/1	前 期 繰 越 190,000			

商　　品　　3

	410,000			350,000
		12/31	次 期 繰 越	60,000
	410,000			410,000
1/1	前 期 繰 越 60,000			

買　掛　金　　4

		320,000		490,000
12/31	次 期 繰 越 170,000			
	490,000			490,000
			1/1 前 期 繰 越	170,000

資　本　金　　5

			1/1 前 期 繰 越	240,000
12/31	次 期 繰 越 300,000		12/31 損　　益	60,000
	300,000			300,000
			1/1 前 期 繰 越	300,000

商 品 売 買 益　　6

12/31 損　益	170,000		170,000

受 取 手 数 料　　7

12/31 損　益	30,000		30,000

給　　料　　8

	90,000	12/31 損　益	90,000

広　告　料　　9

	30,000	12/31 損　益	30,000

雑　　費　　10

	20,000	12/31 損　益	20,000

損　　益　　11

12/31 給　　料	90,000	12/31 商品売買益	170,000
〃 広 告 料	30,000	〃 受取手数料	30,000
〃 雑　　費	20,000		
〃 資 本 金	60,000 ❶		
	200,000		200,000

解説 ❶損益勘定の貸借差額から¥60,000を求める。

8-8

(1)
繰 越 試 算 表
令和○年 (12)月 (31)日

借　　方	勘 定 科 目	貸　　方
❶ 220,000	現　　　　金	
❶ 190,000	売　掛　金	
❶ 60,000	商　　　　品	
	買　掛　金	❶ 170,000
	資　本　金	❶ 300,000
470,000		470,000

(2)
損 益 計 算 書
(福 島)商店　令和○年(1)月(1)日から令和○年(12)月(31)日まで　(単位：円)

費　用	金　額	収　益	金　額
給　　料	90,000	商品売買益	170,000
広　告　料	30,000	受取手数料	30,000
雑　　費	20,000		
当期純利益	60,000		
	200,000		200,000

貸 借 対 照 表
(福 島)商店　令和○年(12)月(31)日　(単位：円)

資　産	金　額	負債および純資産	金　額
現　　金	220,000	買　掛　金	170,000
売　掛　金	190,000	資　本　金	❷ 240,000
商　　品	60,000	当期純利益	60,000
	470,000		470,000

解説 ❶資産・負債・資本の各勘定の次期繰越の金額をもとに作成する。
❷期首の資本金の金額を記入する。

総合問題 ① (p.36)

1-1

	借　　方		貸　　方	
(1)	商品売買益	260,000	損　　益	279,000
	受取手数料	19,000		
(2)	損　　益	198,000	給　　料	150,000
			雑　　費	48,000
(3)	損　　益	81,000	資　本　金	81,000

(4)
現　　金　　1

	588,000			321,000
		12/31	次 期 繰 越	267,000
	588,000			588,000
1/1	前 期 繰 越 267,000			

売　掛　金　　2

	624,000			230,000
		12/31	次 期 繰 越	394,000
	624,000			624,000
1/1	前 期 繰 越 394,000			

商　　品　　3

	750,000			390,000
		12/31	次 期 繰 越	360,000
	750,000			750,000
1/1	前 期 繰 越 360,000			

左段

備　品　　4

	270,000	12/31 次期繰越	270,000
1/1 前期繰越	270,000		

買　掛　金　　5

	280,000		620,000
12/31 次期繰越	340,000		
	620,000		620,000
		1/1 前期繰越	340,000

借　入　金　　6

12/31 次期繰越	170,000		170,000
		1/1 前期繰越	170,000

資　本　金　　7

12/31 次期繰越	781,000	1/1 前期繰越	700,000
		12/31 損　益	81,000
	781,000		781,000
		1/1 前期繰越	781,000

商品売買益　　8

12/31 損　益	260,000		260,000

受取手数料　　9

12/31 損　益	19,000		19,000

給　料　　10

	150,000	12/31 損　益	150,000

雑　費　　11

	48,000	12/31 損　益	48,000

損　益　　12

12/31 給　料	150,000	12/31 商品売買益	260,000
〃 雑　費	48,000	〃 受取手数料	19,000
〃 資本金	81,000		
	279,000		279,000

(5)　繰　越　試　算　表
令和○年/2月3/日

借　　方	勘定科目	貸　　方
267,000	現　　　金	
394,000	売　掛　金	
360,000	商　　　品	
270,000	備　　　品	
	買　掛　金	340,000
	借　入　金	170,000
	資　本　金	781,000
1,291,000		1,291,000

(6)　貸　借　対　照　表
(東　京)商店　令和○年(12)月(31)日　　(単位：円)

資　産	金　額	負債および純資産	金　額
現　　　金	267,000	買　掛　金	340,000
売　掛　金	394,000	借　入　金	170,000
商　　　品	360,000	資　本　金	700,000
備　　　品	270,000	当期純利益	81,000
	1,291,000		1,291,000

右段

損　益　計　算　書
(東 京)商店　令和○年(1)月(1)日から令和○年(12)月(31)日まで　(単位：円)

費　用	金　　額	収　益	金　　額
給　　料	150,000	商品売買益	260,000
雑　　費	48,000	受取手数料	19,000
当期純利益	81,000		
	279,000		279,000

1—2

仕　訳　帳　　4

令和○年	摘　　　　要	元丁	借　方	貸　方
	前ページから	✓	2,326,000	2,326,000
12 25	売　掛　金	2	300,000	
	商　　品	3		240,000
	商品売買益	8		60,000
28	現　　金	1	200,000	
	売　掛　金	2		200,000
29	商　　品	3	150,000	
	買　掛　金	5		150,000
30	支払家賃	12	18,000	
	現　　金	1		18,000
			2,994,000	2,994,000
	決　算　仕　訳			
12 31	商品売買益	8	190,000	
	受取手数料	9	80,000	
	損　　益	14		270,000
〃	損　　益	14	260,000	
	給　　料	10		130,000
	広　告　料	11		50,000
	支払家賃	12		60,000
	雑　　費	13		20,000
〃	損　　益	14	10,000	
	資　本　金	7		10,000
			540,000	540,000

総　勘　定　元　帳

現　金　　1

	534,000		476,000
12/28 売　掛　金	200,000	12/30 支払家賃	18,000
		31 次期繰越	240,000
	734,000		734,000

売　掛　金　　2

	380,000		130,000
12/25 諸　口	300,000	12/28 現　金	200,000
		31 次期繰越	350,000
	680,000		680,000

商　品　　3

	470,000		60,000
12/29 買　掛　金	150,000	12/25 売　掛　金	240,000
		31 次期繰越	320,000
	620,000		620,000

備　品　　4

	300,000	12/31 次期繰越	300,000

—13—

買　掛　金　5

	400,000			*490,000*
12/31 次期繰越	*240,000*	12/29 商　品	*150,000*
	640,000			*640,000*

借　入　金　6

12/31 次期繰越	*160,000*		*160,000*

資　本　金　7

12/31 次期繰越	*810,000*			*800,000*
		12/31 損　益	*10,000*
	810,000			*810,000*

商品売買益　8

12/31 損　益	*190,000*			*130,000*
		12/25 売掛金	*60,000*
	190,000			*190,000*

受取手数料　9

12/31 損　益	*80,000*		*80,000*

給　料　10

	130,000	12/31 損　益	*130,000*

広　告　料　11

	50,000	12/31 損　益	*50,000*

支　払　家　賃　12

	42,000	12/31 損　益	*60,000*
12/30 現　金	*18,000*		
	60,000			*60,000*

雑　費　13

	20,000	12/31 損　益	*20,000*

損　益　14

12/31 給　料	*130,000*	12/31 商品売買益	*190,000*
〃　広告料	*50,000*	〃　受取手数料	*80,000*
〃　支払家賃	*60,000*		
〃　雑　費	*20,000*		
〃　資本金	*10,000*		
	270,000			*270,000*

合　計　試　算　表
令和○年/2月3/日

借　　方	勘定科目	貸　　方
734,000	現　　　　金	*494,000*
680,000	売　掛　金	*330,000*
620,000	商　　　　品	*300,000*
300,000	備　　　　品	
400,000	買　掛　金	*640,000*
	借　入　金	*160,000*
	資　本　金	*800,000*
	商品売買益	*190,000*
	受取手数料	*80,000*
130,000	給　　　　料	
50,000	広　告　料	
60,000	支　払　家　賃	
20,000	雑　　　　費	
2,994,000		*2,994,000*

繰　越　試　算　表
令和○年/2月3/日

借　　方	勘定科目	貸　　方
240,000	現　　　　金	
350,000	売　掛　金	
320,000	商　　　　品	
300,000	備　　　　品	
	買　掛　金	*240,000*
	借　入　金	*160,000*
	資　本　金	*810,000*
1,210,000		*1,210,000*

第2編 取引の記帳

9 現金 (p.40)

9-1

	借 方		貸 方	
(1)	買 掛 金	70,000	現 金	70,000
(2)	現 金❶	80,000	売 掛 金	80,000
(3)	現 金❷	100,000	貸 付 金	100,000

解説 ❶他人振り出しの小切手を受け取ったときは現金勘定で仕訳する。
❷送金小切手を受け取ったときは現金勘定で仕訳する。

(2) 現金出納帳 1

令和○年		摘 要	収 入	支 出	残 高
1	1	前月繰越	560,000		560,000
	16	足利商店から商品仕入れ 現金払い		30,000	530,000
	29	日光商店から売掛金回収 小切手受け取り	200,000		730,000
	31	次月繰越❷		❶730,000	
			760,000	760,000	
2	1	前月繰越❷	730,000		730,000

解説 ❶次月繰越の1行前の残高を次月繰越の金額として記入する。
❷現金出納帳は月末に締め切るので次月繰越，前月繰越と記入する。

10 現金過不足 (p.42)

10-1

	借 方		貸 方	
6/7	現金過不足	2,000	現 金❶	2,000
9	交 通 費	1,700	現金過不足	1,700
10	支 払 利 息	300	現金過不足	300

解説 ❶実際有高が不足していたので，現金¥2,000を貸方に記入して，現金勘定の金額を減少させる。

10-2

	借 方		貸 方	
8/9	現 金❶	1,000	現金過不足	1,000
10	現金過不足	1,000	受 取 利 息	1,000

解説 ❶実際有高が過剰であるので，現金¥1,000を借方に記入して，現金勘定の金額を増加させる。

10-3

借 方		貸 方	
現金過不足	4,000	現 金	4,000

9-2

(1) 仕 訳 帳 1

令和○年		摘 要	元丁	借 方	貸 方
1	1	前期繰越高	√	4,190,000	4,190,000
	16	商 品		30,000	
		現 金	1		30,000
	29	現 金	1	200,000	
		売 掛 金			200,000

総 勘 定 元 帳
現 金 1

1/1 前 期 繰 越	560,000	1/16 商 品	30,000
29 売 掛 金	200,000		

10-4

	借 方		貸 方	
(1)	現 金	4,000	現金過不足	4,000❶
(2)	現金過不足	2,000	現 金	2,000❷

解説 ❶実際有高＞帳簿残高（現金過剰）
❷実際有高＜帳簿残高（現金不足）

11 当座預金・当座借越・その他の預貯金 (p.44)

11-1

	借 方		貸 方	
6/1	当 座 預 金	300,000	現 金❶	300,000
4	商 品	180,000	当座預金❷	180,000
11	当 座 預 金	60,000	売 掛 金	60,000❸

解説 ❶銀行に現金を預け入れた場合，現金勘定の金額は減少する。
❷小切手を振り出しているので，当座預金勘定の金額が減少する。
❸受け取った小切手をただちに当座預金に預け入れた場合，現金勘定の仕訳は省略する。

11 2

	借　　　方		貸　　　方	
6/18	買　掛　金	230,000	当座預金	230,000
20	当座預金	100,000	売　掛　金	100,000

11 3

当　座　預　金　出　納　帳　　　　　　　　　　1

令和○年		摘　　　　　　要	預　　入	引　　出	借または貸	残　　高
6	1	前月繰越	330,000		借	330,000
	7	立川商店の売掛金回収	80,000		〃	410,000
	12	青梅商店から商品仕入れ　小切手#11		270,000	〃	140,000
	15	多摩商店への商品売上代金の一部	200,000		〃	340,000

11 4

	借　　　方		貸　　　方	
(1)	普通預金	80,000	現　　金	80,000
(2)	現　　金	203,000	定期預金	200,000
			受取利息	3,000

11 5

	借　　　方		貸　　　方	
6/ 5	当座預金	50,000	受取手数料	50,000
13	買　掛　金	240,000	当座預金	240,000
18	当座預金	280,000	売　掛　金	280,000
26	買　掛　金	120,000	当座預金	120,000

当　座　預　金

前期繰越	280,000	6/13	買　掛　金	240,000
6/5	受取手数料	50,000	26	買　掛　金	120,000
18	売　掛　金	280,000			

当　座　預　金　出　納　帳　　　　　　　　　　1

令和○年		摘　　　　　　要	預　　入	引　　出	借または貸	残　　高
6	1	前月繰越	280,000		借	280,000
	5	小田原商店より手数料受け取り	50,000		〃	330,000
	13	横浜商店に買掛金支払い　小切手#8		240,000	〃	90,000
	18	鎌倉商店の売掛金回収	280,000		〃	370,000
	26	川崎商店に買掛金支払い　小切手#9		120,000	〃	250,000
	30	次月繰越		250,000		
			610,000	610,000		
7	1	前月繰越	250,000		借	250,000

11 6

	借 方		貸 方	
(1)	買 掛 金	190,000	当 座 預 金	190,000
(2)	当 座 預 金	700,000	売 掛 金	700,000
(3)	普 通 預 金	300,000	現 金	300,000
(4)	定 期 預 金	450,000	当 座 預 金	450,000

12 小口現金 (p.48)

12 1

	借 方		貸 方	
6/ 1	小 口 現 金	60,000	当 座 預 金	60,000
30	交 通 費	24,400	小 口 現 金	50,900
	通 信 費	13,500		
	消 耗 品 費	13,000		
〃	小 口 現 金	50,900	当 座 預 金	50,900

12 2

小口現金出納帳　1

受入	令和○年		摘 要	支払	交通費	通信費	消耗品費	残高
20,000	6	1	前月繰越					20,000
		5	タクシー代	3,320	3,320			16,680
		12	郵便切手代	4,000		4,000		12,680
		20	帳 簿 代	2,000			2,000	10,680
		25	電話料金	3,860		3,860		6,820
			合 計	13,180	3,320	7,860	2,000	
13,180		30	小切手#8					❶20,000
		〃	次月繰越	20,000				
33,180			❷	33,180				
20,000	7	1	前月繰越					20,000

解説 ❶補給後は前月繰越高と同じ¥20,000になる。
❷補給後の残高を記入し，受入欄と支払欄の合計が一致するのを確かめる。

12 3

	借 方		貸 方	
	通 信 費	9,000	小 口 現 金	28,000
	交 通 費	17,000		
	雑 費	2,000		
	小 口 現 金	28,000	当 座 預 金	28,000

13 仕入れ・売り上げ (p.50)

13 1

	借 方		貸 方	
(1)	仕 入	160,000	買 掛 金	160,000
(2)	買 掛 金	1,600	仕 入❶	1,600
(3)	売 掛 金	200,000	売 上	200,000
(4)	売 上	5,000	売 掛 金	5,000

解説 ❶仕入れた商品の返品は仕入勘定の減少（貸方に記入）となる。

13 2

仕　訳　帳　1

令和○年		摘 要	元丁	借 方	貸 方
1	1	前期繰越高	✓	505,000	505,000
	5	仕 入	11	❶27,600	
		買 掛 金	6		27,600
	6	売 掛 金	3	22,400	
		売 上	10		22,400
	7	仕 入	11	14,000	
		買 掛 金	6		13,500
		現 金			500
	8	現 金	1	15,800	
		発 送 費	13	300	
		売 上	10		15,800
		現 金	1		300

総 勘 定 元 帳

現 金 1			
1/1	90,300	1/7	500
8	15,800	8	300

売 掛 金 3			
1/1	150,400		
6	22,400		

買 掛 金 6			
		1/1	168,100
		5	27,600
		7	13,500

売 上 10			
		1/6	22,400
		8	15,800

仕 入 11			
1/5	27,600		
7	14,000		

発 送 費 13			
1/8	300		

解説 ❶転記したあとに勘定口座の番号を記入する。

13 3

	借 方		貸 方	
(1)	仕 入	413,000	買 掛 金	413,000
(2)	仕 入	295,000	現 金	45,000
			買 掛 金	250,000
(3)	売 掛 金	426,000	売 上	426,000
(4)	現 金	100,000	売 上	236,000
	売 掛 金	136,000		
(5)	売 上	19,000	売 掛 金	19,000
(6)	仕 入	426,000	買 掛 金	420,000
			現 金	6,000
(7)	売 掛 金	895,000	売 上	895,000
	発 送 費	10,000	現 金	10,000

14 仕入帳・売上帳 (p.53)

14 1

	借 方		貸 方	
7/ 2	仕 入	360,000	現 金	200,000
			買 掛 金	160,000
10	仕 入	540,000	買 掛 金	540,000
12	買 掛 金	18,000	仕 入	18,000
15	売 掛 金	510,000	売 上	510,000
16	売 上	6,000	売 掛 金	6,000
24	仕 入	208,000	当 座 預 金	200,000
			現 金	8,000
28	当 座 預 金	300,000	売 上	450,000
	売 掛 金	150,000		
	発 送 費	7,200	現 金	7,200

仕 入

7/2 諸 口 360,000	7/12 買 掛 金 18,000
10 買 掛 金 540,000	
24 諸 口 208,000	

売 上

7/16 売 掛 金 6,000	7/15 売 掛 金 510,000
	28 諸 口 450,000

仕 入 帳　　　1

令和○年	摘 要	内 訳	金 額
7 2	水戸商店　　　現金・掛け		
	A品 300個 @¥1,200		360,000
10	高崎商店　　　掛 け		
	A品 200個 @¥1,200	240,000	
	B品 150 〃 〃〃2,000	300,000	540,000
12	高崎商店　　　掛け返品		
	A品 15個 @¥1,200		18,000
24	川口商店　　　小切手		
	B品 100個 @¥2,000	200,000	
	引取運賃現金払い	8,000	208,000
31	総 仕 入 高		1,108,000
〃	仕入返品高		18,000
	純 仕 入 高		1,090,000

売 上 帳　　　1

令和○年	摘 要	内 訳	金 額
7 15	上尾商店　　　掛 け		
	A品 200個 @¥1,800	360,000	
	B品 50 〃 〃〃3,000	150,000	510,000
16	上尾商店　　　掛け返品		
	B品 2個 @¥3,000		6,000
28	熊谷商店　　　小切手・掛け		
	A品 250個 @¥1,800		450,000
31	総 売 上 高		960,000
〃	売上返品高		6,000
	純 売 上 高		954,000

15 **1**

商　品　有　高　帳

（先入先出法）　　　　　　　　　　　品名　A　品　　　　　　　　　　　　単位：個

令和○年		摘　要	受　入			払　出			残　高		
			数量	単価	金　額	数量	単価	金　額	数量	単価	金　額
7	1	前月繰越	50	500	25,000				50	500	25,000
	4	船橋商店	200	550	110,000				50	500	25,000
									200	550	110,000
	10	青梅商店				50	500	25,000			
						100	550	55,000	100	550	55,000
	15	八王子商店	100	550	55,000				200	550	110,000
	22	多摩商店	300	580	174,000				200	550	110,000
									300	580	174,000
	28	横浜商店				200	550	110,000			
						250	580	145,000	50	580	29,000
	31	次月繰越			❶	50	580	29,000			
		❷	650		364,000	650		364,000			
8	1	前月繰越	50	580	29,000				50	580	29,000

解説 ❶次月繰越を行う1行前の残高を記入する。
　　　❷合計は受入欄と払出欄の数量・金額について行い，
　　　金額が一致することを確認する。単価は計算しない。

15 **2**

商　品　有　高　帳

（移動平均法）　　　　　　　　　　　品名　B　品　　　　　　　　　　　　単位：個

令和○年		摘　要	受　入			払　出			残　高		
			数量	単価	金　額	数量	単価	金　額	数量	単価	金　額
7	1	前月繰越	100	800	80,000				100	800	80,000
	3	鎌倉商店	200	830	166,000				300	❶820	246,000
	12	川崎商店				150	820	123,000	150	820	123,000
	20	三浦商店	300	850	255,000				450	❷840	378,000
	25	甲府商店				250	840	210,000	200	840	168,000
	31	次月繰越				200	840	168,000			
			600		501,000	600		501,000			
8	1	前月繰越	200	840	168,000				200	840	168,000

解説 ❶ $\dfrac{¥80,000+¥166,000}{100個+200個}=¥820$

　　　❷ $\dfrac{¥123,000+¥255,000}{150個+300個}=¥840$

15 3

商　品　有　高　帳

（先入先出法）　　　　　　　　　　　品名　Ａ　品　　　　　　　　　　　単位：個

令和○年		摘　要	受　入			払　出			残　高		
			数量	単価	金　額	数量	単価	金　額	数量	単価	金　額
7	1	前月繰越	80	450	36,000				80	450	36,000
	2	水 戸 商 店	500	470	235,000				80	450	36,000
									500	470	235,000
	5	鹿 嶋 商 店				80	450	36,000			
						170	470	79,900	330	470	155,100
	15	土 浦 商 店	300	480	144,000				330	470	155,100
									300	480	144,000
	18	取 手 商 店				330	470	155,100			
						70	480	33,600	230	480	110,400
	29	日 立 商 店	200	495	99,000				230	480	110,400
									200	495	99,000
	31	次 月 繰 越				230	480	110,400			
						200	495	99,000			
			1,080		514,000	1,080		514,000			
8	1	前 月 繰 越	230	480	110,400				230	480	110,400
			200	495	99,000				200	495	99,000

A品の7月中の売上原価	￥	❶　304,600

解説 ❶返品などはないので，払出欄の金額の合計（次月繰越高は除く）が売上原価となる。

￥36,000＋￥79,900＋￥155,100＋￥33,600
＝￥304,600

15 4

商　品　有　高　帳

（先入先出法）　　　　　　　　　　　品名　Ｃ　品　　　　　　　　　　　単位：個

令和○年		摘　要	受　入			払　出			残　高		
			数量	単価	金　額	数量	単価	金　額	数量	単価	金　額
7	1	前 月 繰 越	60	1,400	84,000				60	1,400	84,000
	6	草 加 商 店	120	1,450	174,000				60	1,400	84,000
									120	1,450	174,000
	8	草加商店返品				❶ 10	1,450	14,500	60	1,400	84,000
									110	1,450	159,500
	14	秩 父 商 店				60	1,400	84,000			
						40	1,450	58,000	70	1,450	101,500
	25	川 口 商 店	❷ 200	1,490	298,000				70	1,450	101,500
									200	1,490	298,000
	28	熊 谷 商 店				70	1,450	101,500			
						110	1,490	163,900	90	1,490	134,100
	31	次 月 繰 越				90	1,490	134,100			
			380		556,000	380		556,000			

解説 ❶商品を返品したときは，払出欄に記入する。
❷引取運賃 ￥4,000 を含めた ￥298,000
（￥294,000＋￥4,000）を仕入原価とするので，
単価は￥298,000÷200個＝￥1,490となる。

15 5

a	￥	❶ 410	b	￥	❷ 57,000

解説 ❶ $\dfrac{￥38,000＋￥126,000}{100個＋300個}＝￥410$

❷仕入返品，売上返品はないので，6/9の払出欄の金額が売上原価となる。

16 売掛金・買掛金 (p.60)

16-1

	借 方		貸 方	
(1)	売 掛 金	450,000	売 上	450,000
(2)	現 金	330,000	売 掛 金	330,000
(3)	仕 入	240,000	買 掛 金	240,000
(4)	買 掛 金	12,000	仕 入	12,000
(5)	買 掛 金	150,000	当 座 預 金	150,000

16-2

(1)

仕 訳 帳 1

令和○年		摘 要	元丁	借 方	貸 方
1	1	前期繰越高	✓	1,459,800	1,459,800
	5	売 掛 金	3	208,600	
		売 上	8		208,600
	9	買 掛 金	6	197,800	
		当 座 預 金	2		197,800
	11	仕 入	9	54,300	
		買 掛 金	6		54,300
	16	売 掛 金	3	184,500	
		売 上	8		184,500
	18	買 掛 金	6	103,000	
		当 座 預 金	2		103,000
	21	仕 入	9	62,900	
		買 掛 金	6		62,900
	23	現 金	1	351,700	
		売 掛 金	3		351,700
	29	当 座 預 金	2	176,400	
		売 掛 金	3		176,400

総 勘 定 元 帳

現 金 1

1/1	79,600		
23	351,700		

当 座 預 金 2

1/1	354,200	1/9	197,800
29	176,400	18	103,000

売 掛 金 3

1/1	581,700	1/23	351,700
5	208,600	29	176,400
16	184,500		

繰 越 商 品 4

1/1	294,300	

備 品 5

1/1	150,000	

買 掛 金 6

1/9	197,800	1/1	462,400
18	103,000	11	54,300
		21	62,900

資 本 金 7

	1/1	997,400

売 上 8

	1/5	208,600
	16	184,500

仕 入 9

1/11	54,300	
21	62,900	

(2)

売 掛 金 元 帳

島根商店 1

1/1	279,300	1/29	176,400
5	208,600	31	251,500
	427,900		427,900

福井商店 2

1/1	362,400	1/23	351,700
16	184,500	31	195,200
	546,900		546,900

買 掛 金 元 帳

岡山商店 1

1/9	197,800	1/1	271,900
31	137,000	21	62,900
	334,800		334,800

秋田商店 2

1/18	103,000	1/1	190,500
31	141,800	11	54,300
	244,800		244,800

(3)

残 高 試 算 表
令和○年1月31日

借 方		勘 定 科 目	貸 方
	431,300	現 金	
❶	229,800	当 座 預 金	
	446,700	売 掛 金	
	294,300	繰 越 商 品	
	150,000	備 品	
		買 掛 金	278,800
		資 本 金	997,400
		売 上	393,100
	117,200	仕 入	
❷	1,669,300		1,669,300

解説 ❶当座預金勘定の借方金額の合計（¥354,200＋¥176,400）の方が貸方金額合計（¥197,800＋¥103,000）よりも多いので借方残高となる。
❷借方の合計額と貸方の合計額は必ず一致する。

17 受取手形・支払手形 (p.64)

17-1

	借 方		貸 方	
(1)	受 取 手 形❶	250,000	売 上	250,000
(2)	当 座 預 金	250,000	受 取 手 形	250,000
(3)	仕 入	170,000	支 払 手 形❷	170,000
(4)	支 払 手 形	170,000	当 座 預 金	170,000

解説 ❶後日代金を受け取る手形債権については受取手形勘定を用いる。約束手形という勘定科目はないので注意する。
❷後日代金を支払う手形債務については支払手形勘定を用いる。

17-2

	借 方		貸 方	
(1)	受 取 手 形	150,000	売 掛 金	150,000
(2)	買 掛 金	120,000	支 払 手 形	120,000
(3)	当 座 預 金	280,000	受 取 手 形	280,000

17 ③

	借 方		貸 方	
(1)	受 取 手 形	100,000	売　　上	270,000
	売 掛 金	170,000		
(2)	仕　　入	400,000	支 払 手 形	130,000
			買 掛 金	270,000

18 その他の債権・債務(1)　(p.66)

18 ①

	借 方		貸 方	
(1)	貸 付 金	300,000	現　　金	300,000
(2)	現　　金	467,000	貸 付 金	460,000
			受 取 利 息	7,000
(3)	手形貸付金	460,000	現　　金	460,000
(4)	現　　金	50,000	前 受 金❶	50,000
(5)	仕　　入	390,000	前 払 金	90,000 ❷
			現　　金	300,000

解説 ❶売り手が商品を売り渡す前に, 商品代金の一部を前受けしたときは, 売上勘定ではなく前受金勘定(負債)を用いて仕訳する。
❷内金を現金で支払ったときの仕訳
(借)前 払 金　90,000　(貸)現　　金　90,000

検定問題　(p.67)

18 ②

	借 方		貸 方	
(1)	現　　金	500,000	借 入 金	500,000
(2)	現　　金	618,000	貸 付 金	600,000
			受 取 利 息	18,000
(3)	現　　金	90,000	前 受 金	90,000
(4)	仕　　入	300,000	前 払 金	60,000
			買 掛 金	240,000

19 その他の債権・債務(2)　(p.68)

19 ①

	借 方		貸 方	
(1)	未 収 入 金❶	2,500	雑　　益	2,500
(2)	現　　金	3,600	未 収 入 金	3,600
(3)	備　　品	240,000	未 払 金❷	240,000

解説 ❶商品売買ではないので売掛金勘定は用いない。
❷商品売買ではないので買掛金勘定は用いない。

19 ②

	借 方		貸 方	
(1)	給　　料	780,000	従業員立替金	50,000
			所得税預り金	35,000
			現　　金	695,000
(2)	給　　料	450,000	従業員預り金	10,000
			所得税預り金	26,000
			現　　金	414,000

19 ③

	借 方		貸 方	
6/ 4	仮 払 金❶	80,000	現　　金	80,000
7	当 座 預 金	360,000	仮 受 金	360,000
10	旅　　費❷	73,600	仮 払 金	80,000
	現　　金	6,400		
〃	仮 受 金	360,000	売 掛 金	300,000
			前 受 金	60,000

解説 ❶出張に行く前なので旅費の金額が確定していない。
❷精算が済むと旅費の金額が確定する。

19 ④

	借 方		貸 方	
(1)	受 取 商 品 券	100,000	売　　上	120,000
	現　　金	20,000		
(2)	現　　金	100,000	受 取 商 品 券	100,000

検定問題　(p.70)

19 ⑤

	借 方		貸 方	
(1)	備　　品	210,000	未 払 金	210,000
(2)	給　　料	750,000	所得税預り金	54,000
			現　　金	696,000
(3)	仮 払 金	40,000	現　　金	40,000
(4)	当 座 預 金	130,000	仮 受 金	130,000
(5)	旅　　費	83,000	仮 払 金	90,000
	現　　金	7,000		

20 固定資産 (p.71)

20 ①

	借 方	貸 方
(1)	建　物 ❶7,580,000	当座預金 7,580,000
(2)	備　品 ❶430,000	当座預金 430,000
(3)	車両運搬具 3,800,000	未 払 金 ❷3,800,000
(4)	土　地 ❶65,750,000	当座預金 65,750,000
(5)	備　品 ❶856,000	当座預金 856,000

解説 ❶買入価額に買入手数料，据え付け費用などの付随費用を加えた金額を取得原価とする。
❷商品売買ではないので買掛金勘定は用いない。

20 ②

	借 方	貸 方
(1)	当座預金 4,700,000 固定資産売却損 1,300,000	建　物 6,000,000
(2)	現　金 4,100,000	土　地 3,200,000 固定資産売却益 900,000
(3)	現　金 280,000 固定資産売却損 170,000	備　品 ❶450,000
(4)	未 収 入 金 ❷123,000	車両運搬具 120,000 固定資産売却益 3,000

解説 ❶事務用のコピー機は備品勘定に記帳してある。
❷商品売買ではないので売掛金勘定は用いない。

20 ③

	借 方	貸 方
(1)	消 耗 品 費 16,000	現　金 16,000
(2)	修 繕 費 ❶ 70,000	当座預金 70,000

解説 ❶修理に要した費用は修繕費勘定（費用）で仕訳する。車両運搬具勘定の金額は増加しない。

検定問題 (p.73)

20 ④

	借 方	貸 方
(1)	備　品 338,000	現　金 338,000
(2)	備　品 800,000	当座預金 800,000
(3)	備　品 370,000	未 払 金 370,000
(4)	備　品 640,000	未 払 金 640,000
(5)	土　地 5,480,000	当座預金 5,480,000
(6)	建　物 4,790,000	当座預金 4,500,000 現　金 290,000

21 資本の追加元入れ・引出金，所得税と住民税 (p.74)

21 ①

	借 方	貸 方
(1)	現　金 2,000,000	資 本 金 ❶ 2,000,000
(2)	資 本 金 ❷ 100,000	現　金 100,000

解説 ❶追加元入れにより，資本金勘定が増加する。
❷引出金勘定を設けていない場合，直接資本金勘定を減少させる。

21 ②

	借 方	貸 方	
12/3	現　金 400,000	資 本 金 400,000	
15	引 出 金 ❶ 73,000	現　金 73,000	
20	引 出 金 50,000	仕 入 ❷ 50,000	
31	資 本 金 253,000	引 出 金 253,000	❸
〃	損 益 ❹ 180,000	資 本 金 180,000	

引 出 金

			130,000	12/31	資 本 金	253,000
12/15	現　金	73,000				
20	仕　入	50,000				
			253,000			253,000

資 本 金

12/31	引 出 金	253,000	1/1	前 期 繰 越	1,500,000
〃	次 期 繰 越	1,827,000	12/3	現　金	400,000
			31	損　益	180,000
		2,080,000			2,080,000

解説 ❶店の現金を私用にあてることは，資本の減少をもたらす。このため，資本の減少として引出金勘定の借方に記入する。
❷商品を仕入れたときの勘定科目を使用する。
❸引出金勘定を設けている場合，決算において引出金勘定残高を資本金勘定に振り替える。
❹当期純利益は損益勘定で計上される。当期純利益という勘定科目はない。

21 ③

	借 方	貸 方
7/28	引 出 金 180,000	現　金 180,000
11/20	引 出 金 180,000	現　金 180,000
翌年 3/15	引 出 金 240,000	現　金 240,000

解説 所得税は個人に課せられる税金なので，店の費用とはならない。店の現金で納付した場合は私用として扱い，資本金または引出金勘定で仕訳する。

21 4

	借　方		貸　方	
(1)	引　出　金	86,000	現　　　金	86,000
(2)	引　出　金 ❶	65,000	現　　　金	65,000

解説 ❶住民税は個人に課せられる税金なので，店の費用
とはならない。店の現金で納付した場合は私用と
して扱い，資本金または引出金勘定で仕訳する。

検定問題　　　　　　　　　　　　(p.76)

21 5

	借　方		貸　方	
(1)	現　　　金	600,000	資　本　金	1,600,000
	建　　　物	1,000,000		
(2)	現　　　金	740,000	資　本　金	740,000

22 販売費及び一般管理費　　　(p.77)

22 1

(1)	○	(2)	×	(3)	○	(4)	○	(5)	○
(6)	×	(7)	○	(8)	×	(9)	○	(10)	○

解説 手形の割り引きや借入金の利息で生じる費用は，日
常の営業活動を行っていくうえで必要とされる費用
ではないため，販売費及び一般管理費に含まれない。

22 2

	借　方		貸　方	
(1)	販売費及び一般管理費	5,000	現　　　金	5,000
(2)	販売費及び一般管理費	80,000	当座預金	80,000

22 3

	借　方		貸　方	
(1)	通　信　費	5,000	現　　　金	5,000
(2)	支　払　家　賃	80,000	当座預金	80,000

22 4

	借　方		貸　方	
8/13	販売費及び一般管理費	7,000	現　　　金	7,000
18	販売費及び一般管理費	32,000	現　　　金	32,000
20	販売費及び一般管理費	100,000	現　　　金	100,000
25	販売費及び一般管理費	160,000	当座預金	160,000

総　勘　定　元　帳

販売費及び一般管理費　　　　　28

8/13	現　　金	7,000		
18	現　　金	32,000		
20	現　　金	100,000		
25	当座預金	160,000		

販売費及び一般管理費元帳

給　　　料　　　　　　　　1

令和○年		摘　　要	金　　額	合　　計
8	25	8月分	160,000	160,000

広　　告　　料　　　　　2

| 8 | 18 | 雑誌広告 | 32,000 | 32,000 |

支　払　家　賃　　　　　3

| 8 | 20 | 倉庫家賃 | 100,000 | 100,000 |

水　道　光　熱　費　　　4

| 8 | 13 | 水道料 | 7,000 | 7,000 |

検定問題　　　　　　　　　　　　(p.78)

22 5

	借　方		貸　方	
(1)	通　信　費	20,000	現　　　金	20,000
(2)	広　告　料	70,000	当座預金	70,000
(3)	保　険　料	78,000	現　　　金	78,000
(4)	給　　　料	750,000	所得税預り金	54,000
			現　　　金	696,000

23 個人企業の税金　　　　　　(p.79)

23 1

	借　方		貸　方	
(1)	租税公課（または事業税）	40,000	現　　　金	40,000
(2)	租税公課（または固定資産税）	35,000	現　　　金	35,000
(3)	租税公課（または印紙税）	6,000	現　　　金	6,000

解説 事業税，固定資産税，印紙税は店の費用として計上
することが認められている。資本金（引出金）勘定
は用いない。

23 2

	借　方		貸　方	
2/16	仕　　　入	240,000	買　掛　金	264,000
	仮払消費税	24,000		
5/23	現　　　金	616,000	売　　　上	560,000
			仮受消費税	56,000
10/18	仕　　　入	400,000	買　掛　金	440,000
	仮払消費税	40,000		
11/9	現　　　金	550,000	売　　　上	500,000
			仮受消費税	50,000
12/31	仮受消費税 ❶106,000		仮払消費税 ❷64,000
			未払消費税	42,000
翌年3/20	未払消費税	42,000	現　　　金	42,000

解説 ❶5/23の¥56,000と11/9の¥50,000の合計である。
❷2/16の¥24,000と10/18の¥40,000の合計である。

23 3

	借　　　方		貸　　　方	
(1)	租税公課 （または事業税）	50,000	現　　　金	50,000
(2)	租税公課 （または印紙税）	2,000	現　　　金	2,000
(3)	仕　　入 仮払消費税	160,000 16,000	現　　　金 買　掛　金	150,000 26,000
(4)	租税公課 （または固定資産税）❶ 引　出　金 （または資本金）❷	180,000 120,000	現　　　金	300,000
(5)	現　　　金 売　掛　金	400,000 304,000	売　　　上 仮受消費税	640,000 64,000
(6)	通　信　費 租税公課 （または印紙税）	19,000 15,000	現　　　金	34,000 ❸

解説 ❶ ¥300,000×0.6＝¥180,000（租税公課）
❷ ¥300,000×0.4＝¥120,000（引出金）
❸ 郵便切手と収入印紙は郵便局で一括して購入する
　　ことが多いので，処理する勘定科目に注意する。

23 4

	借　　　方		貸　　　方	
(1)	仕　　入 仮払消費税	200,000 20,000	買　掛　金	220,000
(2)	租税公課 （または固定資産税）	120,000	現　　　金	120,000

総合問題 2　　　　　　　　　　　(p.82)

2－1

	借　　　方		貸　　　方	
(1)	普通預金	630,000	現　　　金	630,000
(2)	現　　　金	707,000	定期預金 受取利息❶	700,000 7,000
(3)	通　信　費 交　通　費 雑　　費 小口現金	400 3,100 800 4,300	小口現金 当座預金	4,300 4,300
(4)	仕　　入	88,500 ❷	当座預金 現　　　金	87,000 1,500
(5)	現　　　金 発　送　費	59,000 500	売　　　上 現　　　金	59,000 500
(6)	売　　　上	5,000	売　掛　金	5,000 ❸
(7)	現　　　金	900,000	借　入　金	900,000
(8)	借　入　金 支払利息❹	250,000 7,000	当座預金	257,000
(9)	仕　　入	230,000	前　払　金 買　掛　金	50,000 180,000

解説 ❶受取利息は収益の勘定であり，発生時には貸方側
　　に記入する。
❷商品の購入代価¥87,000＋引取運賃¥1,500
❸返品前に商品を¥100,000で売り渡していたとき
　　の仕訳
　　（借）売掛金 100,000 （貸）売　上 100,000
❹支払利息は費用の勘定であり，発生時には借方側
　　に記入する。

2－2

	借　　　方		貸　　　方	
(1)	前　受　金 現　　　金	100,000 321,500	売　　　上	421,500 ❶
(2)	未収入金	3,000	雑　　益❷	3,000
(3)	給　　料	840,000	従業員預り金 所得税預り金 現　　　金	50,000 39,000 751,000
(4)	旅　　費 現　　　金	77,100 2,900	仮　払　金	80,000
(5)	当座預金	97,300	仮　受　金❸	97,300
(6)	受取商品券	690,000	売　　　上	690,000
(7)	土　　地❹	10,750,000	当座預金	10,750,000
(8)	消耗品費	8,100	現　　　金	8,100
(9)	現　　　金	600,000	資　本　金	600,000
(10)	通　信　費	22,500	現　　　金	22,500
(11)	保　険　料	57,000	現　　　金	57,000

解説 ❶内金として¥100,000を現金で受け取っていたと
　　きの仕訳
　　（借）現　金 100,000 （貸）前受金 100,000
❷通常の営業活動以外の原因から生じた少額の収入
　　は雑益勘定を用いる。
❸勘定科目または金額が確定しない収入を一時的に
　　記録するために，仮受金勘定を用いる。
❹土地の購入代価¥10,576,000＋付随費用¥174,000

2—3

(1)

仕　訳　帳　1

令和○年		摘　　　要	元丁	借　方	貸　方	
1	1	前期繰越高	✓	901,200	901,200	
	6	消耗品費	14	1,500		
		現　　金	1		1,500	
	11	仕　　入	11	60,500		
		買 掛 金	6		60,500	
	12	仕　　入	11	40,000		
		買 掛 金	6		40,000	
	16	売 掛 金	3	131,600		
		売　　上	10		131,600	
	19	通 信 費	13	8,200		
		現　　金	1		8,200	
	23	買 掛 金	6	73,000		
		当 座 預 金	2		73,000	
	25	給　　料	12	35,000		
		所得税預り金	8		3,000	
		現　　金	1		32,000	❶
	28	買 掛 金	6	36,000		
		当 座 預 金	2		36,000	
	31	借 入 金	7	90,000		
		支 払 利 息	15	300		
		当 座 預 金	2		90,300	

総 勘 定 元 帳

現　金　1

1/1	109,400	1/6	1,500
		19	8,200
		25	32,000

当座預金　2

1/1	375,800	1/23	73,000
		28	36,000
		31	90,300

売 掛 金　3

1/1	126,000		
16	131,600		

繰越商品　4

1/1	90,000		

備　品　5

1/1	200,000		

買 掛 金　6

1/23	73,000	1/1	281,000
28	36,000	11	60,500
		12	40,000

借 入 金　7

1/31	90,000	1/1	200,000

所得税預り金　8

		1/25	3,000

資 本 金　9

		1/1	420,200

売　上　10

		1/16	131,600

仕　入　11

1/11	60,500		
12	40,000		

給　料　12

1/25	35,000		

通 信 費　13

1/19	8,200		

消耗品費　14

1/6	1,500		

支 払 利 息　15

1/31	300		

(2)

買 掛 金 元 帳

熊 本 商 店　1

1/23	73,000	1/1	116,500
31	104,000	11	60,500
	177,000		177,000

佐 賀 商 店　2

1/28	36,000	1/1	164,500
31	168,500	12	40,000
	204,500		204,500

(3)

残 高 試 算 表
令和○年1月31日

借　　方	勘 定 科 目	貸　　方	
67,700	現　　　　金		
176,500	当 座 預 金		
257,600	売 掛 金		
90,000	繰 越 商 品		
200,000	備　　　　品		
	買 掛 金	272,500	❷
	借 入 金	110,000	
	所 得 税 預 り 金	3,000	
	資 本 金	420,200	
	売　　　　上	131,600	
100,500	仕　　　　入		
35,000	給　　　　料		
8,200	通 信 費		
1,500	消 耗 品 費		
300	支 払 利 息		
937,300		937,300	

解説 ❶給料¥35,000－所得税額¥3,000
❷買掛金元帳熊本商店の次月繰越高¥104,000と佐賀商店の次月繰越高¥168,500の合計額と一致している。

2—4

(1)

仕　訳　帳　1

令和○年		摘　　　要	元丁	借　方	貸　方
1	1	前期繰越高	✓	1,094,800	1,094,800
	7	売 掛 金	3	92,000	
		売　　上	10		92,000
	9	当 座 預 金	2	83,000	
		売 掛 金	3		83,000
	10	通 信 費	14	2,400	
		現　　金	1		2,400
	12	売 掛 金	3	169,500	
		売　　上	10		169,500
	15	水道光熱費	15	1,900	
		当 座 預 金	2		1,900
	22	仕　　入	12	173,600	
		買 掛 金	7		173,600
	25	給　　料	13	40,000	
		所得税預り金	8		3,700
		現　　金	1		36,300
	28	現　　金	1	94,000	
		売 掛 金	3		94,000
	31	現　　金	1	700	
		受 取 利 息	11		700

総 勘 定 元 帳

現 金 1			
1/1	194,300	1/10	2,400
28	94,000	25	36,300
31	700		

当 座 預 金 2			
1/1	326,500	1/15	1,900
		9	83,000

売 掛 金 3			
1/1	159,000	1/9	83,000
7	92,000	28	94,000
12	169,500		

繰 越 商 品 4			
1/1	55,000		

備 品 5			
1/1	150,000		

貸 付 金 6			
1/1	210,000		

買 掛 金 7			
		1/1	279,000
		22	173,600

所得税預り金 8			
		1/25	3,700

資 本 金 9			
		1/1	815,800

売 上 10			
		1/7	92,000
		12	169,500

受 取 利 息 11			
		1/31	700

仕 入 12			
1/22	173,600		

給 料 13			
1/25	40,000		

通 信 費 14			
1/10	2,400		

水 道 光 熱 費 15			
1/15	1,900		

(2)
売 掛 金 元 帳

福 井 商 店 1			
1/1	100,900	1/9	83,000
12	169,500	31	187,400
	270,400		270,400

徳 島 商 店 2			
1/1	58,100	1/28	94,000
7	92,000	31	56,100
	150,100		150,100

(3)
残 高 試 算 表
令和○年1月31日

借 方	勘 定 科 目	貸 方
250,300	現 金	
407,600	当 座 預 金	
❶243,500	売 掛 金	
55,000	繰 越 商 品	
150,000	備 品	
210,000	貸 付 金	
	買 掛 金	452,600
	所 得 税 預 り 金	3,700
	資 本 金	815,800
	売 上	261,500
	受 取 利 息	700
173,600	仕 入	
40,000	給 料	
2,400	通 信 費	
1,900	水 道 光 熱 費	
1,534,300		1,534,300

解説 ❶売掛金元帳福井商店の次月繰越高¥187,400と徳島商店の次月繰越高¥56,100の合計額と一致している。

第 **3** 編　**決算(I)**

24 商品売買に関する勘定の決算整理 (p.88)
（売上原価の計算）

24 1

借 方		貸 方		
仕 入	237,000	繰 越 商 品	237,000	❶
繰 越 商 品	286,000	仕 入	286,000	❷

繰 越 商 品			
1/1 前期繰越	237,000	12/31 仕 入	237,000
12/31 仕 入	286,000		

仕 入			
（純仕入高）	1,374,000	12/31 繰越商品	286,000
12/31 繰越商品	237,000		

解説 ❶繰越商品勘定で示されている「期首商品棚卸高」を仕入勘定へ振り替える。
❷「期末商品棚卸高」を仕入勘定と繰越商品勘定に記入する。その結果，売上原価が仕入勘定で算出される。

24 2

借 方		貸 方		
売 上	1,650,000	損 益	1,650,000	❶
損 益	1,325,000	仕 入	1,325,000	❷

仕 入			
（純仕入高）	1,374,000	12/31 繰越商品	286,000
12/31 繰越商品	237,000	〃 損 益	1,325,000 ❷
	1,611,000		1,611,000

売 上			
❶ 12/31 損 益	1,650,000	（純売上高）	1,650,000

損 益			
❷ 12/31 仕 入	1,325,000	12/31 売 上	1,650,000 ❶

解説 ❶純売上高（収益）を損益勘定の貸方へ振り替える。
❷仕入勘定で算出された売上原価（費用）を損益勘定の借方へ振り替える。その結果，商品売買益が損益勘定で算出される。

24 3
(1)

繰 越 商 品			
1/1 前期繰越	237,000	12/31 仕 入	237,000
12/31 仕 入	286,000	〃 次期繰越	286,000
	523,000		523,000

仕 入			
（純仕入高）	1,374,000	12/31 繰越商品	286,000
12/31 繰越商品	237,000	〃 損 益	1,325,000
	1,611,000		1,611,000

売 上			
12/31 損 益	1,650,000	（純売上高）	1,650,000

損 益			
12/31 仕 入	1,325,000	12/31 売 上	1,650,000

(2)

①	売 上 原 価❶¥	1,325,000	②	商品売買益❷¥	325,000

― 27 ―

解説 商品に関する勘定の，一連の決算整理の流れを理解したい。
- ❶ 仕入勘定貸方の損益 ¥1,325,000 が売上原価である。
- ❷ 損益勘定貸方の売上 ¥1,650,000 から借方の仕入 ¥1,325,000 を差し引いた差額 ¥325,000 が商品売買益である。

24 4

	借　　方	貸　　方	
決算整理仕訳	仕　　入　　196,000	繰越商品　　196,000	❶
	繰越商品　　257,000	仕　　入　　257,000	
決算振替仕訳	売　　上　　2,134,000	損　　益　　2,134,000	❷
	損　　益　　1,604,000	仕　　入　　1,604,000	

繰　越　商　品

1/1 前期繰越	196,000	12/31 仕　入	196,000
12/31 仕　入	257,000	〃 次期繰越	257,000 ❸
	453,000		453,000

仕　　　　入

(総仕入高)	1,672,000	(仕入返品高)	7,000
12/31 繰越商品	196,000	12/31 繰越商品	257,000
		〃 損　益	1,604,000
	1,868,000		1,868,000

売　　　　上

(売上返品高)	14,000	(総売上高)	2,148,000
12/31 損　益	2,134,000		
	2,148,000		2,148,000

損　　　　益

12/31 仕　入	1,604,000	12/31 売　上	2,134,000

解説
- ❶ 決算整理仕訳で仕入勘定が売上原価を示すように修正される。
- ❷ 決算振替仕訳により，損益勘定の貸借の差額が商品売買益を示す。
- ❸ 繰越商品勘定の残高は期末商品棚卸高を示すように修正され，この金額で次期に繰り越す。

24 5

① 純仕入高❶ ¥ 1,747,000	② 売上原価❷ ¥ 1,680,000
③ 商品売買益❸ ¥ 290,000	

解説 決算整理仕訳を転記した勘定記入面を参考に，各項目の金額を算出する。
- ❶ 純仕入高＝総仕入高－仕入返品高
  ¥1,747,000 ＝ ¥1,763,000 － ¥16,000
- ❷ 売上原価＝期首商品棚卸高＋純仕入高－期末商品棚卸高
  ¥1,680,000 ＝ ¥147,000 ＋ ¥1,747,000 － ¥214,000
- ❸ 商品売買益＝純売上高－売上原価
  ¥290,000 ＝ ¥1,970,000 － ¥1,680,000

24 6

① 売上原価❶ ¥ 964,000	② 商品売買益❷ ¥ 372,000

解説
- ❶ 売上原価＝期首商品棚卸高＋純仕入高－期末商品棚卸高
  ¥964,000 ＝ ¥125,000 ＋（¥938,000 － ¥7,000）－ ¥92,000
- ❷ 商品売買益＝純売上高－売上原価
  ¥372,000 ＝（¥1,348,000 － ¥12,000）－ ¥964,000

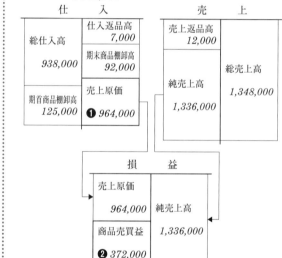

24 7

	期首商品棚卸高	純　仕　入　高	期末商品棚卸高	売　上　原　価	純　売　上　高	商品売買益
(1)	¥ 49,000	¥ 727,000	¥❶ 53,000	¥ 723,000	¥ 1,284,000	¥❷ 561,000
(2)	¥❸ 63,000	¥ 893,000	¥ 74,000	¥ 882,000	¥❹ 1,357,000	¥ 475,000
(3)	¥ 78,000	¥❻ 945,000	¥ 81,000	¥❺ 942,000	¥ 1,329,000	¥ 387,000

解説
○売上原価＝期首商品棚卸高＋純仕入高－期末商品棚卸高
○商品売買益＝純売上高－売上原価
以上の二つの計算式を応用する。

(1)❶期末商品棚卸高＝期首商品棚卸高＋純仕入高－売上原価
¥53,000 ＝ ¥49,000 ＋ ¥727,000 － ¥723,000
❷商品売買益＝純売上高－売上原価
¥561,000 ＝ ¥1,284,000 － ¥723,000

(2)❸期首商品棚卸高＝売上原価＋期末商品棚卸高－純仕入高
¥63,000 ＝ ¥882,000 ＋ ¥74,000 － ¥893,000
❹純売上高＝売上原価＋商品売買益
¥1,357,000 ＝ ¥882,000 ＋ ¥475,000

(3)❺売上原価＝純売上高－商品売買益
¥942,000 ＝ ¥1,329,000 － ¥387,000
❻純仕入高＝売上原価＋期末商品棚卸高－期首商品棚卸高
¥945,000 ＝ ¥942,000 ＋ ¥81,000 － ¥78,000
※先に❺の売上原価を求めてから❻の純仕入高を計算する。

25 貸し倒れの見積もり (p.91)

25 1

借 方		貸 方	
貸倒引当金繰入	34,000	貸倒引当金	34,000

解説 貸倒見積額は¥680,000×0.05＝¥34,000となり，貸倒引当金勘定に残高がない場合は同額を仕訳する。

25 2

借 方		貸 方	
貸倒引当金繰入	26,000	貸倒引当金	26,000

解説 貸倒見積額は¥680,000×0.05＝¥34,000だが，貸倒引当金勘定に¥8,000の残高があるため，差額の¥26,000のみを仕訳する。

25 3

借 方		貸 方	
貸倒引当金	30,000	売 掛 金	30,000

解説 実際に貸し倒れが発生したときは，売掛金と貸倒引当金を同時に減少させる。本問は，貸し倒れとなった金額が貸倒引当金勘定の残高以内なので，以上の仕訳のみを行う。

25 4

借 方		貸 方	
貸倒引当金	24,000	売 掛 金	30,000
貸倒損失❶	6,000		

解説 ❶貸倒引当金勘定の残高以上の貸し倒れは，その超過額を貸倒損失勘定（費用）で仕訳する。

25 5

借 方		貸 方	
貸倒引当金繰入	43,500	貸倒引当金	43,500

貸倒引当金繰入

12/31 貸倒引当金	43,500	

貸 倒 引 当 金

		12/31 貸倒引当金繰入	43,500

解説 貸倒見積額は¥870,000×0.05＝¥43,500となり，貸倒引当金勘定に残高がないため，同額を仕訳する。

25 6

借 方		貸 方	
貸倒引当金繰入	34,500	貸倒引当金	34,500

貸倒引当金繰入

12/31 貸倒引当金	34,500	

貸 倒 引 当 金

		（残高）	9,000
		12/31 貸倒引当金繰入	34,500

解説 貸倒引当金勘定に¥9,000の残高があるため，差額の¥34,500のみを仕訳する。

25 7

〈決算整理仕訳〉

借 方		貸 方	
貸倒引当金繰入	41,000	貸倒引当金	41,000

〈決算振替仕訳〉

借 方		貸 方	
損 益	41,000	貸倒引当金繰入	41,000

貸倒引当金繰入

12/31 貸倒引当金	41,000	12/31 損 益	41,000

貸 倒 引 当 金

	32,000	1/1 前期繰越	39,000
12/31 次 期 繰 越	48,000	12/31 貸倒引当金繰入	41,000
	80,000		80,000

解説 貸倒引当金勘定は売掛金の評価勘定としてその残高を次期に繰り越す。貸倒引当金繰入勘定（費用）残高は，損益勘定の借方へ振り替えたのち締め切る。

25 8

	借 方		貸 方		
12/31	貸倒引当金繰入	39,000	貸倒引当金	39,000	❶
〃	損 益	39,000	貸倒引当金繰入	39,000	
3/25	貸倒引当金	30,000	売 掛 金	30,000	❷
12/31	貸倒引当金繰入	37,500	貸倒引当金	37,500	❸
〃	損 益	37,500	貸倒引当金繰入	37,500	
4/12	貸倒引当金	46,500	売 掛 金	50,000	
	貸倒損失❹	3,500			

貸倒引当金繰入

❶ 12/31 貸倒引当金	39,000	12/31 損 益	39,000
❸ 12/31 貸倒引当金	37,500	12/31 損 益	37,500

貸 倒 損 失

❹ 4/12 売 掛 金	3,500	

貸 倒 引 当 金

12/31 次 期 繰 越	39,000	12/31 貸倒引当金繰入	39,000	❶
❷ 3/25 売 掛 金	30,000	1/1 前期繰越	39,000	
12/31 次 期 繰 越	46,500	12/31 貸倒引当金繰入	37,500	❸
	76,500		76,500	
4/12 売 掛 金	46,500	1/1 前期繰越	46,500	

解説 3期にわたる貸倒引当金に関する取引である。

❶ 1期目の期末に売掛金残高¥780,000の5％として¥39,000の貸倒引当金を見積もり，貸倒引当金繰入勘定残高を損益勘定に振り替える。

❷3/25に発生した貸し倒れは貸倒引当金勘定の残高以内なので，そのまま売掛金と相殺する。

❸ 2期目の12/31の期末には売掛金残高¥930,000の5％として¥46,500を見積もるが，貸倒引当金勘定に¥9,000の残高があるため，差額の¥37,500のみを仕訳する。

❹ 3期目の4/12の貸倒発生額は貸倒引当金勘定の残高以上のため，その超過額¥3,500は貸倒損失勘定（費用）で仕訳する。

26 固定資産の減価償却(定額法・直接法) (p.94)

26 1

$$\frac{(¥5,000,000)-(¥0)}{(20)年}=減価償却費(¥250,000)$$

(解説) 残存価額が 0 の場合は,取得原価を耐用年数で平均して 1 年分の減価償却費(費用)を計算する。

26 2

$$\frac{(¥800,000)-(¥800,000×0.1)}{(8)年}$$

$$=減価償却費(¥90,000)$$

(解説) 残存価額が取得原価の10％の場合は,取得原価からその10％の価額を差し引いたのち,耐用年数で平均して 1 年分の減価償却費(費用)を計算する。

26 3

借 方		貸 方	
減価償却費	135,000	備　品	135,000

(解説) 直接法は,減価償却費(費用)を固定資産の勘定の残高から直接減額する記帳方法である。

26 4

借 方		貸 方	
減価償却費	450,000	建　物	450,000

(解説) 建物の場合も同様に直接減額する記帳方法による。

26 5

	借 方		貸 方	
整理仕訳	減価償却費	400,000	建　物	400,000
振替仕訳	損　益	400,000	減価償却費	400,000

建　物

(取得原価)	8,000,000	12/31 減価償却費	400,000
		〃 次期繰越	7,600,000
	8,000,000		8,000,000

減 価 償 却 費

12/31 建　物	400,000	12/31 損　益	400,000

(解説) 建物勘定は取得原価の¥8,000,000から今年度の減価償却費¥400,000を差し引き,帳簿価額¥7,600,000を次期に繰り越す。減価償却費勘定(費用)残高¥400,000は,損益勘定の借方へ振り替えたのち締め切る。

$$\frac{(¥8,000,000-¥0)}{20年}=減価償却費¥400,000$$

26 6

	借 方		貸 方	
1/1	備　品	400,000	当座預金	400,000
12/31	減価償却費	80,000	備　品	80,000
1/1	未収入金	300,000	備　品	320,000
	固定資産売却損❷	20,000		

備　品

1/1 当座預金	400,000	12/31 減価償却費	80,000
		〃 次期繰越	320,000 ❶
	400,000		400,000
1/1 前期繰越	320,000	1/1 諸　口	320,000

(解説) ❶12/31における決算整理後の帳簿価額¥320,000(取得原価¥400,000-減価償却費¥80,000)を次期に繰り越す。

❷翌1/1に帳簿価額¥320,000の備品を¥300,000で売却したため,固定資産売却損(費用)¥20,000が発生する。

$$\frac{(¥400,000-¥0)}{5年}=減価償却費¥80,000$$

27 現金過不足の整理・当座借越への振り替え (p.96)

27 1

	借 方		貸 方	
12/31	雑　損	700	現金過不足	700

雑　損

12/31 現金過不足	700	

現 金 過 不 足

	700	12/31 雑　損	700

27 2

	借 方		貸 方	
12/31	現金過不足	200	雑　益	200

現 金 過 不 足

12/31 雑　益	200		200

雑　益

		12/31 現金過不足	200

27 3

①

	借 方		貸 方	
12/31	雑　損	800	現　金	800

②

	借 方		貸 方	
12/31	現　金	600	雑　益	600

27 4

	借 方		貸 方	
12/31	当座預金	130,000	当座借越	130,000

当 座 預 金

	500,000		630,000
12/31 当座借越	130,000		

当 座 借 越

		12/31 当座預金	130,000

(解説) 決算日に当座預金勘定が貸方残高の場合は,当座借越勘定(負債)にその残高を振り替える。

28 1

(1)

借 方		貸 方	
仕　　入	210,000	繰越商品	210,000
繰越商品	195,000	仕　　入	195,000

精　算　表

勘定科目	残高試算表		整理記入		損益計算書		貸借対照表	
	借　方	貸　方	借　方	貸　方	借　方	貸　方	借　方	貸　方
繰越商品	210,000		195,000	210,000			195,000	
仕　入	930,000		210,000	195,000	945,000			

解説 (1)期首商品棚卸高は繰越商品勘定の残高￥210,000。

(2)

借 方		貸 方	
貸倒引当金繰入	19,000	貸倒引当金	19,000

貸倒引当金		6,000		19,000				25,000
貸倒引当金繰入			19,000		19,000			

解説 (2)貸倒見積額は￥500,000×0.05＝￥25,000だが，貸倒引当金勘定残高￥6,000との差額￥19,000のみを仕訳する。

(3)

借 方		貸 方	
減価償却費	105,000	備　　品	105,000

備　品	700,000			105,000			595,000	
減価償却費			105,000		105,000			

解説 (3)備品の減価償却高￥105,000を直接減額する記帳法。
※8桁精算表は，決算整理仕訳を整理記入欄に記入し，資産・負債・資本の各勘定は貸借対照表欄へ，

収益・費用の各勘定は損益計算書欄へ記入する。そのさい，各勘定の残高と同一側に決算整理が入れば加算，反対側であれば減算を行う。

28 2

精　算　表
令和○年12月31日

勘定科目	残高試算表		整理記入		損益計算書		貸借対照表	
	借　方	貸　方	借　方	貸　方	借　方	貸　方	借　方	貸　方
現　　金	290,000						290,000	
売　掛　金	360,000						360,000	
貸倒引当金		3,000		15,000				18,000
繰越商品	155,000		180,000	155,000			180,000	
備　　品	400,000			60,000			340,000	
買　掛　金		396,000						396,000
資　本　金		700,000						700,000
売　　上		1,169,000				1,169,000		
仕　　入	846,000		155,000	180,000	821,000			
給　　料	217,000				217,000			
貸倒引当金繰入			15,000		15,000			
減価償却費			60,000		60,000			
当期純利益					56,000			56,000
	2,268,000	2,268,000	410,000	410,000	1,169,000	1,169,000	1,170,000	1,170,000

解説 決算整理事項の仕訳は次のようになる。
　a.(借)仕　入 155,000　(貸)繰越商品 155,000
　　　繰越商品 180,000　　　仕　入 180,000
　b.(借)貸倒引当金繰入 15,000　(貸)貸倒引当金 15,000
　　（￥360,000×0.05）－￥3,000＝￥15,000

c.(借)減価償却費 60,000　(貸)備　品 60,000
※貸倒引当金繰入と減価償却費は，勘定科目欄に新たに設ける。

精　算　表

令和○年/2月3/日

勘定科目	残高試算表 借方	残高試算表 貸方	整理記入 借方	整理記入 貸方	損益計算書 借方	損益計算書 貸方	貸借対照表 借方	貸借対照表 貸方
現　　　　金	169,000						169,000	
当 座 預 金	576,000						576,000	
売 掛 金	640,000						640,000	
貸倒引当金		9,000		23,000				32,000
繰 越 商 品	375,000		320,000	375,000			320,000	
備　　　　品	280,000			42,000			238,000	
買 掛 金		370,000						370,000
借 入 金		200,000						200,000
資 本 金		1,400,000						1,400,000
売　　　　上		2,025,000				2,025,000		
受 取 手 数 料		50,000				50,000		
仕　　　　入	1,659,000		375,000	320,000	1,714,000			
給　　　　料	187,000				187,000			
支 払 家 賃	168,000				168,000			
貸倒引当金繰入			23,000		23,000			
減 価 償 却 費			42,000		42,000			
当期純(損失)						59,000	59,000	
	4,054,000	4,054,000	760,000	760,000	2,134,000	2,134,000	2,002,000	2,002,000

解説 決算整理事項の仕訳は次のようになる。
　　a.（借）仕　　　入　375,000　（貸）繰越商品　375,000
　　　　　繰越商品　320,000　　　　仕　　　入　320,000
　　b.（借）貸倒引当金繰入　23,000　（貸）貸倒引当金　23,000
　　　　（¥640,000×0.05）－¥9,000＝¥23,000

c.（借）減価償却費　42,000　（貸）備　　品　42,000
※本問では「当期純損失」となるので，損益計算書欄の貸方と貸借対照表欄の借方に金額が記入される。

精　算　表

令和○年/2月3/日

勘定科目	残高試算表 借方	残高試算表 貸方	整理記入 借方	整理記入 貸方	損益計算書 借方	損益計算書 貸方	貸借対照表 借方	貸借対照表 貸方
現　　　　金	370,000						370,000	
当 座 預 金	932,000						932,000	
売 掛 金	960,000						960,000	
貸倒引当金		10,000		38,000				48,000
繰 越 商 品	465,000		436,000	465,000			436,000	
備　　　　品	540,000			❶90,000			450,000	
買 掛 金		610,000						610,000
借 入 金		200,000						200,000
資 本 金		2,000,000						2,000,000
売　　　　上		1,914,000				1,914,000		
受 取 手 数 料		522,000				522,000		
仕　　　　入	1,459,000		465,000	436,000	1,488,000			
給　　　　料	290,000				290,000			
支 払 家 賃	240,000				240,000			
貸倒引当金繰入			38,000		38,000			
減 価 償 却 費			❶90,000		90,000			
当期純(利益)					290,000			290,000
	5,256,000	5,256,000	1,029,000	1,029,000	2,436,000	2,436,000	3,148,000	3,148,000

解説 決算整理事項の仕訳は次のようになる。
　　a.（借）仕　　　入　465,000　（貸）繰越商品　465,000
　　　　　繰越商品　436,000　　　　仕　　　入　436,000
　　b.（借）貸倒引当金繰入　38,000　（貸）貸倒引当金　38,000
　　　　（¥960,000×0.05）－¥10,000＝¥38,000
　　c.（借）減価償却費　90,000　（貸）備　　品　90,000

❶ $\dfrac{¥540,000－¥0}{6年} = ¥90,000$

精 算 表
令和○年/2月3/日

勘定科目	残高試算表 借方	残高試算表 貸方	整理記入 借方	整理記入 貸方	損益計算書 借方	損益計算書 貸方	貸借対照表 借方	貸借対照表 貸方
現 金	421,000						421,000	
当 座 預 金	1,816,000						1,816,000	
売 掛 金	2,860,000						2,860,000	
貸 倒 引 当 金		68,000		75,000				143,000
繰 越 商 品	736,000		724,000	736,000			724,000	
備 品	900,000			150,000			750,000	
買 掛 金		1,846,000						1,846,000
借 入 金		460,000						460,000
資 本 金		4,000,000						4,000,000
売 上		7,144,000				7,144,000		
受 取 手 数 料		276,000				276,000		
仕 入	5,140,000		736,000	724,000	5,152,000			
給 料	1,027,000				1,027,000			
支 払 家 賃	590,000				590,000			
保 険 料	197,000				197,000			
雑 費	74,000				74,000			
支 払 利 息	33,000				33,000			
	13,794,000	13,794,000						
貸倒引当金繰入	●-----		75,000		75,000			
減 価 償 却 費			150,000		150,000			
当 期 純 (利 益)					❹122,000			❹122,000
			1,685,000	1,685,000	7,420,000	7,420,000	6,571,000	6,571,000
			●----❷----		●----❸----			

解説 決算整理事項の仕訳は次のようになる。
　a.（借)仕　　入　736,000　（貸)繰越商品　736,000
　　　　繰越商品　724,000　　　　仕　　入　724,000
　b.（借)貸倒引当金繰入 75,000　（貸)貸倒引当金 75,000
　　　（¥2,860,000×0.05）−¥68,000＝¥75,000
　c.（借)減価償却費 150,000　（貸)備　品 150,000
$$\frac{¥900,000−¥0}{6年}＝¥150,000$$
　※決算整理前の元帳勘定残高を残高試算表欄に記入
　　するさい，借方残高なのか貸方残高なのかに注意
　　が必要。資産・費用の各勘定は「借方残高」で，
　　負債・資本・収益の各勘定，ならびに貸倒引当金
　　勘定は「貸方残高」である。

《精算表の作成手順》
❶残高試算表欄に元帳勘定残高（残高試算表）の借
　方・貸方を確認し，その金額を記入する。もし，
　貸借合計が一致しない場合は，記入場所を間違っ
　ている可能性が高い。その場合，すべての勘定残
　高を合計して2で割った金額が一致額になるので，
　その差額をチェックする。
❷決算整理仕訳を整理記入欄に記入し，貸借合計の
　一致を確認する。
❸資産・負債・資本の各勘定を貸借対照表欄へ，費
　用・収益の各勘定を損益計算書欄に記入する。な
　お，整理記入欄に記入のある場合は，その分も加
　算あるいは減算してから記入する。
❹貸借対照表欄と損益対照表欄のそれぞれの貸借差
　額で，当期純損益を計算し，その一致額を確認し
　て締め切る。

28 6

(1)

精　算　表

令和○年/2月3/日

勘定科目	残高試算表 借方	残高試算表 貸方	整理記入 借方	整理記入 貸方	損益計算書 借方	損益計算書 貸方	貸借対照表 借方	貸借対照表 貸方
現　　　　金	466,000						466,000	
当 座 預 金	871,000						871,000	
売 　掛　 金	950,000						950,000	
貸 倒 引 当 金		4,000		15,000				❶ 19,000
繰 越 商 品	834,000		860,000	834,000			860,000	
備　　　　品	920,000			230,000			❷ 690,000	
買 　掛　 金		963,000						963,000
前 　受　 金		200,000						200,000
資 　本　 金		2,450,000						2,450,000
売　　　　上		8,207,000				8,207,000		
受 取 手 数 料		315,000				315,000		
仕　　　　入	6,210,000		834,000	860,000	6,184,000			
給 　　　料	1,044,000				1,044,000			
支 払 家 賃	570,000				570,000			
水 道 光 熱 費	187,000				187,000			
消 耗 品 費	62,000				❸ 62,000			
雑　　　　費	25,000				25,000			
	12,139,000	12,139,000						
貸倒引当金繰入			15,000		15,000			
減 価 償 却 費			230,000		230,000			
当 期 純 利 益					205,000			205,000
			1,939,000	1,939,000	8,522,000	8,522,000	3,837,000	3,837,000

(2)

消　耗　品　費　　　　　16

4/21	現　金	24,000	12/31	損　　益	62,000 ❸
9/15	現　金	38,000			
		62,000			62,000

解説 決算整理事項の仕訳は次のようになる。

a. (借)仕　　入 834,000　(貸)繰越商品 834,000
　　　　繰越商品 860,000　　　　仕　　入 860,000

b. (借)貸倒引当金繰入 15,000　(貸)貸倒引当金 15,000
　(￥950,000×0.02)−￥4,000＝￥15,000

❶貸倒引当金勘定は貸方に￥15,000の補充がおこなわれ，その残高が売掛金の2％である￥19,000となる。

c. (借)減価償却費 230,000　(貸)備　　品 230,000
　$\dfrac{￥1,150,000−￥0}{5年}＝￥230,000$

❷備品勘定は今年度分の減価償却費￥230,000が貸方に転記されるため残高が￥690,000となる。

❸消耗品費勘定残高￥62,000は損益勘定へ振り替えて締め切る。

(1)

精　算　表
令和○年12月31日

勘定科目	残高試算表 借方	残高試算表 貸方	整理記入 借方	整理記入 貸方	損益計算書 借方	損益計算書 貸方	貸借対照表 借方	貸借対照表 貸方
現　　　　　金	1,009,000						1,009,000	
当 座 預 金	1,647,000						1,647,000	
売 　掛 　金	2,300,000						2,300,000	
貸 倒 引 当 金		6,000		40,000				46,000
繰 越 商 品	690,000		730,000	690,000			730,000	
備　　　　　品	750,000			150,000			❶ 600,000	
買 　掛 　金		2,142,000						2,142,000
前 　受 　金		360,000						360,000
資 　本 　金		3,500,000						3,500,000
売 　　　上		9,400,000				9,400,000		
受 取 手 数 料		32,000				32,000		
仕 　　　入	6,554,000		690,000	730,000	6,514,000			
給 　　　料	1,386,000				1,386,000			
支 払 家 賃	816,000				816,000			
水 道 光 熱 費	247,000				247,000			
雑 　　　費	41,000				41,000			
	15,440,000	15,440,000						
貸倒引当金繰入			40,000		40,000			
減 価 償 却 費			150,000		150,000			
当 期 純 利 益					238,000			238,000
			1,610,000	1,610,000	9,432,000	9,432,000	6,286,000	6,286,000

(2)

備 品			6
1/1　前期繰越　750,000	12/31　減価償却費　150,000		
	〃　　次期繰越　600,000 ❶		
750,000	750,000		

解説 決算整理事項の仕訳は次のようになる。

a. (借)仕　　　入 690,000　(貸)繰越商品 690,000
　　　繰越商品 730,000　　　　仕　　　入 730,000

b. (借)貸倒引当金繰入 40,000　(貸)貸倒引当金 40,000
　(¥2,300,000×0.02)－¥6,000＝¥40,000

c. (借)減価償却費 150,000　(貸)備　　　品 150,000

$$\frac{¥1,200,000 - ¥0}{8年} = ¥150,000$$

❶備品勘定は，今年度分の減価償却費¥150,000が貸方に転記されるため残高が¥600,000となり，「次期繰越」と記入して締め切る。

(1)

精　算　表
令和○年/2月3/日

勘定科目	残高試算表 借方	残高試算表 貸方	整理記入 借方	整理記入 貸方	損益計算書 借方	損益計算書 貸方	貸借対照表 借方	貸借対照表 貸方
現　　　　金	850,000						850,000	
当 座 預 金	1,310,000						1,310,000	
売 　掛　 金	600,000						600,000	
貸 倒 引 当 金		9,000		3,000				❶ 12,000
繰 越 商 品	398,000		427,000	398,000			427,000	
備 　　　品	1,500,000			500,000			❷1,000,000	
買 　掛　 金		1,183,000						1,183,000
資 　本　 金		2,775,000						2,775,000
売 　　　上		5,907,000				5,907,000		
固定資産売却益		102,000				❸ 102,000		
仕 　　　入	3,539,000		398,000	427,000	3,510,000			
給 　　　料	1,128,000				1,128,000			
支 払 家 賃	480,000				480,000			
水 道 光 熱 費	132,000				132,000			
消 耗 品 費	24,000				24,000			
雑 　　　費	15,000				15,000			
	9,976,000	9,976,000						
貸倒引当金繰入			3,000		3,000			
減 価 償 却 費			500,000		500,000			
当 期 純 利 益					217,000			217,000
			1,328,000	1,328,000	6,009,000	6,009,000	4,187,000	4,187,000

(2)

	固定資産売却益			10
❸ 12/31 損　　　益	102,000	11/16 当 座 預 金	102,000	

解説　決算整理事項の仕訳は次のようになる。

a.(借)仕　　　入 398,000　(貸)繰越商品 398,000
　　　　繰越商品 427,000　　　仕　　　入 427,000

b.(借)貸倒引当金繰入　3,000　(貸)貸倒引当金　3,000
　　(¥600,000×0.02)−¥9,000＝¥3,000

❶貸倒引当金勘定は貸方に¥3,000の補充が行われ，その残高が売掛金の2％である¥12,000となる。

c.(借)減価償却費 500,000　(貸)備　　　品 500,000
$$\frac{¥2,500,000-¥0}{5年}=¥500,000$$

❷備品勘定は今年度分の減価償却費¥500,000が貸方に転記されるため残高が¥1,000,000となる。

❸固定資産売却益勘定残高¥102,000は損益勘定へ振り替えて締め切る。

(1)

精　算　表
令和○年/2月3/日

勘定科目	残高試算表 借方	残高試算表 貸方	整理記入 借方	整理記入 貸方	損益計算書 借方	損益計算書 貸方	貸借対照表 借方	貸借対照表 貸方
現　　　　金	615,000						615,000	
当 座 預 金	1,340,000						1,340,000	
売 　掛　 金	2,250,000						2,250,000	
貸 倒 引 当 金		15,000		30,000				45,000
繰 越 商 品	490,000		520,000	490,000			520,000	
備　　　　品	560,000			210,000			350,000	
買 　掛　 金		1,080,000						1,080,000
資 　本　 金		3,800,000						3,800,000
売　　　　上		8,360,000				❺8,360,000		
受 取 手 数 料		85,000				85,000		
仕　　　　入	5,710,000		490,000	520,000	5,680,000			
給　　　　料	1,150,000				1,150,000			
支 払 家 賃	780,000				780,000			
水 道 光 熱 費	320,000				320,000			
雑　　　　費	125,000				125,000			
	13,340,000	13,340,000						
貸倒引当金繰入		❶	30,000		30,000			
減 価 償 却 費			210,000		210,000			
当 期 純 利 益					❹ 150,000			❹ 150,000
			1,250,000	1,250,000	8,445,000	8,445,000	5,075,000	5,075,000
			❷		❸			

(2)

```
            売            上        9
                 /05,000         8,465,000
❺ 12/31 損    益 8,360,000      ／
            8,465,000         8,465,000
```

解説 決算整理事項の仕訳は次のようになる。

a. (借)仕　　入　490,000　(貸)繰越商品　490,000
　　　繰越商品　520,000　　仕　　入　520,000

b. (借)貸倒引当金繰入　30,000　(貸)貸倒引当金　30,000
　　(¥2,250,000×0.02)−¥15,000=¥30,000

c. (借)減価償却費　210,000　(貸)備　　品　210,000

$$\frac{¥1,400,000 − ¥140,000}{6年} = ¥210,000$$

本問は, 残高試算表の作成からはじまり, 決算整理事項も3級で扱われるものがほぼ網羅されている。

《精算表の作成手順》

❶残高試算表欄に, 残高試算表 (元帳勘定残高) の借方・貸方を確認してその金額を記入する。もし, 貸借合計が一致しない場合は, 記入場所を間違っている可能性が高い。その場合, すべての勘定残高を合計して2で割った金額が一致額になるので, その差額をチェックする。

❷決算整理仕訳を整理記入欄に記入し, 貸借合計の一致を確認する。

❸資産・負債・資本の各勘定を貸借対照表欄へ, 費用・収益の各勘定を損益計算書欄に記入する。なお, 整理記入欄に記入がある場合は, その分も加算あるいは減算してから記入する。

❹貸借対照表欄と損益計算書欄のそれぞれの貸借差額で, 当期純損益を計算し, その一致額を確認して締め切る。

❺売上勘定の残高は純売上高¥8,360,000を示しており, 損益勘定へ振り替えて締め切る。

29 帳簿決算 (p.106)

29 1

〈決算整理仕訳〉

	借 方	貸 方
a	仕 入 *230,000*	繰 越 商 品 *230,000*
	繰 越 商 品 *250,000*	仕 入 *250,000*
b	貸倒引当金繰入 *22,000*	貸 倒 引 当 金 *22,000*
c	減 価 償 却 費 *84,000*	備 品 *84,000*

〈決算振替仕訳〉

	借 方	貸 方
収益の振替	売 上 *1,636,000*	損 益 *1,636,000*
費用の振替	損 益 *1,464,000*	仕 入 *1,148,000*
		給 料 *210,000*
		貸倒引当金繰入 *22,000*
		減価償却費 *84,000*
純損益の振替	損 益 *172,000*	資 本 金 *172,000*

現 金 1

	378,000	12/31 次 期 繰 越	*378,000*

売 掛 金 2

	520,000	12/31 次 期 繰 越	*520,000*

貸 倒 引 当 金 3

12/31 次 期 繰 越	*26,000*		*4,000*
		12/31 貸倒引当金繰入	*22,000*
	26,000		*26,000*

繰 越 商 品 4

	230,000	12/31 仕 入	*230,000*
12/31 仕 入	*250,000*	〃 次 期 繰 越	*250,000*
	480,000		*480,000*

備 品 5

	560,000	12/31 減 価 償 却 費	*84,000*
		〃 次 期 繰 越	*476,000*
	560,000		*560,000*

買 掛 金 6

12/31 次 期 繰 越	*554,000*		*554,000*

資 本 金 7

12/31 次 期 繰 越	*1,044,000*		*872,000*
		12/31 損 益	*172,000*
	1,044,000		*1,044,000*

売 上 8

12/31 損 益	*1,636,000*		*1,636,000*

仕 入 9

	1,168,000	12/31 繰 越 商 品	*250,000*
12/31 繰 越 商 品	*230,000*	〃 損 益	*1,148,000*
	1,398,000		*1,398,000*

給 料 10

	210,000	12/31 損 益	*210,000*

貸 倒 引 当 金 繰 入 11

12/31 貸 倒 引 当 金	*22,000*	12/31 損 益	*22,000*

減 価 償 却 費 12

12/31 備 品	*84,000*	12/31 損 益	*84,000*

損 益 13

12/31 仕 入	*1,148,000*	12/31 売 上	*1,636,000*
〃 給 料	*210,000*		
〃 貸倒引当金繰入	*22,000*		
〃 減価償却費	*84,000*		
〃 資 本 金	*172,000*		
	1,636,000		*1,636,000*

解説 精算表は決算の予備的な手続きであるが，正式な帳簿決算（英米式決算法）では次のような手順がある。
①決算整理仕訳とその転記。
②決算振替仕訳とその転記。
・収益・費用の各勘定残高を損益勘定に振り替える。
・損益勘定の残高を資本金勘定に振り替える。
③収益・費用の各勘定と損益勘定の締め切り。
④資産・負債・資本の各勘定の締め切りと，その繰越高による繰越試算表の作成。
⑤損益計算書・貸借対照表の作成。
※本問は，各勘定の締め切りまでの手順を確認するものである。

29 2

(1)〈決算整理仕訳〉

	借 方	貸 方
a	仕 入 *205,000*	繰 越 商 品 *205,000*
	繰 越 商 品 *220,000*	仕 入 *220,000*
b	貸倒引当金繰入 *13,000*	貸 倒 引 当 金 *13,000*
c	減 価 償 却 費 *45,000*	備 品 *45,000*

〈決算振替仕訳〉

	借 方	貸 方
収益の振替	売 上 *2,187,000*	損 益 *2,238,000*
	受 取 手 数 料 *51,000*	
費用の振替	損 益 *2,123,000*	仕 入 *1,548,000*
		給 料 *312,000*
		貸倒引当金繰入 *13,000*
		減価償却費 *45,000*
		支 払 家 賃 *194,000*
		支 払 利 息 *11,000*
純損益の振替	損 益 *115,000*	資 本 金 *115,000*

現 金 1

	160,000	12/31 次 期 繰 越	*160,000*

当 座 預 金 2

	475,000	12/31 次 期 繰 越	*475,000*

売 掛 金 3

	480,000	12/31 次 期 繰 越	*480,000*

― 38 ―

貸倒引当金　4

12/31	次期繰越	24,000		11,000
			12/31 貸倒引当金繰入	13,000
		24,000		24,000

繰越商品　5

		205,000	12/31 仕　入	205,000
12/31	仕　入	220,000	〃　次期繰越	220,000
		425,000		425,000

備　品　6

		210,000	12/31 減価償却費	45,000
			〃　次期繰越	165,000
		210,000		210,000

買　掛　金　7

12/31	次期繰越	351,000		351,000

借　入　金　8

12/31	次期繰越	150,000		150,000

資　本　金　9

12/31	次期繰越	975,000		860,000
			12/31 損　益	115,000
		975,000		975,000

売　上　10

12/31	損　益	2,187,000		2,187,000

受取手数料　11

12/31	損　益	51,000		51,000

仕　入　12

		1,563,000	12/31 繰越商品	220,000
12/31	繰越商品	205,000	〃　損　益	1,548,000
		1,768,000		1,768,000

給　料　13

		312,000	12/31 損　益	312,000

貸倒引当金繰入　14

12/31	貸倒引当金	13,000	12/31 損　益	13,000

減価償却費　15

12/31	備　品	45,000	12/31 損　益	45,000

支払家賃　16

		194,000	12/31 損　益	194,000

支払利息　17

		11,000	12/31 損　益	11,000

損　益　18

12/31	仕　入	1,548,000	12/31 売　上	2,187,000
〃	給　料	312,000	〃　受取手数料	51,000
〃	貸倒引当金繰入	13,000		
〃	減価償却費	45,000		
〃	支払家賃	194,000		
〃	支払利息	11,000		
〃	資本金	115,000		
		2,238,000		2,238,000

(2)

繰越試算表
令和○年12月31日

借　方	勘定科目	貸　方
160,000	現　　　金	
475,000	当　座　預　金	
480,000	売　掛　金	
	貸　倒　引　当　金	24,000
220,000	繰　越　商　品	
165,000	備　　　品	
	買　掛　金	351,000
	借　入　金	150,000
	資　本　金	975,000
1,500,000		1,500,000

解説 前問29 1 の手順に追加して，本問には繰越試算表の作成が含まれる。繰越試算表は，次期に繰り越される資産・負債・資本の各勘定残高を集計し，借方・貸方の総合計の一致を確認することで，繰越高に間違いがないかの検証用に作成するものである。

なお，次期繰越高は勘定を締め切るための記入であり，本来の帳簿残高は，資産の各勘定が「借方」，負債・資本の各勘定ならびに貸倒引当金勘定は「貸方」の残高である。

収益・費用の各勘定は，純損益計算のためにその残高を損益勘定に振り替えるので，繰越残高がない。

総合問題 ❸　　　(p.110)

3―1

(1) a.

	借　　方		貸　　方	
①	仕　入	690,000	繰越商品	690,000
	繰越商品	730,000	仕　入	730,000
②	貸倒引当金繰入	60,000	貸倒引当金	60,000 ❶
③	減価償却費	80,000	備　品	80,000

b.

借　　方		貸　　方	
売　上	7,785,000	損　益	7,860,000
受取手数料	75,000		
損　益	7,594,000	仕　入	5,900,000
		給　料	1,080,000
		貸倒引当金繰入	60,000
		減価償却費	80,000
		支払家賃	420,000
		雑　費	54,000

c.

借　　方		貸　　方	
損　益	266,000	資　本　金	266,000

(2)

貸倒引当金　4

12/31	次期繰越	95,000		35,000
			12/31 貸倒引当金繰入	60,000 ❶
		95,000		95,000

— 39 —

損益　18

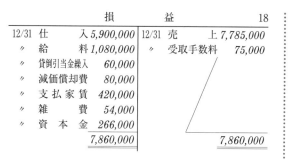

12/31 仕 入	5,900,000	12/31 売 上	7,785,000
ク 給 料	1,080,000	ク 受取手数料	75,000
ク 貸倒引当金繰入	60,000		
ク 減価償却費	80,000		
ク 支払家賃	420,000		
ク 雑 費	54,000		
ク 資 本 金	266,000		
	7,860,000		7,860,000

解説 本問では，総勘定元帳の各勘定が借方・貸方記録の合計額で示されているので，残高を計算するところからはじまる。

❶決算整理事項②の貸倒見積額は（¥6,580,000－¥4,680,000）×0.05＝¥95,000だが，貸倒引当金勘定に¥35,000の残高があるため，差額の¥60,000のみを仕訳する。

※なお，本問は勘定への転記がほとんど省略されているので，決算整理仕訳を問題文にある総勘定元帳面にメモとして転記するなどして，修正残高の計算を間違えないようにする。

3—2

(1)

精　算　表
令和○年12月31日

勘定科目	残高試算表 借方	残高試算表 貸方	整理記入 借方	整理記入 貸方	損益計算書 借方	損益計算書 貸方	貸借対照表 借方	貸借対照表 貸方
現 金	375,000						375,000	
当 座 預 金	2,830,000						2,830,000	
売 掛 金	2,980,000						2,980,000	
貸 倒 引 当 金		47,000		102,000				149,000
繰 越 商 品	920,000		950,000	920,000			❶ 950,000	
備 品	360,000			60,000			300,000	
買 掛 金		2,028,000						2,028,000
借 入 金		550,000						550,000
資 本 金		4,000,000						4,000,000
売 上		8,760,000				8,760,000		
受 取 手 数 料		139,000				139,000		
仕 入	6,236,000		920,000	950,000	6,206,000			
給 料	1,210,000				1,210,000			
支 払 家 賃	360,000				❷ 360,000			
消 耗 品 費	118,000				118,000			
雑 費	78,000				78,000			
支 払 利 息	57,000				57,000			
	15,524,000	15,524,000						
貸倒引当金繰入			102,000		102,000			
減 価 償 却 費			60,000		60,000			
当 期 純 利 益					708,000			708,000
			2,032,000	2,032,000	8,899,000	8,899,000	7,435,000	7,435,000

(2)

繰 越 商 品　5

1/1 前期繰越	920,000	12/31 仕 入	920,000
12/31 仕 入	950,000	ク 次期繰越	950,000 ❶
	1,870,000		1,870,000

支 払 家 賃　14

1/1 当座預金	180,000	12/31 損 益	360,000 ❷
7/1 現 金	180,000		
	360,000		360,000

$$\frac{¥480,000 - ¥0}{8年} = ¥60,000$$

❶繰越商品勘定残高は期末商品棚卸高¥950,000を示すため，「次期繰越」と記入して締め切る。

❷支払家賃勘定は残高を損益勘定へ振り替えて，そのまま締め切る。

※貸倒引当金繰入と減価償却費は，勘定科目欄に新たに設ける。

解説 前問3—1と同様に総勘定元帳の記入面から残高を計算し，精算表の残高試算表欄を正確に作成することが重要である。

決算整理事項の仕訳は，次のようになる。

a.（借）仕 入 920,000 （貸）繰越商品 920,000
　　 繰越商品 950,000 　　 仕 入 950,000

b.（借）貸倒引当金繰入 102,000 （貸）貸倒引当金 102,000
　（¥6,860,000－¥3,880,000）×0.05－¥47,000
　＝¥102,000

c.（借）減価償却費 60,000 （貸）備 品 60,000

30 損益計算書(1)　　　　　　　(p.112)

30 1

損 益 計 算 書

福井商店　　令和○年(1)月(1)日から令和○年(12)月(31)日まで　(単位：円)

費　　用	金　　額	収　　益	金　　額
(売 上 原 価)	❶1,028,000	(売 上 高)	❷1,428,000
給　　料	215,000	受取手数料	55,000
支 払 家 賃	120,000		
貸倒引当金繰入	16,000		
減 価 償 却 費	40,000		
消 耗 品 費	14,000		
支 払 利 息	8,000		
(当期純利益)	❸ 42,000		
	1,483,000		1,483,000

解説 損益計算書の作成にあたり，まず収益の勘定と費用の勘定の分類がしっかりできることが重要である。表示が勘定科目名と異なる箇所についても注意する。
❶決算整理仕訳転記後の仕入勘定残高は売上原価を示すため，表示上「売上原価」とする。
❷売上勘定残高は「売上高」として表示する。
❸損益勘定で算出された当期純利益は，資本金勘定へ振り替えられるが，「当期純利益」として表示する。

30 2

損 益 計 算 書

金沢商店　　令和○年/月/日から令和○年/2月/3/日まで　(単位：円)

費　　用	金　　額	収　　益	金　　額
売 上 原 価	2,055,000	売 上 高	2,730,000
給　　料	314,000	受取手数料	14,000
貸倒引当金繰入	7,000		
減 価 償 却 費	27,000		
支 払 家 賃	75,000		
保 険 料	6,000		
雑　　費	39,000		
支 払 利 息	9,000		
当期純利益	212,000		
	2,744,000		2,744,000

解説 損益勘定の記入面と損益計算書の表示とが異なる箇所に注意する（「学習の要点」を参照）。

30 3

(1) 決算整理仕訳

	借　　　　方		貸　　　　方		
a	仕　　　入	310,000	繰 越 商 品	310,000	❶
	繰 越 商 品	290,000	仕　　　入	290,000	
b	貸倒引当金繰入	22,000	貸 倒 引 当 金	22,000	❷
c	減 価 償 却 費	54,000	備　　　品	54,000	❸

(2)

損 益 計 算 書

高岡商店　　令和○年/月/日から令和○年/2月/3/日まで　(単位：円)

費　　用	金　　額	収　　益	金　　額
売 上 原 価	❶985,000	売 上 高	1,273,000
給　　料	195,000	受取手数料	347,000
貸倒引当金繰入	❷ 22,000		
減 価 償 却 費	❸ 54,000		
支 払 家 賃	158,000		
支 払 利 息	3,000		
当期純利益	203,000		
	1,620,000		1,620,000

解説 元帳勘定残高のうち，損益計算書の科目は売上勘定から支払利息勘定までである。
❶決算整理事項a.
仕入勘定の残高は，¥965,000＋¥310,000－¥290,000＝¥985,000となり，売上原価を示す。
❷決算整理事項b.
売掛金残高¥640,000×0.05－¥10,000＝¥22,000（差額）
❸決算整理事項c.
$$\frac{¥360,000－¥36,000}{6年}＝¥54,000$$

30 4

(1) 決算整理仕訳

	借　　　　方		貸　　　　方		
a	仕　　　入	208,000	繰 越 商 品	208,000	❶
	繰 越 商 品	220,000	仕　　　入	220,000	
b	貸倒引当金繰入	21,000	貸 倒 引 当 金	21,000	❷
c	減 価 償 却 費	100,000	備　　　品	100,000	❸

(2)

損 益 計 算 書

富山商店　　令和○年(1)月(1)日から令和○年(12)月(31)日まで　(単位：円)

費　　用	金　　額	収　　益	金　　額
売 上 原 価	❶2,196,000	売 上 高	3,640,000
給　　料	768,000	受取手数料	55,000
広 告 料	25,000		
貸倒引当金繰入	❷ 21,000		
減 価 償 却 費	❸ 100,000		
支 払 家 賃	228,000		
雑　　費	136,000		
支 払 利 息	14,000		
当期純利益	207,000		
	3,695,000		3,695,000

解説 ❶決算整理事項a.
仕入勘定の残高は，¥2,208,000＋¥208,000－¥220,000＝¥2,196,000となり，売上原価を示す。
❷決算整理事項b.
売掛金残高¥560,000×0.05－¥7,000＝¥21,000（差額）
❸決算整理事項c.
$$\frac{¥800,000－¥0}{8年}＝¥100,000$$

30 5

(1)

	借　　方		貸　　方		
a	仕　　　入	600,000	繰越商品	600,000	❶
	繰越商品	560,000	仕　　　入	560,000	
b	貸倒引当金繰入	24,000	貸倒引当金	24,000	❷
c	減価償却費	150,000	備　　　品	150,000	❸

(2)

```
                    資　　本　　金                    10
❹ 12/31(次期繰越)( 3,136,000) │ 1/1 前期繰越  2,934,000
                              │ 12/31(損　益)( 202,000)
            ( 3,136,000)      │           ( 3,136,000)
```

(3)

損　益　計　算　書

四国商店　　　令和○年/月/日から令和○年/2月3/日まで　　　（単位：円）

費　　用	金　　額	収　　益	金　　額
売 上 原 価 ❶	6,430,000	(売　上　高)	10,600,000
給　　料	2,070,000	受 取 利 息	32,000
(貸倒引当金繰入) ❷	24,000		
(減価償却費) ❸	150,000		
支 払 家 賃	1,440,000		
広　告　料	123,000		
通　信　費	96,000		
消 耗 品 費	58,000		
雑　　費	39,000		
当期純利益 ❹	202,000		
	10,632,000		10,632,000

解説 ❶決算整理事項a.

仕入勘定の残高は，¥6,390,000＋¥600,000－¥560,000＝¥6,430,000となり，売上原価を示す。

❷決算整理事項b.

売掛金残高¥1,300,000×0.02－¥2,000＝¥24,000（差額）

❸決算整理事項c.

$$\frac{¥1,200,000 - ¥0}{8年} = ¥150,000$$

❹資本金勘定には，決算時に損益勘定から当期純利益¥202,000が振り替えられ，合計¥3,136,000を「次期繰越」と記入して締め切る。

30 6

(1)

	借　　方		貸　　方		
a	仕　　　入	590,000	繰越商品	590,000	❶
	繰越商品	610,000	仕　　　入	610,000	
b	貸倒引当金繰入	54,000	貸倒引当金	54,000	❷
c	減価償却費	178,000	備　　　品	178,000	❸

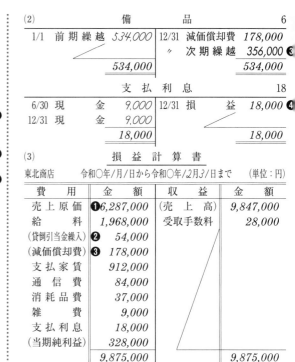

(2)

```
                    備　　　品                    6
1/1 前期繰越 534,000 │ 12/31 減価償却費 178,000
                    │   〃  次期繰越 356,000 ❸
        534,000      │           534,000
```

```
                    支　払　利　息                    18
6/30 現　　金  9,000 │ 12/31 損　　益 18,000 ❹
12/31 現　　金  9,000 │
         18,000      │         18,000
```

(3)

損　益　計　算　書

東北商店　　　令和○年/月/日から令和○年/2月3/日まで　　　（単位：円）

費　　用	金　　額	収　　益	金　　額
売 上 原 価 ❶	6,287,000	(売　上　高)	9,847,000
給　　料	1,968,000	受取手数料	28,000
(貸倒引当金繰入) ❷	54,000		
(減価償却費) ❸	178,000		
支 払 家 賃	912,000		
通　信　費	84,000		
消 耗 品 費	37,000		
雑　　費	9,000		
支 払 利 息	18,000		
(当期純利益)	328,000		
	9,875,000		9,875,000

解説 ❶決算整理事項a.

仕入勘定の残高は，¥6,307,000＋¥590,000－¥610,000＝¥6,287,000となり，売上原価を示す。

❷決算整理事項b.

売掛金残高¥2,850,000×0.02－¥3,000＝¥54,000（差額）

❸決算整理事項c.

$$\frac{¥890,000 - ¥0}{5年} = ¥178,000$$

備品勘定は，今年度分の減価償却費¥178,000が貸方に転記されるため残高が¥356,000となり，「次期繰越」と記入して締め切る。

❹支払利息勘定残高¥18,000は損益勘定へ振り替えて締め切る。

30 7

(1)

	借　　方		貸　　方		
a	仕　　　入	740,000	繰越商品	740,000	❶
	繰越商品	680,000	仕　　　入	680,000	
b	貸倒引当金繰入	40,000	貸倒引当金	40,000	❷
c	減価償却費	145,000	備　　　品	145,000	❸

(2)

```
                    備　　　品                    7
1/1 前期繰越 870,000 │ 12/31 減価償却費 145,000
                    │   〃  次期繰越 725,000 ❹
        870,000      │           870,000
```

(3)

損 益 計 算 書

北海道商店　　令和○年/月/日から令和○年/2月3/日まで　　（単位：円）

費　用	金　額	収　益	金　額
売 上 原 価 ❶	6,150,000	売 上 高	9,413,000
給　　料	1,662,000	受取手数料	89,000
（貸倒引当金繰入）❷	40,000		
（減価償却費）❸	145,000		
支 払 家 賃	924,000		
水 道 光 熱 費	276,000		
雑　　費	41,000		
（当期純利益）	264,000		
	9,502,000		9,502,000

解説　❶決算整理事項a.
　　仕入勘定の残高は，¥6,090,000＋¥740,000−
　　¥680,000＝¥6,150,000となり，売上原価を示
　　す。
　　❷決算整理事項b.
　　売掛金残高¥2,300,000×0.02−¥6,000
　　＝¥40,000（差額）
　　❸決算整理事項c.
$$\frac{¥1,160,000−¥0}{8年}=¥145,000$$
　　❹備品勘定は，今年度分の減価償却費¥145,000が
　　貸方に転記されるため残高が¥725,000となり，
　　「次期繰越」と記入して締め切る。

31　貸借対照表(1)　　(p.118)

31 1

貸 借 対 照 表

小松商店　　令和○年(12)月(31)日　　（単位：円）

資　産	金　額	負債および純資産	金　額
現　　金	142,000	買 掛 金	324,000
当 座 預 金	317,000	借 入 金	84,000
売 掛 金 (420,000)		資 本 金	800,000 ❸
貸倒引当金(21,000)❶	399,000	（当期純利益）	95,000
❷（商　品）	130,000		
備　　品	315,000		
	1,303,000		1,303,000

解説　貸借対照表の作成にあたり，まず資産・負債・資本
　　の各勘定の分類がしっかりできることが重要である。
　　❶貸倒引当金は売掛金から控除する形式で表示する。
　　❷繰越商品は「商品」として表示する。
　　❸資本金勘定残高は期末資本を示しているが，期首
　　資本としての「資本金」と「当期純利益」とに分
　　けて表示する。

31 2

貸 借 対 照 表

敦賀商店　　令和○年/2月3/日　　（単位：円）

資　産	金　額	負債および純資産	金　額
現　　金	114,000	買 掛 金	462,000
当 座 預 金	362,000	借 入 金	135,000
売 掛 金 560,000		資 本 金	1,000,000
貸倒引当金 28,000	532,000	当期純利益	152,000
商　　品	146,000		
備　　品	595,000		
	1,749,000		1,749,000

解説　繰越試算表と貸借対照表の表示とが異なる箇所に注
　　意する（「学習の要点」を参照）。

31 3

(1)　決算整理仕訳

	借　方		貸　方		
a	仕　　入	214,000	繰 越 商 品	214,000	❶
	繰 越 商 品	230,000	仕　　入	230,000	
b	貸倒引当金繰入	22,000	貸倒引当金	22,000	❷
c	減価償却費	70,000	備　　品	70,000	❸

(2)

貸 借 対 照 表

加賀商店　　令和○年/2月3/日　　（単位：円）

資　産	金　額	負債および純資産	金　額
現　　金	158,000	買 掛 金	487,000
当 座 預 金	571,000	借 入 金	150,000
売 掛 金 540,000		資 本 金	1,000,000 ❹
貸倒引当金 27,000❷	513,000	当期純利益	325,000
商　　品 ❶	230,000		
備　　品 ❸	490,000		
	1,962,000		1,962,000

解説　元帳勘定残高のうち，貸借対照表の科目は現金勘定
　　から資本金勘定までである。決算整理仕訳によって
　　残高が修正される勘定に注意すること。
　　❶決算整理事項a.により繰越商品勘定は期末商品の
　　¥230,000を示すようになる。「商品」として表示。
　　❷決算整理事項b.
　　貸倒引当金が¥22,000補充されるため，決算整理
　　後の貸倒引当金勘定残高は¥27,000となる。
　　❸決算整理事項c.
　　備品勘定は当期の減価償却費¥70,000が減少す
　　るため，決算整理後の備品勘定残高は¥490,000
　　となる。
　　❹貸借対照表の借方の資産合計と貸方の負債合計
　　（本問では買掛金と借入金）との差額が期末資本で
　　ある。
　　期末資本＝期末資産−期末負債
　　¥1,325,000＝¥1,962,000−（¥487,000
　　＋¥150,000）
　　当期純利益＝期末資本−期首資本（元帳勘定残高）
　　¥325,000＝¥1,325,000−¥1,000,000
　　貸借対照表へは資本金（期首資本）¥1,000,000
　　と当期純利益¥325,000とに分けて表示する。

31 4

(1)　決算整理仕訳

	借　方		貸　方		
a	仕　　入	228,000	繰 越 商 品	228,000	❶
	繰 越 商 品	246,000	仕　　入	246,000	
b	貸倒引当金繰入	21,000	貸倒引当金	21,000	❷
c	減価償却費	80,000	備　　品	80,000	❸

(2)

貸借対照表

黒部商店　　　　　令和○年/2月3/日　　　　（単位：円）

資　　産	金　額	負債および純資産	金　額
現　　金	192,000	買 掛 金	685,000
当座預金	748,000	借 入 金	220,000
売掛金（740,000）		資 本 金 ❹	1,260,000
貸倒引当金（37,000）❷❶	703,000	当期純利益	44,000
商　　品 ❶	246,000		
備　　品 ❸	320,000		
	2,209,000		2,209,000

(解説) ❶決算整理事項a.

繰越商品勘定残高は期末商品¥246,000。→「商品」

❷決算整理事項b.

貸倒引当金勘定残高

¥37,000＝¥16,000＋¥21,000（差額）

❸決算整理事項c.

備品勘定残高

¥320,000＝¥400,000－¥80,000（減価償却高）

❹貸借対照表の借方の資産合計と貸方の負債合計（本問では買掛金と借入金）との差額が期末資本である。

期末資本＝期末資産－期末負債

¥1,304,000＝¥2,209,000－（¥685,000＋¥220,000）

当期純利益＝期末資本－期首資本（資本金勘定残高）

¥44,000＝¥1,304,000－¥1,260,000

貸借対照表へは資本金（期首資本）¥1,260,000と当期純利益¥44,000とに分けて表示する。

検定問題　　　　　　　　　　　(p.121)

31 5

(1)

	借　　　方		貸　　　方	
a	仕　　　入	820,000	繰 越 商 品	820,000 ❶
	繰 越 商 品	740,000	仕　　　入	740,000
b	貸倒引当金繰入	31,000	貸 倒 引 当 金	31,000 ❷
c	減価償却費	225,000	備　　　品	225,000 ❸

(2)

売　　　　　上　　　　　11

	129,000		9,701,000
❺12/31 損　益	9,572,000		
	9,701,000		9,701,000

(3)

貸借対照表

北陸商店　　　　　令和○年/2月3/日　　　　（単位：円）

資　　産	金　額	負債および純資産	金　額
現　　金	782,000	買 掛 金	1,480,000
当座預金	1,436,000	（前 受 金）	230,000
売掛金（1,850,000）		資 本 金 ❹	4,520,000
貸倒引当金（37,000）❷❶	1,813,000	（当期純利益）	591,000
（商　品）❶	740,000		
貸 付 金	1,600,000		
備　　品 ❸	450,000		
	6,821,000		6,821,000

(解説) ❶決算整理事項a.

繰越商品勘定残高は期末商品¥740,000。→「商品」

❷決算整理事項b.

貸倒引当金勘定残高

¥37,000＝¥6,000＋¥31,000（差額）

❸決算整理事項c.

備品勘定残高

¥450,000＝¥675,000－¥225,000（減価償却高）

❹貸借対照表の借方の資産合計と貸方の負債合計（本問では買掛金と前受金）との差額が期末資本である。

期末資本＝期末資産－期末負債

¥5,111,000＝¥6,821,000－（¥1,480,000＋¥230,000）

当期純利益＝期末資本－期首資本（資本金勘定残高）

¥591,000＝¥5,111,000－¥4,520,000

貸借対照表へは資本金（期首資本）¥4,520,000と当期純利益¥591,000とに分けて表示する。

❺売上勘定の残高は純売上高¥9,572,000を示しており，損益勘定へ振り替えて締め切る。

31 6

(1)

	借　　　方		貸　　　方	
a	仕　　　入	870,000	繰 越 商 品	870,000
	繰 越 商 品	640,000	仕　　　入	640,000
b	貸倒引当金繰入	26,000	貸 倒 引 当 金	26,000
c	減価償却費	200,000	備　　　品	200,000

(2)

広　　告　　料　　　　　15

3/30 現　金	29,000	12/31 損　　益	59,000
9/28 現　金	30,000		
	59,000		59,000

(3)

貸借対照表

九州商店　　　　　令和○年/2月3/日　　　　（単位：円）

資　　産	金　額	負債および純資産	金　額
現　　金	698,000	買 掛 金	2,369,000
当座預金	1,726,000	（前 受 金）	150,000
売掛金（1,500,000）		資 本 金 ❹	3,920,000
貸倒引当金（30,000）❷❶	1,470,000	（当期純利益）	195,000
（商　品）❶	640,000		
貸 付 金	1,300,000		
備　　品 ❸	800,000		
	6,634,000		6,634,000

(解説) ❶決算整理事項a.

繰越商品勘定残高は期末商品¥640,000。→「商品」

❷決算整理事項b.

貸倒引当金勘定残高

¥30,000＝¥4,000＋¥26,000（差額）

❸決算整理事項c.

備品勘定残高

¥800,000＝¥1,000,000－¥200,000（減価償却高）

❹貸借対照表の借方の資産合計と貸方の負債合計（本問では買掛金と前受金）との差額が期末資本である。
期末資本＝期末資産－期末負債
¥4,115,000＝¥6,634,000－（¥2,369,000＋¥150,000）
当期純利益＝期末資本－期首資本（資本金勘定残高）
¥195,000＝¥4,115,000－¥3,920,000
貸借対照表へは資本金（期首資本）¥3,920,000と当期純利益¥195,000とに分けて表示する。
❺広告料勘定残高¥59,000は損益勘定へ振り替えて締め切る。

31 7

(1)

	借 方		貸 方		
a	仕 入	623,000	繰 越 商 品	623,000	❶
	繰 越 商 品	702,000	仕 入	702,000	❶
b	貸倒引当金繰入	34,000	貸 倒 引 当 金	34,000	❷
c	減 価 償 却 費	170,000	備 品	170,000	❸

(2)
	給	料		14	
	1,620,000	12/31 損	益	1,620,000	❺

(3)

貸 借 対 照 表

中部商店　　令和○年/2月3/日　　（単位：円）

資 産		金 額	負債および純資産	金 額	
現 金		505,000	買 掛 金	1,610,000	
当 座 預 金		1,529,000	（前 受 金）	300,000	
売 掛 金	(1,300,000)		資 本 金	3,318,000	❹
貸倒引当金	(39,000)	1,261,000	（当期純利益）	389,000	
（商 品）		702,000	❶		
（貸 付 金）		600,000			
備 品		1,020,000	❸		
		5,617,000		5,617,000	

解説 ❶決算整理事項a.
繰越商品勘定残高は期末商品¥702,000。→「商品」
❷決算整理事項b.
貸倒引当金勘定残高
¥39,000＝¥5,000＋¥34,000（差額）
❸決算整理事項c.
備品勘定残高
¥1,020,000＝¥1,190,000－¥170,000（減価償却高）
❹貸借対照表の借方の資産合計と貸方の負債合計（本問では買掛金と前受金）との差額が期末資本である。
期末資本＝期末資産－期末負債
¥3,707,000＝¥5,617,000－（¥1,610,000＋¥300,000）
当期純利益＝期末資本－期首資本（資本金勘定残高）
¥389,000＝¥3,707,000－¥3,318,000
貸借対照表へは資本金（期首資本）¥3,318,000と当期純利益¥389,000とに分けて表示する。

❺給料勘定残高¥1,620,000は損益勘定へ振り替えて締め切る。

総合問題 4　　　　　　　　　　　　　（p.124）

4—1

(1)　決算整理仕訳

	借 方		貸 方	
a	仕 入	512,000	繰 越 商 品	512,000
	繰 越 商 品	496,000	仕 入	496,000
b	貸倒引当金繰入	33,000	貸 倒 引 当 金	33,000
c	減 価 償 却 費	75,000	備 品	75,000

決算振替仕訳

		借 方		貸 方	
収益の振替		売 上	5,605,000	損 益	5,732,000
		受取手数料	127,000		
費用の振替		損 益	5,548,000	仕 入	3,923,000
				給 料	780,000
				広 告 料	216,000
				貸倒引当金繰入	33,000
				減価償却費	75,000
				支 払 家 賃	485,000
				支 払 利 息	36,000
純損益の振替		損 益	184,000	資 本 金	184,000

	現	金		1	
	240,000	12/31 次 期 繰 越		240,000	

	当 座 預 金			2	
	1,187,000	12/31 次 期 繰 越		1,187,000	

	売 掛 金			3	
	1,200,000	12/31 次 期 繰 越		1,200,000	

貸 倒 引 当 金				4	
12/31 次 期 繰 越	60,000			27,000	
		12/31 貸倒引当金繰入		33,000	
	60,000			60,000	

繰 越 商 品				5	
		512,000	12/31 仕 入	512,000	
12/31 仕 入		496,000	〃 次 期 繰 越	496,000	
		1,008,000		1,008,000	

備	品			6	
		525,000	12/31 減 価 償 却 費	75,000	
			〃 次 期 繰 越	450,000	
		525,000		525,000	

買	掛	金		7	
12/31 次 期 繰 越		877,000		877,000	

借	入	金		8	
12/31 次 期 繰 越		342,000		342,000	

— 45 —

資 本 金			9
12/31 次期繰越 2,294,000		2,110,000	
		12/31 損 益 184,000	
2,294,000		2,294,000	

売 上			10
12/31 損 益 5,605,000		5,605,000	

受 取 手 数 料			11
12/31 損 益 127,000		127,000	

仕 入			12
3,907,000		12/31 繰越商品 496,000	
12/31 繰越商品 512,000		〃 損 益 3,923,000	
4,419,000		4,419,000	

給 料			13
780,000		12/31 損 益 780,000	

広 告 料			14
216,000		12/31 損 益 216,000	

貸倒引当金繰入			15
12/31 貸倒引当金 33,000		12/31 損 益 33,000	

減 価 償 却 費			16
12/31 備 品 75,000		12/31 損 益 75,000	

支 払 家 賃			17
485,000		12/31 損 益 485,000	

支 払 利 息			18
36,000		12/31 損 益 36,000	

損 益			19
12/31 仕 入 3,923,000		12/31 売 上 5,605,000	
〃 給 料 780,000		〃 受取手数料 127,000	
〃 広 告 料 216,000			
〃 貸倒引当金繰入 33,000			
〃 減価償却費 75,000			
〃 支払家賃 485,000			
〃 支払利息 36,000			
〃 資 本 金 184,000			
5,732,000		5,732,000	

(2)

繰 越 試 算 表
令和○年12月31日

借 方	勘 定 科 目	貸 方
240,000	現 金	
1,187,000	当 座 預 金	
1,200,000	売 掛 金	
	貸 倒 引 当 金	60,000
496,000	繰 越 商 品	
450,000	備 品	
	買 掛 金	877,000
	借 入 金	342,000
	資 本 金	2,294,000
3,573,000		3,573,000

(3)

損 益 計 算 書
所沢商店　　令和○年1月1日から令和○年12月31日まで　　（単位：円）

費 用	金 額	収 益	金 額
売 上 原 価	3,923,000	売 上 高	5,605,000
給 料	780,000	受取手数料	127,000
広 告 料	216,000		
貸倒引当金繰入	33,000		
減価償却費	75,000		
支払家賃	485,000		
支払利息	36,000		
当期純利益	184,000		
	5,732,000		5,732,000

貸 借 対 照 表
所沢商店　　令和○年12月31日　　（単位：円）

資 産	金 額		負債および純資産	金 額
現 金		240,000	買 掛 金	877,000
当 座 預 金		1,187,000	借 入 金	342,000
売 掛 金 1,200,000			資 本 金	2,110,000
貸倒引当金 60,000		1,140,000	当期純利益	184,000
商 品		496,000		
備 品		450,000		
		3,513,000		3,513,000

解説 帳簿決算すべてをまとめた問題である。決算整理仕訳から損益計算書・貸借対照表作成までの決算手続きの流れを確認する。

①総勘定元帳に決算整理仕訳を転記し，該当勘定の残高を修正する。

②総勘定元帳に決算振替仕訳を転記し，収益・費用の各勘定残高を損益勘定へ振り替える。

③損益勘定で計算された当期純損益を資本金勘定へ振り替える。

④収益・費用の各勘定と損益勘定はすべて残高がゼロとなり，そのまま締め切る。

⑤資産・負債・資本の各勘定の残高を「次期繰越」と記入して締め切る。

⑥資産・負債・資本の各勘定を集計して繰越試算表を作成し，繰越高の計算が正しいか確認する。

⑦損益勘定を参考にして損益計算書を，繰越試算表を参考にして貸借対照表を作成する。表示に注意する。

32　入金伝票・出金伝票・振替伝票　(p.126)

32 1

入 金 伝 票
令和○年 7 月 12 日　　No. 7

科目	売　　　　上	入金先	神戸商店殿
摘　　要		金　　額	
C品 800個 @¥300		240000	
合　　計		240000	

出 金 伝 票
令和○年 7 月 16 日　　No. 9

科目	仕　　入	支払先	大津商店殿
摘　　要		金　　額	
D品 500個 @¥400		200000	
合　　計		200000	

振 替 伝 票
令和○年 7 月 19 日　　No. 13

勘定科目	借　　方	勘定科目	貸　　方
買 掛 金	160000	当座預金	160000
合　計	160000	合　計	160000
摘要	梅田商店　小切手#19振り出し ❸		

解説 ❶入金伝票・出金伝票の摘要欄には取引の概要を記入する。

❷追加記入ができないように斜線を引く。

❸振替伝票の摘要欄には取引先・支払条件等の概要を記入する。

※日付・伝票番号・科目・入金先（支払先）・金額の記入をおこなうが，合計欄にも金額を記入すること。

32 2

入 金 伝 票
令和○年 10 月 22 日　　No. 7

科目	売 掛 金	入金先	宇治商店殿
摘　　要		金　　額	
売掛金回収 小切手#5		300000	
合　　計		300000	

出 金 伝 票
令和○年 10 月 26 日　　No. 21

科目	買 掛 金	支払先	桜井商店殿
摘　　要		金　　額	
買掛金支払い		400000	
合　　計		400000	

振 替 伝 票
令和○年 10 月 30 日　　No. 14

勘定科目	借　　方	勘定科目	貸　　方
当座預金	250000	売 掛 金	250000
合　計	250000	合　計	250000
摘要	西宮商店から売掛金を小切手#8で回収し，当座預金に預け入れ ❸		

解説 ❶入金伝票・出金伝票の摘要欄には取引の概要を記入する。

❷追加記入ができないように斜線を引く。

❸振替伝票の摘要欄には取引先・受取条件等の概要を記入する。

※日付・伝票番号・科目・入金先（支払先）・金額の記入を行うが，合計欄にも金額を記入すること。

32 3

入 金 伝 票
令和○年 2 月 14 日　　No. 19

科目	❶受取手数料	入金先	山口商店殿
摘　　要		金　　額	
商品売買の仲介手数料		33000	
合　　計		33000	

入 金 伝 票
令和○年 2 月 19 日　　No. 20

科目	受 取 利 息	入金先	奈良商店殿
摘　　要		金　　額	
貸付金の利息の受け取り		3000	
合　　計		3000	

出 金 伝 票
令和○年 2 月 3 日　　No. 21

科目	❷通 信 費	支払先	彦根郵便局殿
摘　　要		金　　額	
郵便切手買い入れ		4300	
合　　計		4300	

出 金 伝 票
令和○年 2 月 16 日　　No. 22

科目	買 掛 金	支払先	福岡商店殿
摘　　要		金　　額	
買掛金支払い		300000	
合　　計		300000	

振 替 伝 票
令和○年 2 月 8 日　　No. 15

勘定科目	借　　方	勘定科目	貸　　方
備　品 ❸	580000	当座預金	580000
合　計	580000	合　計	580000
摘要	天理商店から商品陳列ケース買い入れ　小切手#12振り出し		

振 替 伝 票

令和○年 2 月 25 日　　No. 16

勘定科目	借 方	勘定科目	貸 方
定期預金 ❹	5 0 0 0 0 0	当座預金 ❹	5 0 0 0 0 0
合　計	5 0 0 0 0 0	合　計	5 0 0 0 0 0
摘要	横浜銀行に定期預金預け入れ　小切手#7振り出し		

解説 ❶商品売買の仲介をおこない受け取った手数料は，受取手数料勘定（収益）で処理する。

❷はがき・切手などの郵便料金や電話料金などは通信費勘定（費用）で処理する。

❸商品陳列ケース，コピー機・パーソナルコンピュータなどの事務機器，事務用のいす，事務所のルームエアコン，金庫などを購入したときは，備品勘定（資産）で処理する。

❹定期預金勘定（資産）の増加と，小切手を振り出したため，当座預金勘定（資産）の減少で処理する。

検定問題　　　　　　　　　　　　(p.129)

32 4

入 金 伝 票

令和○年 6 月 19 日　　No. 17

科目 ❶受取手数料	入金先	広 島 商 店殿
摘　要	金　額	
商品売買の仲介手数料	2 3 0 0 0	
合　計	2 3 0 0 0	

出 金 伝 票

令和○年　　月　　日　　No.＿

科目	支払先	殿
摘　要	金　額	
合　計		

振 替 伝 票

令和○年 6 月 19 日　　No. 24

勘定科目	借 方	勘定科目	貸 方
定期預金 ❷	8 0 0 0 0 0	当座預金 ❷	8 0 0 0 0 0
合　計	8 0 0 0 0 0	合　計	8 0 0 0 0 0
摘要	全商銀行に定期預金預け入れ　小切手#5振り出し		

解説 ❶商品売買の仲介をおこない受け取った手数料は，受取手数料勘定（収益）で処理する。

❷定期預金勘定（資産）の増加と，小切手を振り出したため，当座預金勘定（資産）の減少で処理する。

32 5

入 金 伝 票

令和○年　　月　　日　　No.＿

科目	入金先	殿
摘　要	金　額	
合　計		

出 金 伝 票

令和○年 1 月 12 日　　No. 13

科目 ❶前 払 金	支払先	福 井 商 店殿
摘　要	金　額	
商品代金の一部支払い	2 5 0 0 0	
合　計	2 5 0 0 0	

振 替 伝 票

令和○年 1 月 12 日　　No. 26

勘定科目	借 方	勘定科目	貸 方
借 入 金	5 0 0 0 0 0	当座預金 ❷	5 0 0 0 0 0
合　計	5 0 0 0 0 0	合　計	5 0 0 0 0 0
摘要	和歌山商店へ借入金を返済　小切手#18振り出し		

解説 ❶商品代金の一部を内金として支払ったときは，前払金勘定（資産）で処理する。

❷小切手を振り出したため，当座預金勘定（資産）の減少で処理する。

33 伝票の集計と転記　　　　　(p.130)

33 1

仕 訳 集 計 表

令和○年（ 1 ）月（ 27 ）日

借 方	元丁	勘 定 科 目	元丁	貸 方
❶ 93,000	1	現　　金	1	48,000
123,000	4	売 掛 金	4	93,000
❸ 48,000	12	買 掛 金	12	114,000
		売　　上	31	123,000
114,000	41	仕　　入		
378,000			❺	378,000

総 勘 定 元 帳

現　　金　　　　1

1/27	仕訳集計表※	93,000	1/27	仕訳集計表	48,000

売 掛 金　　　　4

1/27	仕訳集計表	123,000	1/27	仕訳集計表	93,000

買 掛 金　　　　12

1/27	仕訳集計表	48,000	1/27	仕訳集計表	114,000

売　　上　　　　31

			1/27	仕訳集計表	123,000

仕　　入　　　　41

1/27	仕訳集計表	114,000			

解説 ❶入金伝票の合計額を現金勘定の借方に記入する。
❷出金伝票の合計額を現金勘定の貸方に記入する。
❸振替伝票の借方票と出金伝票の科目を借方に記入する。
❹振替伝票の貸方票と入金伝票の科目を貸方に記入する。
❺仕訳集計表の借方合計と貸方合計が一致することを確認する。
※総勘定元帳へ転記するさい，相手科目は「仕訳集計表」とする。

33 2

仕 訳 集 計 表
令和○年（ 1 ）月（ 30 ）日

借　　方	元丁	勘 定 科 目	元丁	貸　　方
124,000	1	現　　　　金	1	64,000
		当 座 預 金	2	80,000
164,000	4	売 　掛　 金	4	60,000
64,000	12	買 　掛　 金	12	72,000
		売　　　　上	31	228,000 ❶
152,000	41	仕　　　　入		
504,000				504,000

総 勘 定 元 帳
現　　　　金　　　　1
| 1/30 | 仕訳集計表 | 124,000 | 1/30 | 仕訳集計表 | 64,000 |

当 座 預 金　　　　2
| | | | 1/30 | 仕訳集計表 | 80,000 |

売 　掛　 金　　　　4
| 1/30 | 仕訳集計表 | 164,000 | 1/30 | 仕訳集計表 | 60,000 |

買 　掛　 金　　　　12
| 1/30 | 仕訳集計表 | 64,000 | 1/30 | 仕訳集計表 | 72,000 |

売　　　　上　　　　31
| | | | 1/30 | 仕訳集計表 | 228,000 |

仕　　　　入　　　　41
| 1/30 | 仕訳集計表 | 152,000 | | | |

解説 ❶売上の貸方＝入金伝票（売上）＋振替伝票貸方（売上）
￥228,000＝￥64,000＋（￥100,000＋￥64,000）

33 3

仕 訳 集 計 表
令和○年（ 6 ）月（ 10 ）日

借　　方	元丁	勘 定 科 目	元丁	貸　　方
225,000	1	現　　　　金	1	123,000
120,000	2	当 座 預 金	2	114,000 ❶
175,000	4	売 　掛　 金	4	275,000
139,000	12	買 　掛　 金	12	140,000
		売　　　　上	31	215,000
205,000	41	仕　　　　入		
3,000	44	通 　信　 費		
867,000				867,000

総 勘 定 元 帳
現　　　　金　　　　1
| 6/10 | 仕訳集計表 | 225,000 | 6/10 | 仕訳集計表 | 123,000 |

当 座 預 金　　　　2
| 6/10 | 仕訳集計表 | 120,000 | 6/10 | 仕訳集計表 | 114,000 |

売 　掛　 金　　　　4
| 6/10 | 仕訳集計表 | 175,000 | 6/10 | 仕訳集計表 | 275,000 |

買 　掛　 金　　　　12
| 6/10 | 仕訳集計表 | 139,000 | 6/10 | 仕訳集計表 | 140,000 |

売　　　　上　　　　31
| | | | 6/10 | 仕訳集計表 | 215,000 |

仕　　　　入　　　　41
| 6/10 | 仕訳集計表 | 205,000 | | | |

通 　信　 費　　　　44
| 6/10 | 仕訳集計表 | 3,000 | | | |

解説 ❶当座預金の貸方＝入金伝票（当座預金）＋振替伝票貸方（当座預金）
￥114,000＝￥30,000＋￥84,000
❷買掛金の借方＝出金伝票（買掛金）＋振替伝票借方（買掛金）
￥139,000＝￥55,000＋￥84,000

33 4

仕 訳 集 計 表
令和○年（ 12 ）月（ 15 ）日

借　　方	元丁	勘 定 科 目	元丁	貸　　方
382,000	1	現　　　　金	1	361,000
120,000	2	当 座 預 金	2	478,000
300,000	4	売 　掛　 金	4	192,000 ❷
443,000	12	買 　掛　 金	12	780,000
24,000	31	売　　　　上	31	454,000
848,000	41	仕　　　　入		
148,000	43	販売費及び一般管理費		
2,265,000				2,265,000

❶（仕入の行左）

総 勘 定 元 帳
現　　　　金　　　　1
| 12/15 | 仕訳集計表 | 382,000 | 12/15 | 仕訳集計表 | 361,000 |

当 座 預 金　　　　2
| 12/15 | 仕訳集計表 | 120,000 | 12/15 | 仕訳集計表 | 478,000 |

売 　掛　 金　　　　4
| 12/15 | 仕訳集計表 | 300,000 | 12/15 | 仕訳集計表 | 192,000 |

買 　掛　 金　　　　12
| 12/15 | 仕訳集計表 | 443,000 | 12/15 | 仕訳集計表 | 780,000 |

売　　　　上　　　　31
| 12/15 | 仕訳集計表 | 24,000 | 12/15 | 仕訳集計表 | 454,000 |

仕　　　　入　　　　41
| 12/15 | 仕訳集計表 | 848,000 | | | |

販売費及び一般管理費　　　　43
| 12/15 | 仕訳集計表 | 148,000 | | | |

解説 ❶仕入の借方＝出金伝票（仕入）＋振替伝票借方（仕入）
￥848,000＝￥68,000＋￥780,000
❷売掛金の貸方＝入金伝票（売掛金）＋振替伝票貸方（売掛金）
￥192,000＝（￥96,000＋￥72,000）＋￥24,000

34 会計ソフトウェアの活用　　　　(p.134)

34 1

借　　方	貸　　方
当 座 預 金　300,000	売 掛 金　300,000

解説 コンピュータを利用して振替伝票を起票すると，売掛金元帳と当座預金出納帳に自動的に転記される。

34 2

借　　方	貸　　方
仕　　入　800,000	買 掛 金　800,000

解説 コンピュータを利用して振替伝票を起票すると，仕入帳と買掛金元帳と商品有高帳に自動的に転記される。

34 3

借　　方	貸　　方
売 掛 金　230,000	売　　上　230,000

解説 コンピュータを利用して振替伝票を起票すると，売上帳と売掛金元帳と商品有高帳に自動的に転記される。

34 4

借　　方	貸　　方
現　　金　50,000	売 掛 金　50,000

解説 コンピュータを利用して入金伝票を起票すると，売掛金元帳と現金出納帳に自動的に転記される。

総合問題 5　　　　(p.136)

5—1

❶ 入 金 伝 票　令和○年 4 月 10 日　No. 58

科目 当 座 預 金	入金先 全 商 銀 行 殿
摘　要	金　額
現金引き出し小切手#25	2 9 0 0 0 0
合　計	2 9 0 0 0 0

入 金 伝 票　令和○年　月　日　No.___

科目	入金先　殿
摘　要	金　額
合　計	

出 金 伝 票　令和○年 4 月 2 日　No. 64

科目 通 信 費	支払先 豊中郵便局殿
摘　要	金　額
郵便切手買い入れ	7 0 0 0
合　計	7 0 0 0

出 金 伝 票　令和○年 4 月 27 日　No. 65

科目 支 払 利 息	支払先 吹 田 商 店 殿
摘　要	金　額
借入金の利息支払い	5 0 0 0
合　計	5 0 0 0

振 替 伝 票　令和○年 4 月 7 日　No. 72

勘定科目	借　　方	勘定科目	貸　　方
当座預金	4 8 0 0 0 0	❷仮 受 金	4 8 0 0 0 0
合　計	4 8 0 0 0 0	合　計	4 8 0 0 0 0

摘要 出張中の従業員から当座預金に入金 内容は不明

振 替 伝 票　令和○年 4 月 17 日　No. 73

勘定科目	借　　方	勘定科目	貸　　方
広 告 料	1 1 0 0 0 0	当座預金	1 1 0 0 0 0
合　計	1 1 0 0 0 0	合　計	1 1 0 0 0 0

摘要 海南広告社に広告料支払い 小切手#26振り出し

解説 ❶取引銀行から現金を引き出したさい，企業の中に現金が入ってくるため，入金伝票で処理する。
❷出張中の従業員から，内容不明の当座振り込みがあった場合は，仮受金勘定（負債）で処理する。

5—2

入 金 伝 票　令和○年 3 月 11 日　No. 1

科目 借 入 金	入金先 郡 山 商 店 殿
摘　要	金　額
借用証書により借り入れ	1 8 0 0 0 0
合　計	1 8 0 0 0 0

入 金 伝 票　令和○年 3 月 28 日　No. 2

科目 ❶前 受 金	入金先 三 島 商 店 殿
摘　要	金　額
商品注文の内金	8 0 0 0 0
合　計	8 0 0 0 0

出 金 伝 票　令和○年 3 月 1 日　No. 1

科目 ❷消 耗 品 費	支払先 山 形 文 具 店 殿
摘　要	金　額
コピー用紙・帳簿等購入	2 7 0 0 0
合　計	2 7 0 0 0

出 金 伝 票

令和○年 3 月 30 日　　No. 2

科目	❸仮 払 金	支払先	従業員秋田三郎 殿

摘　　要	金　額
旅費概算額支払い	7 5 0 0 0
合　　　計	7 5 0 0 0

振 替 伝 票

令和○年 3 月 4 日　　No. 1

勘定科目	借　方	勘定科目	貸　方
買 掛 金	2 4 0 0 0 0	当座預金	2 4 0 0 0 0
合　　計	2 4 0 0 0 0	合　　計	2 4 0 0 0 0

摘要　福岡商店に買掛金支払い　小切手#19振り出し

振 替 伝 票

令和○年 3 月 18 日　　No. 2

勘定科目	借　方	勘定科目	貸　方
備　品	3 5 0 0 0 0	未 払 金	3 5 0 0 0 0
合　　計	3 5 0 0 0 0	合　　計	3 5 0 0 0 0

摘要　中野商店より営業用の金庫を購入　代金は月末払い

解説 ❶商品売買に先立って，代金の一部（内金）を前受けしたときは，前受金勘定（負債）で処理する。
❷文房具・帳簿・コピー用紙などの事務用品を購入したときは，消耗品費勘定（費用）で処理する。
❸旅費の概算払いなど，勘定科目または金額が確定しない支出があったときは，仮払金勘定（資産）で処理する。

5—3

借　　方		貸　　方	
仕　　入	900,000	買 掛 金	900,000

解説 コンピュータを利用して振替伝票を起票すると，仕入帳と買掛金元帳と商品有高帳に自動的に転記される。

5—4

借　　方		貸　　方	
売 掛 金	200,000	売　　上	200,000

解説 コンピュータを利用して振替伝票を起票すると，売上帳と売掛金元帳と商品有高帳に自動的に転記される。

5—5

借　　方		貸　　方	
現　　金	20,000	売 掛 金	20,000

解説 コンピュータを利用して入金伝票を起票すると，売掛金元帳と現金出納帳に自動的に転記される。

5—6

借　　方		貸　　方	
通 信 費	6,000	現　　金	6,000

解説 コンピュータを利用して出金伝票を起票すると，現金出納帳に自動的に転記される。

5—7

借　　方		貸　　方	
当 座 預 金	200,000	売 掛 金	200,000

解説 コンピュータを利用して振替伝票を起票すると，売掛金元帳と当座預金出納帳に自動的に転記される。

5—8

借　　方		貸　　方	
買 掛 金	100,000	当座預金	100,000

解説 コンピュータを利用して振替伝票を起票すると，買掛金元帳と当座預金出納帳に自動的に転記される。

35 仕訳の問題　　　　　　　　　(p.140)

35 ①

	借　　　方		貸　　　方	
(1)	普 通 預 金	650,000	現　　　金	650,000
(2)	前 払 金	70,000	当 座 預 金	70,000
(3)	仕　　　入	❶446,000	買 掛 金	440,000
			現　　　金	6,000
(4)	通 信 費	15,000	現　　　金	15,000
(5)	現　　　金	400,000	借 入 金	400,000
(6)	現　　　金	24,000	受取手数料	24,000
(7)	建　　　物	❷8,550,000	当 座 預 金	8,000,000
			現　　　金	550,000
(8)	仮 受 金	80,000	売 掛 金	80,000 ❸

解説 ❶引取運賃は仕入原価に加える。
　　　❷取得原価＝買入価額＋登記料および買入手数料
　　　❸受取額で内容の確定しないものは，仮受金勘定（負債）で仕訳しておき，確定した時点で仮受金勘定から該当する勘定に振り替える。

35 ②

	借　　　方		貸　　　方	
(1)	普 通 預 金	502,000	定 期 預 金	500,000
			受 取 利 息	2,000
(2)	当 座 預 金	720,000	売 掛 金	720,000
(3)	備　　　品❶	267,000	未 払 金	267,000
(4)	前 受 金❷	100,000	売　　　上	450,000
	売 掛 金	350,000		
(5)	現　　　金	65,000	受 取 地 代	65,000
(6)	借 入 金❸	1,000,000	当 座 預 金	1,080,000
	支 払 利 息	80,000		
(7)	仮 払 金❹	80,000	現　　　金	80,000
(8)	現　　　金	700,000	資 本 金❺	700,000

解説 ❶固定資産の購入時の諸費用は，買入価額に加算する。
　　　　¥250,000＋¥17,000＝¥267,000
　　　❷受け取った内金＝前受金勘定（負債）で仕訳する。
　　　❸借用証書によって借りたので借入金勘定（負債）で仕訳されている。
　　　❹概算払いしたときは，仮払金勘定（資産）として一時的に記録しておく。
　　　❺追加元入れは資本金の増加となる。

35 ③

	借　　　方		貸　　　方	
(1)	小 口 現 金❶	60,000	当 座 預 金	60,000
(2)	仕　　　入	❷591,000	買 掛 金	580,000
			現　　　金	11,000
(3)	貸倒引当金	90,000	売 掛 金	95,000
	貸 倒 損 失❸	5,000		
(4)	貸 付 金❹	100,000	現　　　金	100,000
(5)	土　　　地❺	5,720,000	当 座 預 金	5,720,000
(6)	旅　　　費	197,000	仮 払 金	200,000
	現　　　金	3,000		

解説 ❶定額資金前渡法を採用している場合の前渡し額は小口現金勘定（資産）で仕訳する。
　　　❷引取運賃は仕入原価に加える。
　　　❸貸倒引当金勘定の残高が回収不能の売掛金に満たない場合は，その差額を貸倒損失勘定（費用）で仕訳する。
　　　❹借用証書により金銭を貸し付けたときに生じる債権を貸付金勘定（資産）で処理する。
　　　❺取得原価＝買入価額＋登記料および買入手数料
　　　❻金額が確定した時点で，仮払金勘定から該当する勘定に振り替える。

35 ④

	借　　　方		貸　　　方	
(1)	従業員立替金❶	40,000	現　　　金	40,000
(2)	交 通 費	17,800	小 口 現 金	27,000
	消 耗 品 費	4,200		
	雑　　　費	5,000		
	小 口 現 金	27,000	当 座 預 金	27,000
(3)	売 掛 金	930,000	売　　　上	930,000
	発 送 費	30,000	現　　　金	30,000
(4)	買 掛 金	280,000	当 座 預 金	280,000
(5)	当 座 預 金	180,000	仮 受 金❷	180,000
(6)	貸倒引当金	40,000	売 掛 金	53,000
	貸 倒 損 失❸	13,000		
(7)	車両運搬具❹	1,400,000	普 通 預 金	1,400,000
(8)	現　　　金	101,000	貸 付 金	100,000
			受 取 利 息	1,000

解説 ❶従業員に対して一時的に立て替え払いしたときの債権を従業員立替金勘定（資産）で処理する。
　　　❷当座預金口座に振り込みがあったが，処理する勘定科目が確定していないので，ひとまず仮受金勘定（負債）で仕訳する。
　　　❸貸し倒れとなった金額が貸倒引当金勘定の残高より多い場合，その超過額を貸倒損失勘定（費用）で処理する。
　　　❹営業用の自動車を買い入れたときは，車両運搬具勘定（資産）で処理する。

36 **1**

```
入　金　伝　票 ❶
令和○年 1 月 14 日　　No. 13
科目　売　掛　金　入金先　防 府 商 店 殿
摘　　　要　　　　金　　額
売掛金回収　小切手＃3 ｜2 5 0 0 0 0
合　　　計 ｜2 5 0 0 0 0
```

```
出　金　伝　票
令和○年　　月　　日　　No.___
科目　　　　　　　支払先　　　　　　殿
摘　　　要　　　　金　　額
合　　　計
```

```
振　替　伝　票 ❷
令和○年 1 月 14 日　　No. 7
勘定科目　借　　　方　勘定科目　貸　　　方
備　　品 ｜4 0 0 0 0 0 当座預金 ｜4 0 0 0 0 0
合　計 ｜4 0 0 0 0 0 合　計 ｜4 0 0 0 0 0
摘要　下関電器店から事務用のパーソナル・コンピュータを買い入れ　小切手＃8
```

解説 ❶(借)現　　金 250,000 (貸)売 掛 金 250,000
→入金伝票
小切手の受け取りは，送金小切手などとともに「現金」で処理される。科目欄には，現金勘定の相手科目である「売掛金」を記入する。
❷(借)備　　品 400,000 (貸)当座預金 400,000
→振替伝票
振替伝票の勘定科目欄には，仕訳帳と同様に記入する。

36 **2**

```
入　金　伝　票
令和○年　　月　　日　　No.___
科目　　　　　　　入金先　　　　　　殿
摘　　　要　　　　金　　額
合　　　計
```

```
出　金　伝　票 ❶
令和○年 3 月 6 日　　No. 24
科目　貸　付　金　支払先　柳 井 商 店 殿
摘　　　要　　　　金　　額
借用証書により貸し付け ｜5 0 0 0 0 0
合　　　計 ｜5 0 0 0 0 0
```

```
振　替　伝　票 ❷
令和○年 3 月 6 日　　No. 21
勘定科目　借　　　方　勘定科目　貸　　　方
買　掛　金 ｜3 0 0 0 0 0 当座預金 ｜3 0 0 0 0 0
合　計 ｜3 0 0 0 0 0 合　計 ｜3 0 0 0 0 0
摘要　萩商店に買掛金支払い　小切手＃12振り出し
```

解説 ❶(借)貸 付 金 500,000 (貸)現　　金 500,000
→出金伝票
借用証書により現金を貸し付けた場合は「貸付金」で処理し，科目欄には，現金勘定の相手科目である「貸付金」を記入する。
❷(借)買 掛 金 300,000 (貸)当座預金 300,000
→振替伝票

36 **3**

```
入　金　伝　票
令和○年　　月　　日　　No.___
科目　　　　　　　入金先　　　　　　殿
摘　　　要　　　　金　　額
合　　　計
```

```
出　金　伝　票 ❶
令和○年 5 月 20 日　　No. 34
科目　広　告　料　支払先　長門広告社殿
摘　　　要　　　　金　　額
広告料支払い ｜ 6 0 0 0 0
合　　　計 ｜ 6 0 0 0 0
```

```
振　替　伝　票 ❷
令和○年 5 月 20 日　　No. 23
勘定科目　借　　　方　勘定科目　貸　　　方
定期預金 ｜5 0 0 0 0 0 当座預金 ｜5 0 0 0 0 0
合　計 ｜5 0 0 0 0 0 合　計 ｜5 0 0 0 0 0
摘要　長門銀行に定期預金預け入れ　小切手＃5振り出し
```

解説 ❶(借)広 告 料　60,000 (貸)現　　金　60,000
→出金伝票
❷(借)定期預金 500,000 (貸)当座預金 500,000
→振替伝票

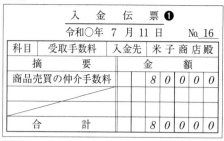

36 4

入　金　伝　票 ❶

令和○年 7 月 11 日　　No. 16

科目	受取手数料	入金先	米子商店殿

摘　　要	金　　額
商品売買の仲介手数料	8 0 0 0 0
合　　計	8 0 0 0 0

出　金　伝　票

令和○年　　月　　日　　No.

科目		支払先		殿

摘　　要	金　　額
合　　計	

振　替　伝　票 ❷

令和○年 7 月 11 日　　No. 33

勘定科目	借　　方	勘定科目	貸　　方
借　入　金	3 0 0 0 0 0	当座預金	3 0 0 0 0 0
合　　計	3 0 0 0 0 0	合　　計	3 0 0 0 0 0
摘要	倉吉商店へ借入金を返済	小切手#18振り出し	

解説 ❶(借)現　　金　80,000　(貸)受取手数料　80,000
　　→入金伝票

❷(借)借　入　金　300,000　(貸)当座預金　300,000
　　→振替伝票

(2)

当　座　預　金　出　納　帳　　　1

令和○年		摘　　要	預　入	引　出	借または貸	残　高
1	1	前月繰越	760,000		借	760,000
	16	広島商店に売り上げ，小切手#7受け取り	250,000		〃❸	1,010,000
	29	山口商店へ買掛金支払い，小切手#12振り出し		230,000	〃	780,000
	31	次月繰越		780,000		
			1,010,000	1,010,000		

仕　　入　　帳　　　1

令和○年		摘　　要	内　訳	金　　額
1	8	島根商店　　　　掛　け		
		A品　400個　@¥700	280,000❹	
		B品　260 〃　〃 450	117,000	397,000
	9	島根商店　　　　掛け返品		
		A品　20個　@¥700		14,000
	27	山口商店　　　　掛　け		
		C品　600個　@¥840		504,000
	31	総仕入高		901,000
	〃	仕入返品高		14,000
		純仕入高		887,000

---

37 帳簿の問題　　　(p.146)

37 1

(1)

仕　　訳　　帳　　　1

令和○年		摘　　　要 ❶	元丁	借　方	貸　方
1	1	前期繰越高	√	3,490,000	3,490,000
	8	仕　　入　　　　　❷	10	397,000	
		買　掛　金	6		397,000
	9	買　掛　金	6	14,000	
		仕　　入	10		14,000
	16	当座預金	2	250,000	
		売　掛　金	4	72,000	
		売　　上	8		322,000
	18	現　　金	1	216,000	
		売　掛　金	4		216,000
	27	仕　　入	10	504,000	
		買　掛　金	6		504,000
	29	買　掛　金	6	230,000	
		当座預金	2		230,000

総　勘　定　元　帳

現　　金　　　1	
1/1 243,000	
18 216,000	

当座預金　　　2	
1/1 760,000	1/29 230,000
16 250,000	

売　掛　金　　　4	
1/1 385,000	1/18 216,000
16 72,000	

買　掛　金　　　6	
1/9 14,000	1/1 380,000
29 230,000	8 397,000
	27 504,000

売　　上　　　8	
	1/16 322,000

仕　　入　　　10	
1/8 397,000	1/9 14,000
27 504,000	

買　掛　金　元　帳

島　根　商　店　　　1	
1/9 14,000	1/1 100,000
31 483,000	8 397,000
497,000	497,000

山　口　商　店　　　2	
1/29 230,000	1/1 280,000
31 554,000	27 504,000
784,000	784,000

解説 ❶仕訳帳の摘要欄は，左側に借方の勘定科目を，右側に貸方の勘定科目を記入する。

❷仕訳帳の元丁欄には，総勘定元帳の番号を記入する。

❸上の行と同じ単位や記号などの場合，「〃」（ディットマーク）を使用する。

❹複数の商品を仕入れたときは，内訳欄に個々の商品の金額を記入する。

37 2

1)

仕　訳　帳　　1

令和○年		摘要		元丁	借方	貸方
1	1	前期繰越高		✓	4,730,000	4,730,000
	9	仕　入		10	376,000	
			買掛金	6		376,000
	10	買　掛　金		6	2,000	
			仕　入	10		2,000
	16	仕　入		10	480,000	
			買掛金	6		480,000
	24	現　金		1	150,000	
		売　掛　金		4	210,000	
			売　上	8		360,000
	30	買　掛　金		6	350,000	
			当座預金	2		350,000

総　勘　定　元　帳

現　金			1		当座預金			2
1/1	281,000				1/1	587,000	1/30	350,000
24	150,000							

売　掛　金			4		買　掛　金			6
1/1	326,000				1/10	2,000	1/1	420,000
24	210,000				30	350,000	9	376,000
							16	480,000

売　上			8		仕　入			10
		1/24	360,000		1/9	376,000	1/10	2,000
					16	480,000		

(2) 買　掛　金　元　帳

岩手商店			1		福島商店			2
1/10	2,000	1/1	180,000		1/30	350,000	1/1	240,000
31	554,000	9	376,000		31	370,000	16	480,000
	556,000		556,000			720,000		720,000

商　品　有　高　帳

(先入先出法)　❶品名　A品　　　　単位：個

令和○年		摘要	受入			払出❷			残高		
			数量	単価	金額	数量	単価	金額	数量	単価	金額
1	1	前月繰越	250	300	75,000				250	300	75,000
	9	岩手商店	800	320	256,000				{ 250	300	75,000
									800	320	256,000
	24	宮城商店				{ 250	300	75,000			
						500	320	160,000	300	320	96,000
	31	次月繰越				300	320	96,000			
			1,050		331,000	1,050		331,000			

解説 ❶商品有高帳は商品の種類ごとに記入する。
❷商品有高帳は，商品の有高を知るために記帳する
ものである。よって，払出欄の金額は，売価では
なく原価で記入する。

37 3

(1)

仕　訳　帳　　1

令和○年		摘要		元丁	借方	貸方
1	1	前期繰越高		✓	3,700,000	3,700,000
	9	仕　入		16	231,000	
			当座預金	2		231,000
	11	売　掛　金		4	180,000	
			売　上	11		180,000
	15	備　品		7	❶320,000	
			当座預金	2		320,000
	18	売　掛　金		4	274,000	
			売　上	11		274,000
	22	当座預金		2	185,000	
			売掛金	4		185,000
	28	現　金		1	200,000	
			売掛金	4		200,000
	29	買　掛　金		9	145,000	
			現　金	1		145,000

総　勘　定　元　帳

現　金			1		当座預金			2
1/1	183,000	1/29	145,000		1/1	627,000	1/9	231,000
28	200,000						22	185,000
							15	320,000

売　掛　金			4		備　品			7
1/1	410,000	1/22	185,000		1/1	524,000		
11	180,000	28	200,000		15	320,000		
18	274,000							

買　掛　金			9		売　上			11
1/29	145,000	1/1	285,000				1/11	180,000
							18	274,000

仕　入			16
1/9	231,000		

(2) 売　上　帳　　1

令和○年		摘要		内訳	金額
1	11	奈良商店	掛け		
		B品　400個　@¥450			180,000
	18	兵庫商店	掛け		
		A品　400個　@¥460		184,000	
		B品　200〃　〃〃450		90,000	274,000
	31		純売上高		454,000

売　掛　金　元　帳

奈良商店			1		兵庫商店			2
1/1	225,000	1/22	185,000		1/1	185,000	1/28	200,000
11	180,000	31	220,000		18	274,000	31	259,000
	405,000		405,000			459,000		459,000

商　品　有　高　帳

（先入先出法）　　　　　　　　品名　Ａ　品❷　　　　　　　　単位：個

令和〇年		摘　要	受　入			払　出❸			残　高		
			数量	単価	金　額	数量	単価	金　額	数量	単価	金　額
1	1	前月繰越	150	340	51,000				150	340	51,000
	9	大阪商店	300	350	105,000				150	340	51,000
									300	350	105,000
	18	兵庫商店				150	340	51,000			
						250	350	87,500	50	350	17,500
	31	次月繰越				50	350	17,500			
			450		156,000	450		156,000			

解説 ❶据え付け費は，備品の買い入れ価額に加算する。
　　　¥305,000＋¥15,000＝¥320,000
　　❷Ａ品についてのみ記入することに注意する。
　　❸商品有高帳は，商品の有高を知るために記帳する
　　　ものである。よって払出欄の金額は，売価ではな
　　　く原価で記入する。

37 4

(1)

仕　訳　帳　　　　　　1

令和〇年		摘　　要	元丁	借　方	貸　方
1	1	前期繰越高	✓	5,166,800	5,166,800
	5	仕　入	12	195,000	
		買　掛　金	6		195,000
	7	売　掛　金	3	462,000	
		売　上	11		462,000
	9	消耗品費	15	3,300	
		現　金	1		3,300
	11	現　金❶	1	352,000	
		売　掛　金	3		352,000
	13	買　掛　金	6	375,000	
		当座預金	2		375,000
	16	仕　入	12	120,000	
		買　掛　金	6		120,000
	17	未　払　金❷	9	327,800	
		当座預金	2		327,800
	18	売　掛　金	3	616,000	
		売　上	11		616,000
	21	買　掛　金	6	341,000	
		当座預金	2		341,000
	23	仕　入	12	174,000	
		買　掛　金	6		174,000
	25	給　料	13	400,000	
		所得税預り金	8		32,000
		現　金	1		368,000
	27	備　品❸	5	402,600	
		未　払　金	9		402,600
	29	当座預金	2	308,000	
		売　掛　金	3		308,000
	31	通　信　費	14	59,400	
		当座預金	2		59,400

総　勘　定　元　帳

現　　　金　　　1

1/1	764,500	1/9	3,300
11	352,000	25	368,000

当　座　預　金　　　2

1/1	2,175,300	1/13	375,000
29	308,000	17	327,800
		21	341,000
		31	59,400

売　掛　金　　　3

1/1	97,000	1/11	352,000
7	462,000	29	308,000
18	616,000		

繰　越　商　品　　　4

1/1	470,000		

備　　　品　　　5

1/1	786,000		
27	402,600		

買　掛　金　　　6

1/13	375,000	1/1	521,000
21	341,000	5	195,000
		16	120,000
		23	174,000

借　入　金　　　7

		1/1	850,000

所得税預り金　　　8

		1/25	32,000

未　払　金　　　9

1/17	327,800	1/1	418,000
		27	402,600

資　本　金　　　10

		1/1	3,377,800

売　　　上　　　11

		1/7	462,000
		18	616,000

仕　　　入　　　12

1/5	195,000		
16	120,000		
23	174,000		

給　　　料　　　13

1/25	400,000		

通　信　費　　　14

1/31	59,400		

消　耗　品　費　　　15

1/9	3,300		

(2)

買　掛　金　元　帳

東　京　商　店　　　1

1/21	341,000	1/1	341,000
31	120,000	16	120,000
	461,000		461,000

埼　玉　商　店　　　2

1/13	375,000	1/1	180,000
31	174,000	5	195,000
		23	174,000
	549,000		549,000

3)

残 高 試 算 表 ❹

令和○年/月3/日

借　　　方	勘 定 科 目	貸　　　方
745,200	現　　　　　金	
1,380,100	当 座 預 金	
1,389,000	売 　掛　 金	
470,000	繰 越 商 品	
1,188,600	備　　　　　品	
	買 　掛　 金	294,000
	借 　入　 金	850,000
	所 得 税 預 り 金	32,000
	未 　払　 金	492,800
	資 　本　 金	3,377,800
	売　　　　　上	1,078,000
489,000	仕　　　　　入	
400,000	給　　　　　料	
59,400	通 　信　 費	
3,300	消 耗 品 費	
6,124,600		6,124,600

解説
❶他人振り出しの小切手を受け取ったときは，簿記上の「現金」として処理する。
❷先月に備品を購入したとき，次の仕訳をしている。
（借）備　品 327,800 （貸）未 払 金 327,800
❸商品陳列用ケースは，備品勘定で処理する。なお，固定資産を取得したときは，買入価額に付随費用を加えた取得原価によって記帳する。
¥402,600＝¥374,000＋¥28,600
❹残高試算表は，総勘定元帳の各勘定の残高を集めて作成する。

例　　　　　　現　　　　金

		1/9	3,300
		25	368,000
1/1	764,500		
11	352,000		

借方合計と貸方合計の差額
¥745,200が残高となる。

---

37 5

(1)

仕 　訳 　帳　　　　1

令和○年	摘　　　　要	元丁	借　方	貸　方
1 1	前期繰越高	✓	4,634,000	4,634,000
5	売 掛 金	3	324,500	
	売　　上	11		324,500
7	消 耗 品 費	15	13,200	
	現　　金	1		13,200
9	仕　　入	12	330,000	
	買 掛 金	6		330,000
11	当 座 預 金	2	285,000	
	売 掛 金	3		285,000
13	買 掛 金	6	187,000	
	当 座 預 金	2		187,000
16	現　　金	1	85,000	
	前 受 金	8		85,000
17	売 掛 金	3	434,500	
	売　　上	11		434,500
18	仕　　入	12	236,500	
	買 掛 金	6		236,500
21	当 座 預 金	2	312,000	
	売 掛 金	3		312,000
23	借 入 金	7	700,000	
	支 払 利 息	16	8,500	
	当 座 預 金	2		708,500
25	給　　料	13	240,000	
	所得税預り金	9		19,200
	現　　金	1		220,800
27	前 受 金	8	85,000	
	売 掛 金	3	212,000	
	売　　上	11		297,000
29	買 掛 金	6	280,000	
	当 座 預 金	2		280,000
31	広 告 料	14	28,600	
	当 座 預 金	2		28,600

総 勘 定 元 帳

現 金　1

1/1	813,500	1/7	13,200
16	85,000	25	220,800

当 座 預 金　2

1/1	1,895,000	1/13	187,000
11	285,000	23	708,500
21	312,000	29	280,000
		31	28,600

売 掛 金　3

1/1	764,000	1/11	285,000
5	324,500	21	312,000
17	434,500		
27	212,000		

繰 越 商 品　4

1/1	489,500	

備 品　5

1/1	672,000	

買 掛 金　6

1/13	187,000	1/1	467,000
29	280,000	9	330,000
		18	236,500

借 入 金　7

1/23	700,000	1/1	1,150,000

前 受 金　8

1/27	85,000	1/16	85,000

所 得 税 預 り 金　9

		1/25	19,200

資 本 金　10

		1/1	3,017,000

売 上　11

		1/5	324,500
		17	434,500
		27	297,000

仕 入　12

1/9	330,000	
18	236,500	

給 料　13

1/25	240,000	

広 告 料　14

1/31	28,600	

消 耗 品 費　15

1/7	13,200	

支 払 利 息　16

1/23	8,500	

(2)

売 掛 金 元 帳

栃 木 商 店　1

1/1	479,000	1/21	312,000
5	324,500	31	703,500
27	212,000		
	1,015,500		1,015,500

群 馬 商 店　2

1/1	285,000	1/11	285,000
17	434,500	31	434,500
	719,500		719,500

(3)

残 高 試 算 表

令和〇年/月3/日

借　　　方	勘 定 科 目	貸　　　方
664,500	現　　　　　金	
1,287,900	当 座 預 金	
1,138,000	売 　掛　 金	
489,500	繰 越 商 品	
672,000	備　　　　　品	
	買 　掛　 金	566,500
	借 　入　 金	450,000
	所 得 税 預 り 金	19,200
	資 　本　 金	3,017,000
	売　　　　　上	1,056,000
566,500	仕　　　　　入	
240,000	給　　　　　料	
28,600	広 　告　 料	
13,200	消 耗 品 費	
8,500	支 払 利 息	
5,108,700		5,108,700

38 文章・計算の問題 (p.160)

38 1

ア	2	イ	❶	3	ウ		1

解説 ❶1．balance sheet（B/S）…貸借対照表
　　2．account（a/c）…勘定
　　3．profit and loss statement（P/L）
　　　　またはincome statement（I/S）…損益計算書

38 2

ア	❶	3	イ		1	ウ		2

解説 ❶1．profit and loss statement（P/L）
　　　　　　　　　　　　　　　　…損益計算書
　　2．sales book…売上帳
　　3．balance sheet（B/S）…貸借対照表

38 3

ア	1	イ	2	ウ	3

38 4

ア	¥❶ 440,000	イ	¥❷3,450,000	ウ	¥❸2,170,000
エ	¥❹ 550,000	オ	¥❺6,680,000	カ	¥❻4,160,000
キ	¥❼6,300,000	ク	¥❽1,940,000		

解説 ❶当期純利益＝収益総額－費用総額
　　¥440,000＝¥3,250,000－¥2,810,000
　❷期末資本＝期末資産総額－期末負債総額
　　¥2,330,000＝¥4,230,000－¥1,900,000
　　期首資産総額＝期首負債総額＋期首資本
　　　　　　　　　　　　　　　（期末資本－当期純利益）
　　¥3,450,000＝¥1,560,000＋（¥2,330,000
　　－❶¥440,000）
　❸費用総額＝収益総額－当期純利益
　　¥2,170,000＝¥2,450,000－¥280,000
　❹期末資本＝期首資本＋当期純利益
　　　　　　　（期首資産総額－期首負債総額）
　　¥1,420,000＝（¥1,620,000－¥480,000）

　　＋¥280,000
　　期末負債総額＝期末資産総額－期末資本
　　¥550,000＝¥1,970,000－¥1,420,000
　❺収益総額＝費用総額＋当期純利益
　　¥6,680,000＝¥6,210,000＋¥470,000
　❻期首資本＝期末資本－当期純利益
　　¥4,160,000＝¥4,630,000－¥470,000
　❼収益総額＝費用総額＋当期純利益
　　¥6,300,000＝¥5,940,000＋¥360,000
　❽期末資本＝期首資本＋当期純利益
　　¥1,940,000＝¥1,580,000＋¥360,000

38 5

a	¥	❶	5,750,000	b	¥	❷	2,080,000

解説 ❶費用総額＝収益総額－当期純利益
　　¥5,750,000＝¥6,340,000－¥590,000
　❷期末資本＝期末資産総額－期末負債総額
　　¥2,800,000＝（¥810,000＋¥1,300,000
　　＋¥550,000＋¥1,700,000）－（¥960,000
　　＋¥600,000）
　　期首資本＝期末資本－当期純利益
　　¥2,210,000＝¥2,800,000－¥590,000
　　期首負債総額＝期首資産総額－期首資本
　　¥2,080,000＝¥4,290,000－¥2,210,000

38 6

a	¥	❶	3,100,000	b	¥	❷	2,905,000

解説 ❶収益総額＝費用総額＋当期純利益
　　¥3,100,000＝¥2,865,000＋¥235,000
　❷期首資本＝期首資産－期首負債
　　¥1,930,000＝（¥480,000＋¥1,270,000
　　＋¥400,000＋¥600,000）－（¥320,000
　　＋¥500,000）
　　期末資本＝期首資本＋当期純利益
　　¥2,165,000＝¥1,930,000＋¥235,000
　　期末資産総額＝期末負債総額＋期末資本
　　¥2,905,000＝¥740,000＋¥2,165,000

38 7

a	¥	❶	1,945,000	b	¥	❷	6,299,000

解説 ❶期末資本は資本金勘定の次期繰越の金額である。
　　当期純利益は資本金勘定の「損益」の金額である
　　期首資本＝期末資本－当期純利益
　　¥1,945,000＝¥2,570,000－¥625,000
　❷費用総額＝収益総額－当期純利益
　　¥6,299,000＝¥6,924,000－¥625,000

38 8

a	¥	❶	6,790,000	b	¥	❷	4,210,000

解説 ❶収益総額＝費用総額＋当期純利益
　　¥6,790,000＝¥6,250,000＋¥540,000
　❷資本金勘定の「損益」は当期純利益を，また「次
　　期繰越¥4,750,000」は期末資本をあらわす。よ
　　って，
　　期首の資本金＝期末資本－当期純利益
　　¥4,210,000＝¥4,750,000－¥540,000

38 9

a	¥	❶	4,810,000	b	¥	❷	5,920,000

解説 ❶売上原価は損益勘定の「仕入」の金額である。損益勘定の「資本金」は当期純利益の¥450,000である。

売上原価＝損益勘定の合計額－（給料＋支払家賃 ＋支払利息＋資本金）

$$¥4,810,000＝¥6,390,000－（¥660,000＋¥420,000＋¥50,000＋¥450,000）$$

❷期末資産＝期末負債＋期首資本＋当期純利益 （期首資産－期首負債）

$$¥5,920,000＝¥2,970,000＋（¥4,280,000－¥1,780,000）＋¥450,000$$

38 10

ア	¥	❶	556	イ	❷	80	個

解説 ❶ $\dfrac{¥20,800＋¥34,800}{40個＋60個}＝¥556$

❷ $\dfrac{売上高 ¥60,000}{販売単価 ¥750}＝80個$

38 11

ア	¥		22,000	イ	¥	❶	540

解説 ❶ $\dfrac{¥52,000＋¥110,000}{100個＋200個}＝¥540$

38 12

a	❶	1	b	❷	500	台

解説 ❶23日の残高が前月繰越の残りの数量である100台と，この日受け入れた500台を分けて記入しているので，先入先出法となる。

❷23日の残高の数量は前月繰越の残り100台と，この日受け入れた500台を合計し，600台となる。その後，28日に横浜商店に100台払い出しているので，28日の残高欄の数量は500台となり，これが次月繰越の数量。

38 13

ア	¥	❶	640	イ	❷	800	本

解説 ❶10日の受け入れにより，残高欄の単価は次の計算による。

$$\dfrac{1/1 ¥120,000＋1/10 ¥520,000}{1/1 200本＋1/10 800本}＝¥640$$

したがって，15日の払出単価（ア）は¥640となる。

❷15日の残高欄の数量は400本で，その後24日に400本受け入れているので，（イ）の数量は800本となる。

38 14

a	¥	❶	8,563,000	b	¥	❷	295,000

解説 ❶仕訳帳の合計額と合計試算表の合計額は必ず一致する。このことからaは，仕訳帳の合計額¥8,563,000となる。

❷買掛金勘定の記録から，合計残高試算表の買掛金の借方合計は¥795,000,貸方合計は¥1,090,000であり，その差額。

精　算　表

令和○年/2月3/日

勘定科目	残高試算表 借方	残高試算表 貸方	整理記入 借方	整理記入 貸方	損益計算書 借方	損益計算書 貸方	貸借対照表 借方	貸借対照表 貸方
現　　　　金	840,000						840,000	
当 座 預 金	1,130,000						1,130,000	
売 　掛 　金	1,460,000						1,460,000	
貸 倒 引 当 金		22,000		❶ 51,000				73,000
繰 越 商 品	770,000		830,000	770,000			830,000	
備　　　　品	940,000			117,500			822,500	
買 　掛 　金		780,000						780,000
前 　受 　金		472,000						472,000
資 　本 　金		3,500,000						3,500,000
売　　　　上		8,400,000				8,400,000		
受 取 手 数 料		70,000				70,000		
仕 　　　入	5,540,000		770,000	830,000	5,480,000			
給　　　　料	1,550,000				1,550,000			
支 払 家 賃	960,000				960,000			
通 　信 　費	40,000				40,000			
雑　　　　費	14,000				14,000			
	13,244,000	13,244,000						
貸倒引当金繰入			51,000		51,000			
減 価 償 却 費			117,500		117,500			
当 期 純 利 益					257,500			257,500
			1,768,500	1,768,500	8,470,000	8,470,000	5,082,500	5,082,500

解説 ❶売掛金残高〢1,460,000×0.05＝〢73,000
貸倒引当金の残高が〢22,000あるので，補充額は，
〢73,000－〢22,000＝〢51,000

決算整理事項の仕訳
a.（借）仕　　　入 770,000　（貸）繰越商品 770,000
　　　　繰越商品 830,000　　　　仕　　　入 830,000
b.（借）貸倒引当金繰入 51,000　（貸）貸倒引当金 51,000
c.（借）減価償却費 117,500　（貸）備　　　品 117,500

39 2

(1)

精　算　表

令和○年/2月3/日

勘定科目	残高試算表 借方	残高試算表 貸方	整理記入 借方	整理記入 貸方	損益計算書 借方	損益計算書 貸方	貸借対照表 借方	貸借対照表 貸方
現　　　　金	978,000						978,000	
当 座 預 金	2,069,000						2,069,000	
売 　掛　 金	2,120,000						2,120,000	
貸 倒 引 当 金		66,000		40,000				106,000
繰 越 商 品	950,000		860,000	950,000			860,000	
備　　　　品	630,000			105,000			525,000	
買 　掛　 金		1,091,000						1,091,000
借 　入　 金		590,000						590,000
資 　本　 金		4,500,000						4,500,000
売　　　　上		7,990,000				7,990,000		
受 取 手 数 料		72,000				72,000		
仕　　　　入	5,720,000		950,000	860,000	5,810,000			
給　　　　料	1,088,000				1,088,000			
支 払 家 賃	600,000				600,000			
消 耗 品 費	82,000				82,000			
雑　　　　費	38,000				38,000			
支 払 利 息	34,000				34,000			
	14,309,000	14,309,000						
貸倒引当金繰入			40,000		40,000			
減 価 償 却 費			❶105,000		105,000			
当 期 純 利 益					265,000			265,000
			1,955,000	1,955,000	8,062,000	8,062,000	6,552,000	6,552,000

(2)

備　　品❷　　　　6

1/1 前 期 繰 越	630,000	12/31 減価償却費	105,000
		〃 次 期 繰 越	525,000
	630,000		630,000

解説 ❶定額法による年間の減価償却費

$$\frac{¥840,000-¥0}{8年}=¥105,000$$

❷備品勘定は，決算整理仕訳を転記してから残高を「次期繰越」と記入し，締め切る。

決算整理事項の仕訳
a. (借)仕　　　入　950,000　(貸)繰越商品　950,000
　　　繰越商品　860,000　　　仕　　　入　860,000
b. (借)貸倒引当金繰入　40,000　(貸)貸倒引当金　40,000
c. (借)減価償却費　105,000　(貸)備　　　品　105,000

39 3

(1)

	借　　方		貸　　方	
a	仕　　　入	640,000	繰 越 商 品	640,000
	繰 越 商 品	610,000	仕　　　入	610,000
b	貸倒引当金繰入	24,000	貸倒引当金	24,000
c	減価償却費	225,000	備　　　品	225,000

(2)

繰　越　商　品❶　　　5

1/1 前 期 繰 越	640,000	12/31 仕　　　入	640,000
12/31 仕　　　入	610,000	〃 次 期 繰 越	610,000
	1,250,000		1,250,000

(3)

損　益　計　算　書

高知商店　　令和○年/月/日から令和○年/2月3/日まで　　　（単位：円）

費　用	金　額	収　益	金　額
❷ 売 上 原 価	3,350,000	売 上 高	4,890,000
給　　　料	680,000	受 取 手 数 料	260,000
（貸倒引当金繰入）	24,000		
（減価償却費）	225,000		
支 払 家 賃	384,000		
水 道 光 熱 費	48,000		
雑　　　費	14,000		
支 払 利 息	20,000		
（当期純利益）	405,000		
	5,150,000		5,150,000

貸借対照表

高知商店　令和○年/2月3/日　（単位：円）

資　　産	金　額	負債および純資産	金　額
現　　金	905,000	買　掛　金	504,000
当座預金	1,324,000	借　入　金	300,000
売掛金 (1,500,000)		資　本　金	4,000,000
貸倒引当金 (❸30,000)	1,470,000	(当期純利益)	405,000
❹(商　品) ❺	610,000		
備　　品 ❻	900,000		
	5,209,000		5,209,000

解説
❶繰越商品勘定は，決算整理仕訳を転記してから残高を「次期繰越」と記入し，締め切る。
❷売上原価＝期首商品棚卸高（繰越商品勘定の前期繰越高）＋当期純仕入高（仕入勘定の残高）－期末商品棚卸高（決算整理事項）
¥640,000＋¥3,320,000－¥610,000
＝¥3,350,000
❸売掛金¥1,500,000から貸倒引当金¥30,000を差し引く。
❹「商品」は，貸借対照表での表示科目であり，勘定科目の「繰越商品」と記入しない。
❺期末商品棚卸高¥610,000を記入する。
❻「備品」¥1,125,000（元帳勘定残高）－決算整理仕訳 c ¥225,000（減価償却費）＝¥900,000

39 4

(1)

	借　　　方		貸　　　方	
a	仕　　　入	760,000	繰 越 商 品	760,000
	繰 越 商 品	800,000	仕　　　入	800,000
b	貸倒引当金繰入	42,000	貸 倒 引 当 金	42,000
c	減 価 償 却 費	350,000	備　　　品	350,000

(2)

支 払 家 賃 ❶　　　　　15

650,000	12/31 損	益	650,000

(3)

損 益 計 算 書

愛媛商店　令和○年/月/日から令和○年/2月3/日まで　（単位：円）

費　　用	金　額	収　　益	金　額
売 上 原 価 ❷	5,500,000	売　上　高	7,970,000
給　　　料	1,300,000	受取手数料	367,000
貸倒引当金繰入	42,000		
減 価 償 却 費	350,000		
支 払 家 賃	650,000		
消 耗 品 費	111,000		
雑　　　費	27,000		
支 払 利 息	32,000		
(当期純利益)	325,000		
	8,337,000		8,337,000

貸借対照表

愛媛商店　令和○年/2月3/日　（単位：円）

資　　産	金　額	負債および純資産	金　額
現　　金	917,000	買　掛　金	845,000
当座預金	1,284,000	借　入　金	390,000
売掛金 (1,800,000)		(従業員預り金)	180,000
❸貸倒引当金 (54,000)	1,746,000	資　本　金	4,757,000
❹(商　品) ❺	800,000	(当期純利益) ❼	325,000
備　　品 ❻	1,750,000		
	6,497,000		6,497,000

解説
❶支払家賃勘定は，損益勘定への振替仕訳を転記してから，締め切る。
（借）損　益 650,000　（貸）支払家賃 650,000
❷売上原価＝期首商品棚卸高（元帳勘定残高）＋当期純仕入高－期末商品棚卸高
¥760,000＋¥5,540,000－¥800,000
＝¥5,500,000
❸貸倒引当金設定高（売掛金残高の3％）¥54,000を記入する。
❹「商品」は，貸借対照表での表示科目であり，勘定科目の「繰越商品」と記入しないように注意する。
❺期末商品棚卸高¥800,000を記入する。
❻¥2,100,000－¥350,000＝¥1,750,000
　　　　　　　　└──備品減価償却高
❼貸借対照表の貸借差額として，当期純利益を求める。

40 費用・収益の繰り延べ (p.170)

40-1

	借 方		貸 方	
6/1	保 険 料	24,000	現 金	24,000
12/31	前払保険料	10,000	保 険 料	10,000
〃	損 益	14,000	保 険 料	14,000
1/1	保 険 料	10,000	前払保険料	10,000 ❶

保 険 料

6/1	現 金	24,000	12/31	前払保険料	10,000
			〃	損 益	14,000
		24,000			24,000
1/1	前払保険料	10,000			

前 払 保 険 料

12/31	保 険 料	10,000	12/31	次 期 繰 越	10,000 ❷
1/1	前 期 繰 越	10,000	1/1	保 険 料	10,000 ❶

損 益

12/31	保 険 料	14,000		

解説 ❶前払保険料¥10,000は，次期の費用となるから，次期の最初の日付で保険料勘定に振り替える。
❷前払保険料は資産の勘定であるので，決算日の日付で「次期繰越」と繰越記入を行い，次期の最初の日付で「前期繰越」と開始記入を行う。

40-2

	借 方		貸 方	
6/1	通 信 費	40,000	現 金	40,000
12/31	貯 蔵 品	15,000	通 信 費	15,000
〃	損 益	25,000	通 信 費	25,000
1/1	通 信 費	15,000	貯 蔵 品	15,000

40-3

	借 方		貸 方	
5/1	現 金	48,000	受 取 地 代	48,000
12/31	受 取 地 代	16,000	前 受 地 代	16,000
〃	受 取 地 代	32,000	損 益	32,000
1/1	前 受 地 代	16,000	受 取 地 代	16,000

受 取 地 代

12/31	前 受 地 代	16,000	5/1	現 金	48,000
〃	損 益	32,000			
		48,000			48,000
			1/1	前 受 地 代	16,000

前 受 地 代

12/31	次 期 繰 越	16,000	12/31	受 取 地 代	16,000
1/1	受 取 地 代	16,000	1/1	前 期 繰 越	16,000

損 益

			12/31	受 取 地 代 32,000

40-4

	借 方		貸 方	
9/1	支 払 地 代	42,000	現 金	42,000
12/31	前 払 地 代	14,000	支 払 地 代	14,000
〃	損 益	28,000	支 払 地 代	28,000
1/1	支 払 地 代	14,000	前 払 地 代	14,000

支 払 地 代

9/1	現 金	42,000	12/31	前 払 地 代	14,000
			〃	損 益	28,000
		42,000			42,000
1/1	前 払 地 代	14,000			

（前 払）地 代

12/31	支 払 地 代	14,000	12/31	次 期 繰 越	14,000
1/1	前 期 繰 越	14,000	1/1	支 払 地 代	14,000

損 益

12/31	支 払 地 代	28,000		

40-5

	借 方		貸 方	
9/1	現 金	12,000	受 取 利 息	12,000
12/31	受 取 利 息	8,000	前 受 利 息	8,000
〃	受 取 利 息	4,000	損 益	4,000
1/1	前 受 利 息	8,000	受 取 利 息	8,000

受 取 利 息

12/31	前 受 利 息	8,000	9/1	現 金	12,000
〃	損 益	4,000			
		12,000			12,000
			1/1	前 受 利 息	8,000

（前 受）利 息

12/31	次 期 繰 越	8,000	12/31	受 取 利 息	8,000
1/1	受 取 利 息	8,000	1/1	前 期 繰 越	8,000

損 益

			12/31	受 取 利 息 4,000

41 費用・収益の見越し (p.173)

41-1

	借 方		貸 方	
12/31	支 払 家 賃	20,000	未 払 家 賃	20,000
〃	損 益	48,000	支 払 家 賃	48,000
1/1	未 払 家 賃	20,000	支 払 家 賃	20,000

支 払 家 賃

		28,000	12/31	損 益	48,000
12/31	未 払 家 賃	20,000			
		48,000			48,000
			1/1	未 払 家 賃	20,000

未 払 家 賃

12/31	次 期 繰 越	20,000	12/31	支 払 家 賃	20,000
1/1	支 払 家 賃	20,000	1/1	前 期 繰 越	20,000

損　　　　益

12/31	支払家賃	48,000

41 2

	借　　方		貸　　方	
12/31	未 収 利 息	8,000	受 取 利 息	8,000
〃	受 取 利 息	24,000	損　　益	24,000
1/1	受 取 利 息	8,000	未 収 利 息	8,000

受　取　利　息

12/31	損　　益	24,000			16,000
			12/31	未 収 利 息	8,000
		24,000			24,000
1/1	未 収 利 息	8,000			

未　収　利　息

12/31	受 取 利 息	8,000	12/31	次 期 繰 越	8,000
1/1	前 期 繰 越	8,000	1/1	受 取 利 息	8,000

損　　　　益

	12/31 受 取 利 息	24,000

41 3

	借　　方		貸　　方	
12/31	支 払 地 代	21,000	未 払 地 代	21,000
〃	損　　益	35,000	支 払 地 代	35,000
1/1	未 払 地 代	21,000	支 払 地 代	21,000
1/31	支 払 地 代	28,000	現　　金	28,000

支　払　地　代

8/1	現　　金	14,000	12/31	損　　益	35,000
12/31	未 払 地 代	21,000			
		35,000			35,000
❶ 1/31	現　　金	28,000	1/1	未 払 地 代	21,000

(未　払)地　代

12/31	次 期 繰 越	21,000	12/31	支 払 地 代	21,000
1/1	支 払 地 代	21,000	1/1	前 期 繰 越	21,000

損　　　　益

12/31	支 払 地 代	35,000

解説 ❶支払地代勘定の借方残高¥7,000（¥28,000－¥21,000）は，当期分（1月分）の支払高である。

41 4

	借　　方		貸　　方	
12/31	未 収 家 賃	18,000	受 取 家 賃	18,000
〃	受 取 家 賃	72,000	損　　益	72,000
1/1	受 取 家 賃	18,000	未 収 家 賃	18,000
3/31	現　　金	45,000	受 取 家 賃	45,000

受　取　家　賃

12/31	損　　益	72,000	5/1	現　　金	54,000
			12/31	未 収 家 賃	18,000
		72,000			72,000
1/1	未 収 家 賃	18,000	3/31	現　　金	45,000 ❶

(未　収)家　賃

12/31	受 取 家 賃	18,000	12/31	次 期 繰 越	18,000
1/1	前 期 繰 越	18,000	1/1	受 取 家 賃	18,000

損　　　　益

	12/31 受 取 家 賃	72,000

解説 ❶受取家賃勘定の貸方残高¥27,000（¥45,000－¥18,000）は，当期分（1月～3月の3か月分）の受取高である。

42 有価証券 (p.176)

42 1

(1)

借　　方		貸　　方	
有価証券評価損	60,000	有 価 証 券	60,000

有　価　証　券

		1,440,000	12/31	有価証券評価損	60,000
			〃	次 期 繰 越	1,380,000
		1,440,000			1,440,000
1/1	前 期 繰 越	1,380,000			

有 価 証 券 評 価 損

12/31	有 価 証 券	60,000	12/31	損　　益	60,000

(2)

借　　方		貸　　方	
有 価 証 券	40,000	有価証券評価益	40,000

有　価　証　券

		1,440,000	12/31	次 期 繰 越	1,480,000
12/31	有価証券評価益	40,000			
		1,480,000			1,480,000
1/1	前 期 繰 越	1,480,000			

有 価 証 券 評 価 益

12/31	損　　益	40,000	12/31	有 価 証 券	40,000

解説 ❶時価¥69,000＜帳簿価額¥72,000のとき
有価証券評価損：差額¥3,000×20株
＝¥60,000
❷時価¥74,000＞帳簿価額¥72,000のとき
有価証券評価益：差額¥2,000×20株
＝¥40,000

42 2

	借　　方		貸　　方	
4/20	有 価 証 券	670,000	当 座 預 金	670,000
12/31	有価証券評価損	40,000	有 価 証 券	40,000

有　価　証　券

4/20	当 座 預 金	670,000	12/31	有価証券評価損	40,000
			〃	次 期 繰 越	630,000
		670,000			670,000
1/1	前 期 繰 越	630,000			

有価証券(評価損)

12/31	有 価 証 券	40,000	12/31	損　　益	40,000

2 3

借 方		貸 方	
5/14	有 価 証 券 2,490,000	当 座 預 金	2,490,000
12/31	有 価 証 券 90,000	有価証券評価益	90,000

有 価 証 券

5/14 当 座 預 金	2,490,000	12/31 次 期 繰 越	2,580,000
12/31 有価証券評価益	90,000		
	2,580,000		2,580,000
1/1 前 期 繰 越	2,580,000		

有価証券(評価益)

12/31 損　　益	90,000	12/31 有 価 証 券	90,000

43 減価償却(間接法) (p.178)

3 1

借 方		貸 方	
減価償却費	75,000	備 品 減 価 償却累計額	75,000

備　　品

1/1 前 期 繰 越	500,000	12/31 次 期 繰 越	500,000
1/1 前 期 繰 越	500,000		

減 価 償 却 費

12/31 備 品 減 価 償却累計額	75,000	12/31 損　　益	75,000

備品減価償却累計額

12/31 次 期 繰 越	225,000	1/1 前 期 繰 越	150,000
		12/31 減価償却費	75,000
	225,000		225,000
		1/1 前 期 繰 越	225,000

備品の帳簿価額	¥	❶ 275,000

解説 ❶ ¥500,000(備品の取得原価)−¥225,000(備品
減価償却累計額勘定の残高)=¥275,000(備品
の帳簿価額)

3 2

借 方		貸 方	
(1)	備 品 減 価 償却累計額 360,000 未 収 入 金❶ 90,000 固定資産売却損❷ 50,000	備　　品	500,000
(2)	備 品 減 価 償却累計額 108,000 現　　金 100,000 未 収 入 金❶ 60,000 固定資産売却損 32,000	備　　品	300,000

解説 ❶商品以外の物品などの売却によって代金の未収額
(月末受取り等)が生じたときは,未収入金勘定で
仕訳する。
❷備品の帳簿価額:取得原価¥500,000−減価償却
累計額¥360,000=¥140,000
帳簿価額¥140,000>売却価額¥90,000である
ので,差額¥50,000は,固定資産売却損として仕
訳する。

43 3

	第1期	第2期	第3期	
定額法	¥ 400,000	¥ 400,000	¥ 400,000	❶
定率法	¥ 800,000	¥ 600,000	¥ 450,000	❷

解説 ❶定額法による毎期の減価償却費

$$=\frac{取得原価-残存価額}{耐用年数}$$

$$¥400,000=\frac{¥3,200,000-¥0}{8年}$$

❷定率法による毎期の減価償却費
　　　　=未償却残高×償却率
第1期…¥800,000=¥3,200,000×0.25
第2期…¥600,000=(¥3,200,000−¥800,000)
　　　　　×0.25
第3期…¥450,000=(¥3,200,000−¥800,000
　　　　−¥600,000)×0.25

精　算　表

令和○年/2月3/日

勘定科目	残高試算表 借方	残高試算表 貸方	整理記入 借方	整理記入 貸方	損益計算書 借方	損益計算書 貸方	貸借対照表 借方	貸借対照表 貸方
現　　　　　金	960,000						960,000	
当 座 預 金	1,880,000						1,880,000	
売　掛　金	600,000						600,000	
貸 倒 引 当 金		12,000		18,000				❶ 30,000
有 価 証 券	670,000			50,000			❷ 620,000	
繰 越 商 品	390,000		487,000	390,000			487,000	
貸　付　金	750,000						750,000	
備　　　　　品	1,200,000						1,200,000	
備品減価償却累計額		135,000		135,000				270,000
土　　　　　地	1,500,000						1,500,000	
支 払 手 形		796,000						796,000
買　掛　金		975,000						975,000
資　本　金		5,250,000						5,250,000
売　　　　　上		7,026,000				7,026,000		
受 取 地 代		54,000	18,000			36,000		
受 取 利 息		41,000		13,000		54,000		
仕　　　　　入	4,140,000		390,000	487,000	4,043,000	❸		
給　　　料	1,440,000				1,440,000			
広　告　料	410,000				410,000			
保　険　料	18,000			6,000	12,000			
支 払 家 賃	48,000		24,000		72,000			
通　信　費	27,000			❹ 8,000	19,000			
雑　　　費	256,000				256,000			
	14,289,000	14,289,000						
貸倒引当金繰入			18,000		18,000			
有価証券評価損			❷ 50,000		50,000			
減価償却費			135,000		135,000			
前払保険料			6,000				6,000	
貯　蔵　品			❹ 8,000				8,000	
前 受 地 代				18,000				18,000
未 払 家 賃				24,000				24,000
未 収 利 息			13,000				13,000	
（当期純利益）					661,000			661,000
			1,149,000	1,149,000	7,116,000	7,116,000	8,024,000	8,024,000

解説　❶貸倒引当金の行¥12,000＋¥18,000＝¥30,000は売掛金¥600,000に対する5%の貸し倒れの見積額である。

❷時価¥620,000＜帳簿価額¥670,000（残高試算表欄の有価証券）なので，差額¥50,000は有価証券評価損となる。

有価証券の行¥670,000－¥50,000＝¥620,000は有価証券の時価である。

❸仕入の行¥4,140,000＋¥390,000－¥487,000＝¥4,043,000は売上原価である。

❹郵便切手に未使用分がある場合，貯蔵品（資産）として次期に繰り延べる。

（借）貯 蔵 品 8,000　（貸）通 信 費 8,000

44 2

精　算　表

令和○年/2月3/日

勘定科目	残高試算表 借方	残高試算表 貸方	整理記入 借方	整理記入 貸方	損益計算書 借方	損益計算書 貸方	貸借対照表 借方	貸借対照表 貸方
現　　　　金	345,000						345,000	
当 座 預 金	1,580,000						1,580,000	
受 取 手 形	600,000						600,000	
売 掛 金	1,080,000						1,080,000	
貸 倒 引 当 金		24,000		60,000				❶ 84,000
有 価 証 券	650,000		❷ 30,000				680,000	
繰 越 商 品	840,000		780,000	840,000			780,000	
貸 付 金	360,000						360,000	
備　　　　品	480,000						480,000	
備品減価償却累計額		108,000		54,000				162,000
土　　　　地	1,200,000						1,200,000	
支 払 手 形		438,000						438,000
買 掛 金		816,000						816,000
資 本 金		4,800,000	❸ 70,000					4,730,000
引 出 金	70,000			❸ 70,000				
現 金 過 不 足	9,000			9,000				
売　　　　上		4,526,000				4,526,000		
受 取 地 代		54,000		18,000		72,000		
受 取 利 息		12,000	9,000			3,000		
仕　　　　入	2,544,000		840,000	780,000	2,604,000			
給　　　　料	795,000				795,000			
支 払 家 賃	63,000		21,000		84,000			
租 税 公 課	60,000			❹ 20,000	40,000			
保 険 料	24,000			10,000	14,000			
雑　　　　費	78,000				78,000			
	10,778,000	10,778,000						
貸倒引当金繰入			60,000		60,000			
有価証券評価益				❷ 30,000		30,000		
減 価 償 却 費			54,000		54,000			
前 払 保 険 料			10,000				10,000	
貯 蔵 品			❹ 20,000				20,000	
前 受 利 息				9,000				9,000
未 払 家 賃				21,000				21,000
未 収 地 代			18,000				18,000	
雑　　　　損			9,000		9,000			
（当期純利益）					893,000			893,000
			1,921,000	1,921,000	4,631,000	4,631,000	7,153,000	7,153,000

解説

❶貸倒引当金の行₩24,000＋₩60,000＝₩84,000は残高試算表欄の受取手形₩600,000＋売掛金₩1,080,000に対する5％の貸し倒れの見積額である。

❷時価₩680,000＞帳簿価額₩650,000（残高試算表欄の有価証券）なので，差額₩30,000は有価証券評価益となる。

❸決算にあたり引出金勘定残高₩70,000は，資本金勘定に振り替える。

❹収入印紙の未使用分は貯蔵品（資産）として次期に繰り延べる。

（借）貯 蔵 品 20,000 （貸）租税公課 20,000

精 算 表

令和○年12月31日

勘定科目	残高試算表 借方	残高試算表 貸方	整理記入 借方	整理記入 貸方	損益計算書 借方	損益計算書 貸方	貸借対照表 借方	貸借対照表 貸方
現 金	52,700						52,700	
当 座 預 金	120,000						120,000	
売 掛 金	165,000						165,000	
有 価 証 券	100,000			15,000			85,000	
繰 越 商 品	80,000		95,000	80,000			95,000	
備 品	200,000						200,000	
買 掛 金		140,000						140,000
借 入 金		200,000						200,000
貸 倒 引 当 金		800		2,500				3,300
備品減価償却累計額		40,000		20,000				60,000
資 本 金		300,000						300,000
売 上		679,000				679,000		
有 価 証 券 利 息		4,900		4,900		9,800		
仕 入	411,000		80,000	95,000	396,000			
給 料	120,000				120,000			
通 信 費	60,000			❹ 15,000	45,000			
支 払 家 賃	44,000		4,000		48,000			
保 険 料	12,000			8,000	4,000			
	1,364,700	1,364,700						
貸倒引当金繰入			2,500		2,500			
有価証券(評価損)			15,000		15,000			
減 価 償 却 費			❶ 20,000		20,000			
(貯 蔵 品)			❹ 15,000				15,000	
(支 払)利 息			9,600		9,600			
(未 払)利 息				❷ 9,600				9,600
(未収)有価証券利息			4,900				4,900	
(未 払)家 賃				4,000				4,000
(前 払)保険料			❸ 8,000				8,000	
当期純(利 益)					28,700			28,700
			254,000	254,000	688,800	688,800	745,600	745,600

解説 ❶定額法による減価償却費

$$\frac{取得原価¥200,000-残存価額¥0}{耐用年数10年}=¥20,000$$

❷未払分の利息は7月1日から決算日12月31日までの6か月分である。

未払利息：$¥200,000×0.096×\dfrac{6か月}{12か月}$

$=¥9,600$

❸保険契約後決算日までの経過期間は4か月であるので，未経過8か月分の保険料は，前払保険料として処理する。

前払保険料：支払保険料（1年分）¥12,000

$×\dfrac{8か月}{12か月}=¥8,000$

❹郵便切手の未使用分は貯蔵品（資産）に振り替える。

(借)貯蔵品 15,000 　(貸)通信費 15,000

45 損益計算書(2) (p.184)

45 1

(1)

	借 方		貸 方		
a	仕 入	675,000	繰 越 商 品	675,000	
	繰 越 商 品	810,000	仕 入	810,000	
b	貸倒引当金繰入	62,000	貸 倒 引 当 金	62,000	❶
c	減 価 償 却 費	90,000	備 品 減 価償却累計額	90,000	❷
d	有 価 証 券	30,000	有価証券評価益	30,000	❸
e	前 払 保 険 料	15,000	保 険 料	15,000	❹
f	貯 蔵 品	12,000	租 税 公 課	12,000	
g	支 払 家 賃	60,000	未 払 家 賃	60,000	
h	受 取 利 息	3,000	前 受 利 息	3,000	
i	未 収 手 数 料	23,000	受 取 手 数 料	23,000	
j	雑 損	4,000	現 金	4,000	

(2)

損 益 計 算 書

別府商店　令和○年/月/日から令和○年/2月3/日まで　（単位：円）

費 用	金 額	収 益	金 額
売 上 原 価	❺6,150,000	売 上 高	7,995,000
給 料	1,137,000	受 取 利 息 ❾	27,000
（貸倒引当金繰入）	62,000	受 取 手 数 料 ❿	116,000
（減価償却費）	90,000	（有価証券評価益）	30,000
保 険 料 ❻	75,000		
租 税 公 課 ❼	39,000		
支 払 家 賃 ❽	360,000		
雑 費	28,000		
（雑 損）	4,000		
（当期純利益）❶	223,000		
	8,168,000		8,168,000

解説 ❶（受取手形￥870,000＋売掛金￥1,050,000）
　　×0.05－￥34,000（貸倒引当金）＝￥62,000
❷定額法による減価償却費

$$\frac{取得原価￥900,000－残存価額￥0}{耐用年数10年}＝￥90,000$$

❸時価￥73,000＞帳簿価額￥70,000なので，有価
　証券評価益は￥30,000（￥3,000×10株）となる。
❹保険料￥90,000は，3/1から翌年2/28までの１年
　分であり，決算日の翌日1/1から2/28までの未経
　過２か月分は，前払保険料として処理する。
　前払保険料：

　支払保険料（１年分）￥90,000× $\frac{2か月}{12か月}$

　＝￥15,000

❺売上原価の計算
　￥675,000（期首商品棚卸高）＋￥6,285,000（当
　期商品仕入高）－￥810,000（期末商品棚卸高）
　＝￥6,150,000
❻保険料：元帳勘定残高￥90,000－整理仕訳 e.
　￥15,000＝￥75,000
❼租税公課：元帳勘定残高￥51,000－整理仕訳 f.
　￥12,000＝￥39,000
❽支払家賃：元帳勘定残高￥300,000＋整理仕訳 g.
　￥60,000＝￥360,000
❾受取利息：元帳勘定残高￥30,000－整理仕訳 h.
　￥3,000＝￥27,000
❿受取手数料：元帳勘定残高￥93,000＋整理仕訳 i.
　￥23,000＝￥116,000
⓫収益の額から費用の額を差し引いて，当期純利益
　を計算する。

46 貸借対照表(2) (p.186)

46 1

(1)

	借 方		貸 方		
a	仕 入	676,000	繰 越 商 品	676,000	
	繰 越 商 品	680,000	仕 入	680,000	
b	貸倒引当金繰入	52,000	貸 倒 引 当 金	52,000	❶
c	減 価 償 却 費	80,000	備 品 減 価償却累計額	80,000	❷
d	有価証券評価損	20,000	有 価 証 券	20,000	❸
e	資 本 金	74,000	引 出 金	74,000	
f	貯 蔵 品	4,000	通 信 費	4,000	
g	前 払 保 険 料	9,000	保 険 料	9,000	❹
h	受 取 利 息	6,000	前 受 利 息	6,000	
i	支 払 家 賃	60,000	未 払 家 賃	60,000	
j	未 収 手 数 料	12,000	受 取 手 数 料	12,000	
k	雑 損	3,000	現 金	3,000	

(2)
貸借対照表

大分商店　　令和○年/2月3/日　　　（単位：円）

資　　産	金　額	負債および純資産	金　額
現　　　金 ❺	227,000	買　掛　金	2,352,000
当座預金	1,215,000	従業員預り金	41,000
受取手形（1,200,000）		（前受利息）	6,000
貸倒引当金（36,000）❻	1,164,000	（未払家賃）	60,000
売　掛　金（900,000）		資　本　金 ❿	3,126,000
貸倒引当金（27,000）❼	873,000	（当期純利益）	169,000
有価証券 ❽	570,000		
商　　　品	680,000		
貸　付　金	600,000		
（貯 蔵 品）	4,000		
（前払保険料）❹	9,000		
（未収手数料）	12,000		
備　　　品（800,000）			
減価償却累計額（400,000）❾	400,000		
	5,754,000		5,754,000

解説 ❶（受取手形 ¥1,200,000＋売掛金 ¥900,000）
　　×0.03－¥11,000（貸倒引当金）＝¥52,000

❷定額法による減価償却費
$$\frac{取得原価 ¥800,000－残存価額 ¥0}{耐用年数10年}＝¥80,000$$

❸時価 ¥57,000＜帳簿価額 ¥59,000なので，有価
証券評価損は ¥20,000（¥2,000×10株）となる。

❹保険料 ¥36,000は，4/1から翌年3/31までの１年
分であり，決算日の翌日1/1から3/31までの未経
過3か月分は，前払保険料として処理する。
前払保険料：支払保険料（１年分）¥36,000
$$×\frac{3か月}{12か月}＝¥9,000$$

❺現金：元帳勘定残高 ¥230,000－整理仕訳 k.
¥3,000＝¥227,000

❻受取手形 ¥1,200,000－貸倒引当金
（¥1,200,000×0.03）＝¥1,164,000

❼売掛金 ¥900,000－貸倒引当金（¥900,000
×0.03）＝¥873,000

❽有価証券：元帳勘定残高 ¥590,000－整理仕訳 d.
¥20,000＝¥570,000

❾備品 ¥800,000－減価償却累計額（元帳勘定残高
¥320,000＋整理仕訳 c.¥80,000）＝¥400,000

❿資本金：元帳勘定残高 ¥3,200,000－整理仕訳 e.
¥74,000＝¥3,126,000

フードデザイン［家庭703］
学習ノート　解答編

実教出版

第1章　食生活と健康

1　食事の意義と役割 (p.2)

① からだをつくる食事

1 1 栄養素　2 栄養　3 朝食　4 体内時計
5 肥満度

② 食生活を豊かにする食事

1 1 食　2 マナー　3 食習慣　4 食行動

2 5 嗅覚, 視覚, 聴覚, 触覚
6 甘味, 塩味, 酸味, 苦味, うま味

2　食をとりまく現状 (p.3～6)

① 栄養摂取の変化と現状

1 1 1960 年までは米・麦など主食となる穀類から
のエネルギー摂取比率が約 7 割を占めていたが,
1980 年代になると, 家庭内での洋食化が進み,
穀類からの摂取エネルギー比率は約 5 割となり,
穀類以外からの摂取エネルギーが多くなった。

2 2 介護の必要がなく自立した日常生活が送れる期
間のこと。フレイルの時期に適切な運動などの支
援を受けることで, 健康寿命を延ばすことにつな
がる。

② 生活習慣病と欠食

1 1 飲酒　2 喫煙　3 肥満　4 脂質
5 メタボリックシンドローム　6 肥満症
7 糖尿病　8 まひ　9 要介護

③ ライフスタイルの変化

1 1 共働き　2 単独世帯　3 外食　4 中食

2 5 ネットスーパー (ネット通販) やフードデリバ
リー専門のサービスが登場した。また, 料理のレ
シピや調理動画が見られるようになった。

3 6 調理にかかる時間が短縮され, 食べる時間や家
族団らんの時間が確保できる。
7 画一的な味つけや調理技術の低下が懸念される。

4
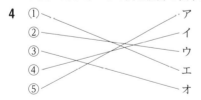

5 (省略)

④ 食料自給率と食品ロス

1 1 低い　2 農業　3 洋風化

2 4 例) 賞味期限や消費期限を正しく理解し, 期限
が近い商品が前に置かれていれば「てまえどり」
をし, 見切り品をすすんで買う。買い過ぎないよ
うにする。
5 例) あらかじめ「少なめにできますか？」「○○

を抜くことはできますか？」とお願いしてみる。
6 例) 食材はできるだけ使い切るようにする。

⑤ 食品の安全と環境の変化

1 1 例) 鳥インフルエンザ
2 例) A型インフルエンザに感染した鳥類の病気
で, 鶏肉や鶏卵を食べてヒトに感染するとは考え
られないものの, 発生時には鶏を殺処分する。

2 3 異常気象　4 ウイルス　5 輸入
6 食料不足　7 交配　8 遺伝子組換え
9 ゲノム編集

3
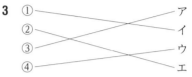

4 (省略)

5 (省略)

6 (省略)

第2章　栄養素のはたらきと食事計画

1　栄養素のはたらき (p.8～21)

① 食物の摂取と栄養

1
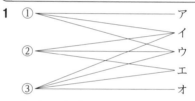

1 4　2 9　3 4
4 人が生きるために必要な物質を食べ物として摂
取して生命を維持する営み。
5 生きるために必要な物質。

2 6 血液　7 60　8 皮下脂肪　9 20
10 たんぱく質　11 筋肉
12 グリコーゲン　13 骨

3 14 オ　15 イ　16 キ　17 ウ
18 ク　19 ア　20 カ
21 エ (20, 21 は順不同)

4 22 炭水化物 (糖質)・脂質・たんぱく質が, 主に
小腸で消化液に含まれる消化酵素によって分解さ
れてから血液中に移動する過程のこと。
23 消化管から血液中に食品成分が移動すること。
24 歯によって細かくかみくだく。
25 舌で食物とだ液を混ぜ合わせる。胃や腸のぜ
ん動運動によって, 胃液や腸液などと混ぜ合わせ
る。
26 飲みこむこと, ぜん動運動などによって, 先
に送り進める。

27 胃　28 小腸　29 糖　30 たんぱく質
31 脂肪（29～31 は順不同）　32 ナトリウム

② 炭水化物
1　1 ぶどう糖　2 果糖　3 しょ糖
4 乳糖　5 でんぷん
2　6 アミラーゼ（だ液）　7 アミラーゼ（すい液）
8 マルターゼ　9 スクラーゼ
10 ラクターゼ
3　11 ぶどう糖　12 血糖値　13 グリコーゲン
4　14 グリコーゲンは、枝分かれ状の多糖類である。枝分かれが多いために、ぶどう糖を細胞内に高密度に貯蔵することができる。
5　15 乳酸　16 脂肪酸　17 H_2O
6　18 ペクチン　19 グルコマンナン
20 セルロース　21 キチン
7　22 ・水溶性食物繊維は、小腸におけるぶどう糖やコレステロールの吸収を抑える。　・不溶性食物繊維は、だ液の分泌量を増やすことによって食べ物の消化を助ける。　・大腸内容物のかさを増やして便通をよくし、腸内環境をよい状態に保つ。　・大腸から吸収されて人のエネルギー源として利用されるものもある。

③ 脂質
1　1 中性脂肪　2 リン脂質
3 コレステロール（1～3 は順不同）
2　4 イ　5 ウ　6 ア
3　7 体内で合成することができないため、食事から摂取しなくてはならないリノール酸、α-リノレン酸、アラキドン酸のこと。
4　8

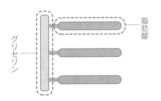

9

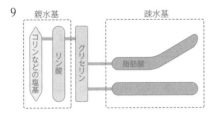

5　10 ウ　11 イ　12 エ　13 ア　14 カ
15 オ　16 キ
6　17 十二指腸　18 胆汁酸（胆汁）
19 リパーゼ（すい液）　20 キロミクロン
7　21 キロミクロン　22 VLDL　23 LDL

24 悪玉コレステロール　25 HDL
26 善玉コレステロール
8　27 リポたんぱく質　28 グリコーゲン
29 脳　30 脂肪酸　31 二酸化炭素
32 水（31，32 は順不同）　33 ケトン体
④ たんぱく質
1　1 炭素C，水素H，酸素O，窒素N
2　2 からだのなかで合成できない9種類のアミノ酸。必須アミノ酸が不足すると、からだのなかで必要なたんぱく質を十分に合成できなくなる。このため、必須アミノ酸は食品たんぱく質を通して摂取しなくてはならない。
3　3 バリン・ロイシン・イソロイシンは枝分かれ構造をもつため、分枝アミノ酸という。分枝アミノ酸は、筋肉で効率よく分解されて筋肉を動かすためのエネルギー源になる。そのため、スポーツドリンクなどに含まれる。
4　4 ペプシン　5 キモトリプシン
6 トリプシン
7 カルボキシペプチダーゼ（5～7 は順不同）
8 アミノペプチダーゼ　9 ジペプチダーゼ
（8，9 は順不同）
5　10 オ　11 ウ　12 エ（11，12 は順不同）
13 イ　14 ア
6　15 アミノ酸　16 バランスよく
17 必須アミノ酸
7　18 137　19 51　20 191　21 リシン
22 51　23 例）鶏卵，牛乳
⑤ ミネラル
1　1 人のからだを構成する元素のうち、水・糖質・脂質・たんぱく質を構成する炭素・水素・酸素・窒素以外の元素をミネラルという。ミネラルはからだのなかでつくることができないため、食品から摂取しなくてはならない。
2　2 カルシウム　3 骨　4 骨粗しょう症
5 牛乳，乳製品，小魚　6 そば，かき，たこ
7 リン　8 加工食品　9 ナトリウム
10 浸透圧　11 高血圧
12 食塩，食塩を含む調味料　13 カリウム
14 じゃがいも，野菜，くだもの　15 鉄
16 赤血球　17 貧血
18 レバー，赤身の肉，あさり　19 味覚
20 貝，レバー，アーモンド，ココア
21 レバー，いか，たこ，ココア
22 小麦，くるみ，緑茶　23 甲状腺
24 こんぶ，わかめ，のりなどの海藻類

3 25 多い　26 ○　27 低下する　28 ○
　　29 低下する　30 ○

4 31 キ　32 ウ　33 オ　34 イ　35 ア
　　36 エ　37 カ

5 38 7.5g未満　39 6.5g未満

6 40 例) カリウムを多く含む野菜やくだものを多
　　く食べる。塩分を控えてだしをきかせる。香辛料
　　や香味野菜などを味つけに使う。

7 41 酸素　42 貧血　43 動悸
　　44 白っぽく

⑥ ビタミン

1 1 生理作用　2 有機化合物　3 食事
　　4 欠乏症

2 5 脂溶性　6 視覚　7 夜盲症
　　8 緑黄色野菜，レバー，うなぎ
　　9 ビタミンD　10 骨
　　11 さけ，ます，さんまなどの魚類，きくらげ
　　12 神経機能
　　13 植物油，かぼちゃ，アーモンド，うなぎ
　　14 血液　15 納豆，緑色野菜
　　16 ビタミンB_1　17 糖質　18 脚気
　　19 豚肉，うなぎ，強化米や玄米
　　20 ビタミンB_2　21 口角炎
　　22 レバー，うなぎ，納豆，牛乳　23 アミノ酸
　　24 まぐろ，かつおなどの魚類，レバー
　　25 赤血球
　　26 しじみ，あさり，かきなどの貝類，レバー
　　27 ナイアシン
　　28 まぐろ，かつお，ぶりなどの魚類，レバー
　　29 葉酸　30 緑黄色野菜，レバー
　　31 ビタミンC　32 壊血病
　　33 野菜，くだもの

3 34 エ　35 オ　36 ア　37 ウ　38 イ

4

（ビタミンB_1）（ビタミンB_2）（ビタミンB_6）（ビタミンB_{12}）（葉酸）
ビタミンC　β-カロテン　（ナイアシン）　ビタミンE　ビタミンK
（ビオチン）（パントテン酸）カロテノイド　プロビタミン

　　39 補酵素作用
　　40 ぶどう糖や脂肪酸を二酸化炭素と水に分解する
　　過程でエネルギーをつくるはたらき。

5 41 抗酸化作用　42 くだもの
　　43 コラーゲン　44 壊血病　45 ビタミンK
　　46 新生児　47 血管　48 固まりにくく
　　49 納豆

⑦ その他の食品成分

1 1 60　2 生命　3 細胞内　4 40　5 20

6 尿　7 不感蒸せつ　8 代謝水
　9 抗利尿ホルモン
　10 ナトリウムなどのミネラルも一緒に失われる
　ため，ミネラルを含む飲料水を摂取するとよい。

2 11 コ　12 キ　13 サ　14 ケ
　（13，14 は順不同）　15 イ　16 オ
　17 ク　18 カ　19 ウ　20 ア
　21 エ（19〜21 は順不同）

⑧ エネルギー

1 1 食べ物の持つ化学エネルギーをからだに必要な
　形のエネルギーに変えて利用すること。

2 2 炭水化物　3 脂質
　4 たんぱく質（2〜4 は順不同）
　5 酸素（O_2）　6 二酸化炭素（CO_2）
　7 水（H_2O）

3 8 4　9 9　10 4

4 11 呼吸や血液循環，体温の維持などのように生
　きるために最低限必要なエネルギー量。年齢・性
　別・身長・体重を用いた計算式によって求められ
　る。
　12 スポーツや労働などの活動に必要なエネル
　ギー量。

5 （省略）

2 ライフステージと栄養 (p.22〜24)

① 乳幼児期の栄養

1 1 発育や発達が最も盛んでエネルギー消費量が多
　い。しかし，食べ物をそしゃくし消化吸収する力
　が低いために，一度に食べられる量が限られ，食
　欲不振，下痢や便秘，食物アレルギーなどが起こ
　りやすい。

2 2 初乳　3 ビタミンA
　4 ビタミンE（3，4 は順不同）　5 免疫力
　6 人工栄養　7 混合栄養　8 健康増進法

3 9 つぶしがゆ　10 卵黄　11 軟飯
　12 1/2　13 ご飯　14 100

4 15 例) 小松菜チャーハン，にんじんケーキ，大
　学芋，お麩ラスク，ミックスサンドウィッチ

② 青少年期の栄養

1 1 ゆるやか　2 骨　3 筋肉
　4 たんぱく質　5 脂質（4，5 は順不同）
　6 鉄　7 カルシウム　8 ビタミン

2 9 不規則な食生活による欠食や偏食，食欲不振，
　肥満や過度のダイエット，摂食障害など。

3 10 成長に必要なビタミンA，エネルギーの利用
　に必要なビタミンB_1，ビタミンB_2，骨をつくるの
　に必要なカルシウム，マグネシウム など

③ 成人期の栄養

1 1 エネルギー　2 肥満者　3 動脈硬化症
4 生活習慣病　5 ビタミンB群　6 鉄
7 葉酸　8 妊娠高血圧症候群

2 9 筋力　10 たんぱく質　11 心肺機能
12 体脂肪　13 脂肪　14 運動神経
15 グリコーゲン　16 糖質

④ 高齢期の栄養

1 1 運動機能の低下
2 筋肉の減少と筋力の低下　3 虚弱

2 4 塩分　5 かたくり粉　6 誤嚥
7 かみやすく　8 たんぱく質　9 水分
10 カルシウム　11 ビタミンD

3 (省略)

3 食事摂取基準と食事計画 (p.25〜28)

① 日本人の食事摂取基準

1 1 健康増進法の規定にもとづき, 国民の健康の保
持・増進をはかるうえで摂取することが望ましい
エネルギーおよび栄養素の量の基準を定めるもの。

2
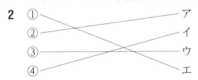
① ——— ア
② ——— イ
③ ——— ウ
④ ——— エ

3 2 多い　3 少ない　4 同じ

4 (省略)

5 5 エネルギーを産生する栄養素であるたんぱく
質・脂質・炭水化物(食物繊維とアルコールを含む)
と, それらの構成成分がエネルギー摂取量に占め
るべき割合を目標量として示したもの。

6 (省略)

② 食事計画

1 1 卵　2 魚介・肉　3 野菜　4 いも
5 穀類

2 (省略)

3 (省略)

4

	朝食	昼食	夕食	合計
主食	1	1		
副菜	1	2		
主菜	1	1		
牛乳・乳製品	1			
くだもの	1			

(夕食, コマは省略)

第3章　食品の特徴・表示・安全

1 食品の特徴と性質 (p.30〜45)

① 穀類

1 1 70　2 でんぷん　3 エネルギー
4 アミロース　5 アミロペクチン

2 6 βでんぷん　7 α化　8 β化
9 洗米　10 加水　11 浸漬　12 加熱
13 蒸らし　14 20〜25　15 40　16 1.2
17 1.5　18 蒸す　19 火力　20 加熱時間
(19, 20 は順不同)　21 うち水
22 精米の肌ぬかを除去した米。洗米せずに水を
加えるだけで炊飯できるので水溶性成分の流出を
防止できる。など

3 23 でんぷん　24 たんぱく質
(23, 24 は順不同)
25 グルテニン　26 グリアジン
(25, 26 は順不同)
27 グルテン　28 ドウ　29 バッター
30 強力粉, 中力粉
31 パン, めん類, ぎょうざの皮
32 薄力粉　33 クッキー, てんぷらの衣
34 薄力粉
35 クリームスープ, ブラウンソース
36 薄力粉　37 フライ, から揚げ

4
① ——— ア
② ——— イ
③ ——— ウ
④ ——— エ
⑤ ——— オ
⑥ ——— カ
⑦ ——— キ
⑧ ——— ク

② いも類

1 1 でんぷん　2 多糖類　3 ビタミンC
4 グルコマンナン　5 イヌリン

2
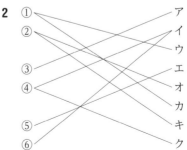
① ——— ア
② ——— イ
　　　　 ウ
③ ——— エ
④ ——— オ
　　　　 カ
⑤ ——— キ
⑥ ——— ク

3 6 かたくり粉　7 はるさめ　8 わらびもち粉
9 くず切り　10 くずもち

11 くず湯（9〜11は順不同）　12 タピオカ
13 タピオカパール

4 14 例）ポテトチップス，こんにゃく

③ 砂糖

1 1 とけやすい
2 シロップ，フォンダン，砂糖衣，キャラメル
など
3 水　4 砂糖漬け，ジャム
5 ようかん，ぎゅうひ，ういろう，大福もち
6 メレンゲ　7 変性　8 やわらかい
9 卵焼き，カスタードプディング
10 アルコール　11 炭酸ガス（10，11は順不同）
12 パン　13 パン

④ 豆類

1 1 20〜30　2 脂質　3 炭水化物

2 4 大豆油　5 きな粉　6 おから　7 豆乳
8 豆腐　9 納豆　10 みそ　11 しょうゆ

⑤ 種実類

1 1 穀類　2 豆類（1，2は順不同）
3 炭水化物　4 脂質　5 未満　6 以上

⑥ 野菜類

1 1 水分　2 食物繊維　3 緑黄色　4 淡色

2
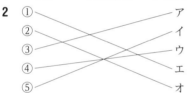

3

たまねぎ　なす　にんじん　トマト　白菜　ピーマン　きゅうり

4 5 あく　6 ゆでる　7 水溶性　8 加熱
9 生臭み　10 食塩

⑦ くだもの類

1 1 90　2 ペクチン　3 色素　4 酸味

2 5 ゲル化　6 コロイド溶液　7 ジャム
8 褐変　9 ポリフェノール　10 酸素
11 食塩水　12 レモン汁　13 プロテアーゼ

3 14 肉をやわらかくする。消化を助ける。など

4 15 貯蔵や輸送コストを抑えることができる。品
質にばらつきがある果汁をブレンド後に還元する
ことで安定した品質のジュースを製造することが
できる。
16 濃縮中に香りが減少してしまう。
17 例）ドライフルーツ
18 例）長く保存ができる。持ち運びに便利。

⑧ きのこ類

1 1 水分　2 プロビタミンD　3 グアニル酸

2 4 イ　5 ウ　6 ア　7 オ　8 エ
9 カ

⑨ 海藻類

1 1 ヨウ素　2 グルタミン酸　3 だしの原料

2 4 例）かんてん
5 例）かんてんゼリー，ようかん

3
① ─── ア
② ─── イ
③ ─── ウ
④ ─── エ

⑩ 魚介類

1 1 旬　2 赤身魚　3 白身魚
4 たんぱく質　5 リシン
6 たんぱく質の補足効果　7 不飽和脂肪酸
8 鉄　9 カルシウム　10 うま味
11 キチン質

2
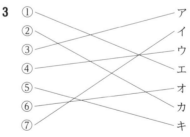

3
① ─── ア
② ─── イ
③ ─── ウ
④ ─── エ
⑤ ─── オ
⑥ ─── カ
⑦ ─── キ

4 12 オ　13 イ，キ　14 ア　15 エ
16 ウ，カ

⑪ 肉類

1 1 必須アミノ酸　2 脂質　3 色　4 味
5 成分（3〜5は順不同）

2 6 60　7 たんぱく質　8 ゼラチン
9 シチュー，東坡肉　10 鮮度　11 加熱程度
（10，11は順不同）
12 ビーフステーキ，バター焼き，ローストビー
フ
13 肉汁　14 ハンバーグ　15 短時間
16 長時間　17 シチュー

3 18 あえ物　19 ロースト　20 フライ

21 ステーキ　**22** スープ

⑫ 卵類

1　1 たんぱく質　2 ミネラル　3 リン脂質
4 高い　5 濃厚卵白　6 カラザ
7 気室　8 卵黄

2　9 80　10 70　11 レシチン
12 親水基　13 疎水基 (12, 13 は順不同)
14 たんぱく質　15 グロブリン
16 口あたり　17 つなぎ

3　① ———————— ア
　　② ———————— イ
　　③ ———————— ウ
　　④ ———————— エ
　　⑤ ———————— オ

⑬ 牛乳・乳製品

1　1 カルシウム　2 分離

2　3 クリーム　4 乳清 (ろ液)

3　5 ウ, キ　6 カ　7 イ, ク　8 オ
9 ア, ケ, サ　10 エ, コ

4　11 牛乳・加工乳　12 練乳
13 ヨーグルト　14 チーズ
15 クリーム　16 無脂肪牛乳
17 プロセスチーズ　18 バター
19 アイスクリーム　20 脱脂粉乳
21 乳酸菌飲料

⑭ 油脂類

1　1 調合油　2 なたね油　3 液　4 固体
5 液　6 脂肪酸　7 不飽和脂肪酸
8 飽和脂肪酸　9 水素　10 マーガリン

2　① ———————— ア
　　② ———————— イ
　　③ ———————— ウ
　　④ ———————— エ
　　⑤ ———————— オ
　　⑥ ———————— カ
　　⑦ ———————— キ

3　11 水　12 親水基　13 疎水基　14 油
15 水分　16 感じにくい　17 親水基
18 疎水基　19 油分　20 感じる

⑮ かんてん・ゼラチン

1　1 海藻　2 多糖類　3 骨や皮
4 たんぱく質

2　5 約80〜100℃　6 約40〜50℃
7 約30℃　8 約3〜10℃

⑯ し好食品

1　1 栄養素　2 香味　3 1　4 醸造酒

5 蒸留酒

2　6 酸化　7 グルタミン酸　8 カテキン
9 種子　10 カカオニブ
11 カカオバター　12 乳酸菌　13 1

⑰ 調味料・香辛料

1　1 味　2 乾燥　3 香り　4 調合香辛料

2　5 防腐作用　6 凝固促進　7 大豆　8 香り
9 食酢　10 14.5　11 16　12 照り
13 つや (12, 13 は順不同)　14 14　15 2
16 風味　17 こげ色

3　18 エ　19 イ, ウ　20 ア, オ

4　21 例) 七味とうがらし
22 例) とうがらし, 黒ごま, さんしょう, 陳皮,
麻の実, けしの実 など

⑱ 加工食品と加工方法

1　1 加工　2 保存性　3 供給　4 発酵食品

2　5 インスタント食品　6 ○　7 直前まで
8 レトルトパウチ食品

3　9 小麦粉, 精白米　10 豆腐, こんにゃく
11 しょうゆ, ヨーグルト

4　(省略)

⑲ 特別用途食品と保健機能食品

1　1 病者　2 特別　3 特定保健用食品
4 栄養機能食品　5 機能性表示食品
6 保健機能成分　7 科学的根拠
8 特定保健用食品のマーク　9 保健用途の内容
10 補給　11 ミネラル　12 ビタミン
13 機能性

2　14 必要　15 必要　16 不要　17 届け出

3　(省略)

2　食品の生産と流通 (p.46〜47)

① 第一次産業の現状

1　1 70　2 3.4　3 70　4 水資源　5 景観

② 食品の生産

1　1 畜産物　2 野菜　3 完全養殖
4 スマート　5 散布　6 分析　7 鳥獣被害
8 ドローン

2　9 農業　10 漁業 (9, 10 は順不同)
11 建設業　12 製造業 (11, 12 は順不同)
13 卸売業　14 小売業　15 宿泊業
16 飲食サービス業 (13〜16 は順不同)

3　(省略)

③ 食品の流通

1　1 生産　2 流通　3 改正食糧法

2　4 生産　5 製造・加工　6 商品回収
7 販売流通戦略

3 8 卸売市場　　9 直売所　　10 市場流通
　　11 市場外流通　　12 競り

4 （省略）

3　食品の選択と表示 (p.48〜49)

① 多様化の背景と現状

1 1 科学技術　　2 社会情勢　　3 輸入
　　4 社会進出　　5 単身世帯　　6 高齢化
　　7 多様化

2 8 内食の意識が薄れ，中食の傾向が見られるようになった。
　　9 食品の購入先の多様化。
　　10 冷凍技術の向上に伴い，冷凍食品の種類と消費量が増加。

② 食品の選択

1 1 ドリップ　　2 血あい肉　　3 鮮紅色
　　4 脂肪　　5 先　　6 へた　　7 巻き
　　8 芯　　9 かさ　　10 ひだ　　11 葉

③ 食品の表示

1 1 食品表示法　　2 名称　　3 産地
　　4 食品ロス　　5 年月表示

2 6 えび，かに，卵，乳，小麦，そば，落花生（ピーナッツ），くるみ

3 7 「遺伝子組換え不分別」など
　　8 「遺伝子組換えのものを分別」，「遺伝子組換え」など

4 （省略）

4　食品の衛生と安全 (p.50〜51)

① 食中毒

1 1 微生物性食中毒　　2 自然毒食中毒
　　3 化学性食中毒（1〜3は順不同）
　　4 カンピロバクター　　5 ノロウイルス
　　6 アニサキス

2 7 腸管　　8 増殖　　9 食品中
　　10 食品取扱者

3 11 エ　　12 ケ　　13 ク　　14 カ
　　15 ア　　16 ウ　　17 イ　　18 キ　　19 オ
　　（18, 19 は順不同）

② 台所の衛生

1 1 栄養分　　2 水分 (1, 2 は順不同)
　　3 低温　　4 冷凍　　5 熱　　6 毒　　7 加熱

2 8 細菌をつけない　　9 細菌を増やさない
　　10 細菌を殺す

③ 食品添加物

1 1 安全性　　2 有効性 (1, 2 は順不同)
　　3 天然添加物　　4 香料　　5 着色料
　　6 ゲル化剤 (5, 6 は順不同)

2 7 成分規格　　8 使用基準　　9 製造基準
　　10 表示基準

3 （省略）

第4章　調理の基本

1　調理とおいしさ (p.54〜55)

① 調理の目的

1 1 栄養素　　2 加熱　　3 味　　4 調理

2 5 安全　　6 栄養価　　7 消化吸収
　　8 おいしい　　9 ウ，カ　　10 イ，エ
　　11 ア，オ

3 12 例）ふなずし　　13 例）滋賀県全域
　　14 例）ふなに塩をして漬けた後，腹に飯を詰めて発酵させたもの。「なれずし」とも呼ぶ。

② 食べ物のおいしさ

1 1 五感　　2 味覚　　3 嗅覚　　4 視覚
　　5 聴覚　　6 触覚　　7 食欲　　8 食経験
　　9 食卓装飾

2 10 味物質　　11 味蕾　　12 大脳
　　13 味の相互作用　　14 亜鉛　　15 味覚障害

3

4 16 例）豆腐，スポンジケーキ
　　17 例）いり卵，そぼろ
　　18 例）お茶漬け
　　19 例）納豆，おくら，山芋，めかぶ

2　調理操作 (p.56〜60)

① 非加熱操作

1 1 5　　2 15　　3 200　　4 18　　5 上白糖
　　6 9　　7 110　　8 4　　9 190

2 10 味つけは，足し算はできるが引き算はできない。レシピに書かれた調味料は単純に人数倍すると味に濃淡が生じる。少し薄めに調味し，味見をして調整する。

3
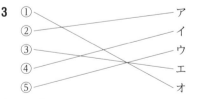

4 11 水　　12 たけのこ　　13 だいこん
　　14 重曹　　15 褐変

5 16 エ　　17 イ　　18 ア　　19 ウ

6 20 2〜6　　21 調味料　　22 チルド
　　23 -20〜-18　　24 野菜

7 25 三杯酢　　26 二杯酢　　27 甘酢
　　28 しょうが酢　　29 ごまあえ
　　30 白あえ　　31 酢みそあえ　　32 木の芽あえ
　　33 みぞれあえ

② 加熱操作

1 1 水または水蒸気　　2 煮る・ゆでる・蒸す
　　3 水以外の油・空気・金属
　　4 揚げる・炒める・焼く

2 5 炒める　　6 ビタミン
　　7 野菜炒め・きんぴら　　8 揚げる
　　9 から揚げ・天ぷら　　10 焼く　　11 栄養素
　　12 焼き魚・ハンバーグ　　13 煮る　　14 煮汁
　　15 肉じゃが・おでん　　16 いる　　17 油
　　18 ごま・茶・ぎんなん　　19 ゆでる
　　20 たんぱく質　　21 ゆで卵・粉ふきいも
　　22 電子レンジ　　23 マイクロ波
　　24 加熱調理・解凍・温め　　25 蒸す
　　26 うま味　　27 茶わん蒸し

3 28 主に乾物を使い，短時間でうま味成分を抽出
　　する。
　　29 生の鳥獣肉とたまねぎなどの香味野菜を使い，
　　時間をかけて抽出する。
　　30 生の鶏肉や豚肉にしょうがやねぎが合わせて
　　使われる。干し貝柱などの乾物も使われる。

4 31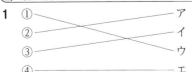
　　32 材料が煮汁から少し出ている状態。
　　33
　　34 材料が完全に煮汁のなかに入っている状態。
　　35
　　36 煮汁が材料の高さの倍程度ある状態。

5 37 ○　　38 少量　　39 薄味　　40 ○
　　41 うま煮　　42 ○　　43 ない

6 44 油　　45 水蒸気　　46 100～190
　　47 でんぷん　　48 160　　49 15～25
　　50 10～20
　　51 使用後の油は，こし器でこしてふた付きの容
　　器に入れ，冷暗所（光，振動が少なく，湿度の低
　　いところ）で保存し，酸化を遅らせる。

③ 加熱調理器具

1 ①　　　　　　　　　　　　ア
　　②　　　　　　　　　　　　イ
　　③　　　　　　　　　　　　ウ
　　④ ─────────── エ

2 1 水蒸気　　2 圧力　　3 煮こみ　　4 熱
　　5 余熱　　6 省エネルギー　　7 電気
　　8 表面　　9 内部
　　10 スチームコンベクション　　11 IH

3 12 マイクロ波　　13 水分　　14 金属製
　　15 耐熱

3 調味操作 (p.61)

① 調味の目的

1 1 0.5～2　　2 0.8　　3 0～10　　4 30～50
　　5 15　　6 6～13　　7 6　　8 8

2 9 旬　　10 薬味　　11 スパイス　　12 うま味

② 調味をする段階

1 1 浸透　　2 分子量　　3 発酵
　　4 やわらかく　　5 凝固　　6 煮立て
　　7 アミノ・カルボニル（メイラード）反応

2 8 肉やパンを焼いた時の適度なこげ，みそやしょ
　　うゆの色，コーヒーを焙煎した色 など

第5章　料理様式とテーブルコーディネート

1　料理様式と献立 (p.64～70)

① 日本料理の様式と献立

1 1 エ　　2 イ　　3 ア　　4 オ　　5 ウ
　　6 カ

2 7 酒の肴　　8 おつくり（さしみ）
　　9 わん盛（吸い物）　　10 すまし汁
　　11 焼き物　　12 煮物（炊き合わせ）
　　13 あえ物（酢の物）　　14 止めわん
　　15 ご飯　　16 香の物　　17 水菓子

3 18 前　　19 主客　　20 招いた側
　　21 目上　　22 敷居　　23 縁

24 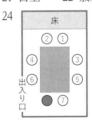　　25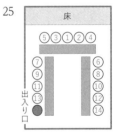

4 26 ○　　27 食べない
　　28 手に持ち上げて　　29 頭　　30 ○

クローズアップ①　日本の食文化

1 1 鯛（たい）　　2 鰤（ぶり）　　3 鮪（まぐろ）
　　4 鮭（さけ）　　5 鯖（さば）　　6 鮑（あわび）

2 7 例）和食では，「一汁三菜」，「主食・主菜・副菜・
　　汁物」といった構成が伝統になっている。おかず
　　には魚が多く使われ，豆腐や納豆などの豆製品も
　　多く，野菜が豊富で脂肪が少ないことが特徴。主

食に玄米や胚芽米を取り入れると，食物繊維やビタミンB群などもとることができる。

8 例）飯を主食とし，脂質が少ないことが肥満や糖尿病の予防・改善や，良好な血糖値を維持するために効果があるから。

3 9 例）行事食を食べる人の割合は「正月・大みそか」が最も多い。出身地から見た雑煮のもちの形は東日本は角もち，西日本は丸もちが多い。また，雑煮の汁は東日本はしょうゆ，近畿地方は白みそや合わせみそを使用している。以上のことから，地域の特色が伝承されていることがわかる。

4 （省略）

② 西洋料理の様式と献立

1 1 ウ　2 イ　3 ア　4 エ

2

 5　 6

3 7 ひざ　8 外　9 音　10 一口　11 肉

4 12 並んでいる人の列に割って入らない。料理は自分が食べる分だけを少しずつ取る。

5 （省略）

③ 中国料理の様式と献立

1 1 油　2 香味野菜　3 淡白　4 淡水魚
5 とうがらし　6 麻婆　7 くだもの
8 飲茶

2
```
①———————ア———————A
②———————イ———————B
③———————ウ———————C
④———————エ———————D
⑤———————オ———————E
⑥———————カ———————F
⑦———————キ———————G
⑧———————ク———————H
```

3 9 6〜8　10 上席　11 主客
12 回さない　13 右手
14 コミュニケーション

クローズアップ② 世界の食文化

1 1 高温多湿　2 乾燥
3 中国・インド南部，東南アジア
4 EU諸国，中国・インド北部，北アメリカ
5 粒食　6 粉食
7 例）リゾット（イタリア），パエリア（スペイン），ピラフ（トルコ）
8 例）うどん（日本全国），ほうとう（甲州），き

しめん（名古屋）

2

宗教	内容	食べてもよい食品
イスラム教（ハラール）	聖典コーランで食べることを禁じられている豚は「不浄の動物」，飲酒は悪い行い（ハラーム）。ラマダン中の断食。	草を食べて育つ牛や羊，ヤギ。「ハラール認証」を受けたもの（イスラムの方式にしたがって"と畜"された動物の食肉，あるいはその派生物）
ユダヤ教（コーシャ）	ユダヤ教の食に関する規定「コーシャ」で豚肉食が禁じられている。	「コーシャ認証」を受けたもの，うろこのある魚，酒類の栓は異教徒が開けない。
ヒンズー教	牛は神聖，逆に豚肉は不浄なので肉類をはじめ肉食全般を避ける。とりわけカーストや社会的地位の高い人ほどその傾向は強い。	肉食をする人でも，食べられるのは鶏肉と羊肉，ヤギ肉に限られる。ベジタリアンの場合は植物性のだしや油を使う。

3 （省略）

2 テーブルコーディネート (p.72〜74)

① テーブルコーディネートとは

1 1 美しく　2 五感　3 テーブルクロス
4 テーブルセッティング

② テーブルコーディネートの基本

1 （省略）

2 （省略）

③ 和風のテーブルコーディネート

1 1 会席　2 季節　3 膳　4 折敷
5 磁器　6 陶器

2 7 イ，キ　8 オ，カ，ク　9 ウ，エ
10 ア

④ 洋風のテーブルコーディネート

1 1 ディナー皿・ミート皿・スープ皿・デザート皿・ケーキ皿・パン皿・カップ＆ソーサ（受け皿）
2 赤ワイン用・白ワイン用，シャンパングラス・タンブラー　など
3 手前　4 向こう側　5 右側
6 カトラリー　7 外側　8 フィギュア

⑤ 中国風のテーブルコーディネート

1 1 円卓　2 円形　3 れんげ　4 偶数
5 むき物細工

⑥ 室内のコーディネート

1 1 暖色　2 きらめき　3 ゆっくりした
4 音を立てて　5 暗い　6 ハーブ
7 強い　8 寒色

2 （省略）

第6章　フードデザイン実習

1　献立作成 (p.76〜88)

① 日常食の献立作成条件

1 1 献立　　2 供応食
3 行事食 (2, 3 は順不同)　　4 治療食
5 アレルギー対応食　　6 災害食

2 7 主菜　　8 副菜　　9 汁物　　10 くだもの
11 し好食品 (10, 11 は順不同)

3

○で囲もう	主菜	副菜
㊥ 洋 中	例) しょうが焼き 春キャベツ添え	例) 菜の花と桜えびのおひたし
		きんぴらごぼう
		はるさめサラダ

汁物	主食
例) 豆腐とわかめのみそ汁	例) たけのこ飯

② 日常食の献立作成の手順

1 1 野菜，くだものを水にひたすと歯ぎれがよくなり，褐変防止にもなるが，風味を損ねたり，成分が溶出したりするので長時間はつけない。

2 2 例) 糖質の少ない野菜 (ブロッコリーなど)，きのこや海藻類と，高たんぱく質・低糖質の鶏のささみや豆腐など (大豆製品) を組み合わせる。

3 3 初がつお (鰹)，たい (鯛)
4 あゆ (鮎)，うなぎ
5 さんま (秋刀魚)，さけ (鮭)
6 ぶり (鰤)，たら (鱈)
7 アスパラガス，たけのこ
8 にがうり，かぼちゃ　　9 しいたけ，ごぼう
10 だいこん，ほうれん草

4 11 保存方法　　12 冷蔵庫　　13 失敗
14 かさ　　15 廃棄率　　16 調理技術
17 フードバンク

5 18 アレルゲン　　19 過敏反応
20 アナフィラキシーショック　　21 救急車
22 安静　　23 エピペン

③ 供応食・行事食

1 1 もてなすため　　2 感謝　　3 正月
4 五節句　　5 郷土料理

2 (省略)

④ テーマ設定と調理実習

1 1 3　　2 手順　　3 かたづけ　　4 味

5 給仕　　6 デザート
(Step 1 からStep 4 は省略)

クローズアップ③　災害食について考える

1 1 7　　2 30　　3 60

2 (省略)

3 (省略)

クローズアップ④　ひとり暮らしの食事の工夫

1 1 例)・食材を冷凍する時は，できるだけ平らにし，1 回に使う量に分け，保存容器や保存袋に入れる。　・冷凍する際には空気を抜いて，しっかり密閉する。　・ホームフリージングをじょうずに利用する。
2 例)・電子レンジで調理する。シリコン製蒸し料理器などを利用する。　・味が決まりやすいめんつゆや，だししょうゆなどの調味料を利用する。

2 3 ビタミンCなどの栄養素が多く残る。
4 ・色鮮やかに仕上がる。　・歯ごたえや野菜のうま味が残る。
5 ・調理時間が短縮できる。　・器に入れたまま加熱ができる。

3 6 煮物，野菜のナムル，きのこのパスタ，トマトパスタ，スパニッシュオムレツ，ラタトゥイユなど

4 7 電子レンジ，電気ケトル，電子レンジ炊飯器具，ブレンダー，ミキサー，シリコン製蒸し料理器，フライパン，包丁，まな板，キッチンバサミ，片手鍋，調理スプーン，ボウル，ざる　など

クローズアップ⑤　チョコレートの世界を深掘り

1 1 Beanはカカオ豆，Barはチョコレートバー (板チョコ) のこと。カカオ豆の仕入れ，焙煎・粉砕から，板チョコレートになるまでのすべての製造工程を一つの工房で行うチョコレートの製法。2000 年代にアメリカから始まり，現在は日本でも各地で行われている。

2 2 (省略)

3 3 例) 収入が得られる。
4 例) 教育を受けることができない。
5 例) 収入が得られる。
6 例) 教育を受けさせることができない。
7 例) 安く生産することができる。
8 例) 労働に携わる子どもたちは貧困から抜け出せない。
9 例) 安い価格で購入することができる。
10 例) 労働に携わる子どもたちは貧困から抜け出せない。
11 (省略)　　12 (省略)

1　1 5　　2 シエスタ　　3 にんにく

　　4 香辛料　　5 器　　6 ライスペーパー

　　7 フランス　　8 ヌクマム　　9 テンペ

　　料理は（省略）

2　（省略）

1　1 消化促進，疲労回復 など

2　2 みそ，しょうゆ，納豆，こうじ甘酒，漬け

　　物 など

3　3 みそ汁，さばのみそ煮，肉みそ，ナスとピーマ

　　ンのみそ炒め など

4　4 甘酒ドレッシング，サツマイモのポタージュ，

　　パウンドケーキ，豚のしょうが焼き，照り焼きチ

　　キン など

5　（省略）

第7章　食育

1　食育の意義と推進活動 (p.90〜91)

①　食育の意義と課題

1　1 食育基本法　　2 SDGs　　3 グローバル社会

2　4 健康　　5 楽しさ　　6 選択

　　7 食べたい人　　8 食文化　　9 つくる人

②　食育推進活動例

1　1 学校給食　　2 地域に伝わる　　3 地域

　　4 共食　　5 子ども食堂

2　（省略）

3　（省略）